Fazer um céu com pouco a gente faz.
Basta uma estrela,
uma estrela e nada mais.
Pra ter nas mãos o mundo
basta uma ilusão.
Um grão de areia
é o mundo em nossa mão.

Na rolança do tempo

Mário Lago

Na rolança do tempo

3ª edição

JOSÉ OLYMPIO
EDITORA
Rio de Janeiro, 2011

© *Herdeiros de Mário Lago*

Reservam-se os direitos desta edição à
EDITORA JOSÉ OLYMPIO LTDA.
Rua Argentina, 171 — 2º andar — São Cristóvão
20921-380 — Rio de Janeiro, RJ — República Federativa do Brasil
Tel.: (21) 2585-2060
Printed in Brazil / Impresso no Brasil

Atendimento e venda direta ao leitor:
mdireto@record.com.br
Tel.: (21) 2585-2002

ISBN 978-85-03-01126-6

Capa: INTERFACE DESIGNERS / SERGIO LIUZZI
Foto da capa: DAVID BALLOT
Caderno de fotos: ARQUIVO DE FAMÍLIA
Diagramação: ALTA RESOLUÇÃO

Livro revisado segundo o novo Acordo Ortográfico da Língua Portuguesa.

CIP-BRASIL. CATALOGAÇÃO NA FONTE
SINDICATO NACIONAL DOS EDITORES DE LIVROS, RJ

L175n   Lago, Mário, 1911-2002
     No rolança do tempo / Mário Lago. – 3.ed. – Rio de Janeiro
  : José Olympio, 2011.
     358 p. ; 23 cm

     ISBN 978-85-03-01126-6

     1. Lago, Mário, 1911-2002. 2. Artistas - Brasil - Atividades
  políticas. 3. Prisioneiros políticos - Brasil - Biografia. 4. Rio de
  Janeiro (RJ) - Vida intelectual. I. Título.

11-6209.   CDD: 869.98
                                                        CDU: 821.134.3(81)-94

Para Zeli, a companheira,
e os filhos
Antônio Henrique, Graça Maria,
Luiz Carlos, Mário Filho e
Vanda — síntese do que andei
treinando na estrada.

Para os irmãos e irmãs de estrada,
que ajudaram a definir a síntese.

Sumário

Eu Lago, sou	17
Réquiem para um Bacunine menino	59
Importante era o bidê de minha avó	71
Foram dois os que vi morrer	91
A rainha Lapa morreu antes de El-rei d. Sebastião	103
Negro analfabeto não precisa comer	131
O rei morreu! Viva nada!	151
Interlúdio enquanto a casaca ainda está no cabide	181
Histórias do não-pode realmente não pode	219
De café em café tirei diploma de Henry Murger	237
Casaca zero quilômetro: Vende-se, aluga-se	265
Requiescat...	346

Não é o mundo que eu queria
nem a vida que sonhei.
Vida de paz e alegria
num mundo de uma só lei.
Mas me ensinaram, e guardei,
que após um dia, há outro dia.
E rindo como poeta,
que o riso é minha saúde
fiz da alegria, meta,
fiz da esperança, virtude.

Entendi de tomar como modelo o saco. Não o saco do jeito que vem ensinado por mestre Aurélio Buarque de Holanda em seu Dicionário, e, sim, o saco que recordava em tumulto, em linhas tortas, como dizem ser do hábito de Deus fazer suas obras melhores. Saco-gente, saco-aquela-coisa que, numa certa noite de abril de 1964, despejaram na cela 29 da galeria C do Presídio Fernandes Viana, onde as noites eram sempre incertas para quem ali se encontrava preso.

Na pouca luz do ambiente não dava para identificar com segurança o que poderia ser aquilo. Monte balofo e sem formas, como se lhe houvessem tirado os ossos. Onde o jogaram, e como jogaram, se deixou ficar, sem qualquer som nem grunhido. Os que já estavam ali desde o dia 9 se entreolharam, contrariedade patente em todos os rostos.

Afinal de contas, que é que os homens lá de cima estavam pensando? Não bastava nos terem privado da liberdade? Achavam pouco os mil e um problemas que tínhamos, tentando sobreviver o menos pior possível e pensando nos da família que tinham ficado lá fora, se aguentando talvez nem Deus soubesse como? Ainda mandavam aquilo para atravancar as 35 pessoas em permanente disputa por espaço e ar no limite dos trinta metros quadrados nos deixados para viver! Enfim, a regra do jogo não tinha sido feita por nós, e a vontade de escolher ficara reduzida à ficha guardada nos arquivos do presídio.

Madrugada já caminhando pela metade, ouviu-se que alguém chorava. O Alberico — marginal de classe média, como gostava de chamá-lo o metalúrgico Jarbas — resmungou entre palavrões que aquilo ali era lugar pra cabra macho, quem quisesse chorar que procurasse uma creche ou saísse de novo da barriga da mãe. Só então nos demos conta de que o saco era gente. Chorava sem ridículo cuidado de esconder os olhos. Manuel da Conceição, seguindo-se alguns outros nomes já não recordados mais, lixeiro da Administração dos Portos, se a memória não anda me atraiçoando, pois tanto tempo e gente aconteceram depois disso. Analfabeto, não esqueci que era. Duas vezes escrevi bilhetes para ele mandar à companheira.

Nunca teve olhos para ver nem cabeça para compreender o que se passava a dois palmos, e no dia 1º de abril lá se foi ele para o trabalho, que estava para chegar cria nova, e ele não podia ser descontado por falta ao serviço. Tudo sujo, no pátio. Papelada por tudo que era canto. Lixeiro é para essas coisas, e foi recolhendo do chão os papéis sujos, não sabendo adivinhar que aqueles riscos formavam palavras, que as palavras falavam de liberdade e que, de liberdade, não se podia falar.

Sempre se portou como coisa, só parecendo ganhar vida nos momentos de obedecer. "Manuel, a comida." E comia. "Está na hora do banho, Manuel." Ei-lo na boca do boi, muito desajeitado para atirar-se a água da cuia, mas sem nem olhar em volta tentando ajuda.

Não dava atenção a nada e nunca se dirigia a ninguém. Às vezes, amontoado no canto que lhe déramos como seu, ficava mastigando palavras nem sempre de se perceber, em frases com parecença a desconexas:

A pipa tá enrolada no fio...

Agora, sem o pai, que vai ser da gente, mãe?...

O senhor não pode baixar um pouco o preço daquela camisa?...

Assim que eu melhorar de vida a gente casa...

Batiza de graça mesmo, seu padre, pro coitadinho não morrer pagão.

Levava horas esquecidas nesse realeja-que-te-realeja a mesma coisa, olhos pregados num ponto que talvez nem visse, as mãos balançando como roupa ao vento, quem sabe se procurando coordenar um gesto nunca chegado à definição. Entre o pessoal da cela não faltavam os que se esbandalhavam de gargalhadas com essa resmungação sem sentido que ele dizia maquinalmente, sem trair a mais leve emoção, despreocupado de que estivesse sendo ouvido.

Meio pirado das ideias, coitado, assim avisara seu chefe, também chegado na leva que o trouxe na noite alta, com a recomendação de que deveríamos estar sempre de olho nele, pois às vezes Manuel era tomado de ataques de fúria. Havia tido um desses no Dops, quando pretenderam identificá-lo. Botou espuma por tudo que era buraco e virou bicho, por pouco não arrebentando o que encontrava pela frente. Foram precisos oito para contê-lo, e da luta tinha sobrado aquela cicatriz na testa, que estava infeccionando.

Aqui!, que o Manuel da Conceição era doido. Existia, isso sim, uma vida por inteiro dentro dele, multidividida e esculhambada nos diferentes recantos da memória, vida que de vez em quando, se encontrava uma janela aberta, resolvia pôr-se a nu para tomar um pouco de sol.

Entendi de tomar como modelo o maravilhoso saco do Presídio Fernandes Viana, na hora em que resolvi pôr no papel o que o tempo me deixou para recolher. Ninguém recorda em linha reta, num pulo só de ponto a ponto do horizonte. Os caminhos da lembrança estão cheios de vielas e transversais. Quando a gente menos espera, essas transversais e vielas despejam carga no que vinha servindo de pensamento central.

Isso aconteceu constantemente enquanto eu procurava botar as recordações em ordem, e não me senti com vocação para fiscal da Alfândega, pondo-me a indagar se essas cargas faziam coerência e propósito com o que vinha vindo. Colocaram-se no caminho? Pois que viesse tudo de cambulhada, porque tudo foi, tudo esteve.

Não faz mal se muito do revivido ficou meio atravancado num puxa-tempo-pra-cá-leva-tempo-pra-lá. É desse jeito que os pensamentos se apresentam naqueles primeiros instantes de intimidade com o travesseiro, quando repassamos a vida em filme, como se esperássemos morrer dali a pouco, e precisássemos estar preparados para o julgamento ou o perdão.

O que fiz, quando e se é que realmente cheguei a fazer, sempre me pareceu o de importância menor para a reconstituição do roteiro.

13

Houve gente em volta fazendo parte do quadro. Calçadas servindo de moldura. Tudo contou, valeu, ajudou para plasmar um pouco de vida. E eu lembro e conto.

Era destino que me chamasse Mário de Pádua Jovita Correia do Lago — nome de se ficar na ponta dos pés para ver de extremo a extremo —, que houve muito de casórios e amigações dando flor e fruto na mesma árvore. Mas o que saiu do ventre materno foi lombriga de meio metro por menos de três quilos, provocando um "Vote!" de meio nojo e inteiro horror. Só depois do oitavo dia de nascido, já que continuava, meu pai resolveu registrar-me. Quando o funcionário do cartório perguntou como se chamaria a criança, ele disse apenas Mário Lago, meio sem jeito e encabulado, como querendo pedir desculpas pelo vexame. O resto seria muito sobrenome pesando num langanho só.

Os amigos que tinham ido junto, como testemunhas, estranharam a falta dos outros componentes genealógicos, e meu pai explicou contrariado, pois os sonhos de uma descendência forte pareciam estar se afogando no brejo:

— Talvez nem chegue a vingar, coitado, tão magrelo que é. Desaparece no primeiro pé de vento.

As mezinhas do doutor Pinto Portela, pediatra vitalício da família, acumpliciadas com não sei quantas promessas de minha mãe — certa vez, chegou a subir de joelhos a escadaria da Penha, pobre da santa velha, numa alucinada esperança de que eu sobrevivesse —, acabaram negando o prognóstico paterno, e eu venho vindo. Não terá sido vida pra memórias, que a memória nem sempre soube ou quis guardar lembranças.

Vi muito, descoberto o ponto onde os horizontes se alongam. Ouvi bastante, atento que sempre estive ao eco de todas as vozes. Andei e desandei pelos caminhos possíveis, rasgando os pés na pedra colocada em ponta para que eu parasse.

Do visto, ouvido e andado são estes apontamentos. Não de tudo, evidentemente, que parte da vida é bagaço. Nem com a preocupação do quando-depois-do-quando. Ou bem se vive sem cuidado de ordem e tempo, ao sabor do tranco e barranco, ou bem se cumpre expediente, fichas que anotem degrau após degrau.

Eu Lago, sou

De medo, não sei notícia,
vaidade, não faz meu jeito.
Erro, sim, mas sem malícia,
que nasceu morto o perfeito.
Só uma vaidade eu aceito.
dar certo medo à polícia.
Mas no dito não se veja
orgulho certo ou pretenso
Não medo do homem que eu seja,
e sim, daquilo que penso.

1

Antônio. Assim se chamava meu pai, vindo de Piracicaba, cidade do interior de São Paulo. Ali viveu desde os dezenove anos, mas se manteve fiel ao erre enrolado do caipira paulista quando dizia "quartinha", "boa tarde", o que provocava constante irreverência carinhosa de minha mãe, cheia de empáfia em sua condição de paulistana da gema, muito embora o berço dessa origem fosse uma viela do Bexiga: "Eu sou paulista, meu caro, você é *polista*." Estava a caminho de ser um grande regente de orquestra, e como se orgulhava ao mostrar aos amigos a carta em que a Municipalidade de Buenos Ayres o convidava para ser maestro de coros do Teatro Colón, bem possivelmente o primeiro degrau de uma carreira maior. Mas a surdez lhe estancou o passo, quase o levando ao suicídio quando se convenceu da inutilidade do dinheiro gasto em tratamentos e operações. Por três vezes foi preciso arrancar-lhe o revólver da mão, e durante muito tempo nunca o deixavam sair sozinho.

Tinha a placidez bonachona dos gordos, aos quais arroubo e pressa no falar dificultam o respiro. Nunca lhe surpreendi gesto brusco ou irritação que assustasse, embora não pudesse conter a vaidade de exibir a força capaz de levantar uma máquina de costura com uma só mão, revivendo os dias de jovem praticante de luta romana. Os exercícios que andara fazendo lhe mantiveram muito tempo o tórax proeminente, e não poucas vezes ouvi minha mãe perguntar-lhe, quando saía todo estufado, como se quisesse apoderar-se de todo o ar à sua volta:

— Vai conquistar as mulheres com o peito, meu caro?

Foi saco de pancada quando pequeno, pois meu avô paterno levava ao exagero a filosofia do "quem dá o pão dá o ensino". No entanto, nunca se referiu de maneira rancorosa a esses castigos, nem achou necessário desforrar-se em mim do tanto que havia apanhado. Quando as coisas não lhe agradavam, preferia gargalhar num jeito muito seu, que lembrava bola de pingue-pongue descendo lentamente uma escada. Duas vezes apenas botou de lado esse tipo de reação.

De uma delas eu soube, e foi quando um pistonista o desfeiteou diante da orquestra. Voltou para casa arrasado com o desfecho do incidente. Logo o Alvibar, pistonista de sua preferência! Devia estar ficando maluco para ter feito uma coisa daquelas! Mas o Alvibar era uma boa alma. Ao sair do Pronto-Socorro — naquele tempo Assistência Pública —, reuniu toda a orquestra e foi à nossa casa pedir desculpas. Fez questão que todos o acompanhassem, porque a desfeita tinha sido diante de todos.

Da outra vez, o alvo fui eu, e ficou sendo o único gesto que ele teve para me esquentar o couro, como dizia, repetindo expressão ouvida do pai: foi numa terça-feira de Carnaval. Vizinhos insones, dos que têm o hábito de andar metendo o nariz onde não são chamados, me haviam surpreendido em luta corporal de esquina escura *versus* uma crioulinha, empregada nas redondezas. Não satisfeitos com a xeretice, deram-se ao desplante de esperar meu pai quando voltava do High-Life, onde era o organizador das orquestras. O pobre do velho vinha estrompado de arrebentar os dedos num piano das dez da noite às quatro da manhã e não encontrou o senso de humor demonstrado certa madrugada pelo delegado Melo Morais, tio do Vinicius, capaz de se babar por um batuque e uma serenata, não fosse ele descendente do velho Morais Filho, o homem que compreendeu antes de muita gente a poesia que andava nas calçadas.

O caso é que ele, eu e Chocolate, meu parceiro no samba "É tão gostoso, seu moço", vínhamos de caminhada pela praia de Copacabana, quando se aproximou uma mulher espumando de raiva, querendo saber onde poderia achar um guarda. O Melo não estava de serviço naquela noite, mas a mulher se mostrava tão angustiada, que ele quis logo saber do que se tratava.

— Uma indecência, doutor. Uma indecência! Da grossa! O senhor tem que prender os sem-vergonha.

— É pra já, minha senhora. Onde estão eles?

— Ali na areia. Fazendo coisas horríveis, que eu tenho até vergonha de contar, juro por Deus.

Olhamos para a praia e não vimos ninguém. Por mais que olhássemos e examinássemos, a areia não se povoava. Melo Morais fez ver à indignada senhora que nada poderia fazer, pois, se sem-vergonhices tinham sido praticadas, os sem-vergonha já teriam ido embora, e ele não dispunha de recursos para persegui-los.

— Eles ainda não saíram de lá, doutor. Eu bem que estou aqui tomando conta.

— Francamente, minha senhora, eu não vejo nada. E acho que meus amigos não viram mais do que eu.

— Por trás daquele monte de areia ali adiante, já perto do mar.

— Mas espera aí. Como é que a senhora, daqui da calçada, pôde ver o que está acontecendo por detrás daquele monte de areia? Nós não vemos coisa alguma.

— É que eu fui até lá, doutor.

— A propósito de quê?

— Conheço o mundo como a palma da minha mão, seu delegado. Quando vi os dois caminhando naquela direção, fui atrás pra espiar o que eles iam fazer. E peguei os dois com a boca na botija. Aliás, estavam com a boca na botija os dois. Indecentes. Porcos.

— E que é que a senhora tinha que andar metendo o nariz na vida dos outros? Ficasse aqui na calçada como nós estamos, e não teria visto nada. Se insistir nesse assunto, eu sou capaz de prender é a senhora, está ouvindo?, por invadir a vida privada das pessoas. E boa-noite.

Meu pai vinha muito cansado do trabalho e não teve essa presença de espírito do Melo Morais. Ficou indignado com o que lhe contaram e já entrou em meu quarto como um possesso, o cinto em posição de ataque. Foi entrando e descarregando a primeira correada sem sequer explicar por que o fazia. Aquilo era tão fora do seu jeito normal de ser, que não tomei a sério. Sentei-me na cama e, entre gargalhadas, perguntei se tinha andado bebendo no baile.

O gesto já armado para a segunda correada se deteve no ar e se desfez, como se desabasse. Só recentemente compreendi o que lhe aconteceu, ao ver o filme da implosão do tal edifício em São Paulo. Foi, sem tirar nem pôr, o que se deu com meu pai, diante de minha pergunta. Implodiu e se desconjuntou. Foi recolocando o cinto na calça, novamente acomodado na pachorra trazida do berço. Sentou-se à minha beira, aconselhando-me entre arrependido e cúmplice, após contar a intriga da vizinhança:

— De outra vez, meu filho, arranja pelo menos uma esquina longe daqui. Se tua mãe sabe de uma coisa dessas, vai ser um banzé de cuia. Você sabe a pimentinha que a Chica é, não sabe? Ainda mais que era uma pretinha.

2

Francisca Maria Vicência, assim era o nome da mãe. No entanto, mesmo quando a apresentavam a alguma pessoa desconhecida, se apressava em dizer "Chiquinha para os íntimos", ela que não era muito de abrir sua intimidade aos outros. Chamá-la por qualquer dos três nomes de batismo dava em destempero na certa; subia a serra que ninguém a pegava mais. Passou a vida inteira protestando contra a maldade que lhe haviam feito na hora do registro civil.

— Não consigo maneira de ficar livre desse nome de preta velha nem à mão de Deus Padre. Parece até uma conspiração. Se fujo da Francisca, vou bater na Maria. Se me escondo da Maria, a Vicência me pega. Devia haver uma lei obrigando os pais a esperarem que os filhos crescessem para saber que nome gostariam de ter. Porque não são eles que arrastam essa desgraceira a vida toda. Mil vezes o Chica que o Lago usa pra me chamar. Às vezes, até parece que está me dando um soco, mas é bem melhor do que aqueles três mostrengos.

Sobravam-lhe ferocidade e ternura para repetir a loba que amamentou Rômulo e Remo. Mas eu vim ao mundo dando muito trabalho, e ela foi obrigada a ligar as trompas depois de meu nascimento, aceitando como perdida a vocação. Essa melancólica certeza de que lhe estavam proibidas outras alegrias da maternidade deve ter concorrido para torná-la um tanto possessiva no modo de querer a cria, campânula sempre a proteger-me de males e contaminações.

Como agravante de seu permanente cuidado para que nada de ruim me acontecesse, havia um sonho às vésperas de meu nascimento, sempre lembrado e nunca referido sem terminar em rezas. O filho visto no sonho, eu sem tirar nem pôr na sua angústia do pressentimento, já estava com quinze anos, e certa noite voltava para casa nos braços dos amigos, assassinado num baile. Esse sonho a deixava em pânico, pobrezinha, todas as vezes que eu me preparava para sair, principalmente se estivesse de terno azul-marinho, que era dessa cor a roupa do filho visto na premonição. Já andava eu pelos trinta anos, boêmio incorrigível, e sempre que me dispunha a ganhar a rua tinha que ouvir a carinhosa cantilena repetida desde eu adolescente:

— Tenha cuidado quando atravessar a rua, meu filho. Sabe, o escuro da noite deixa os chóferes malucos... Talvez fosse melhor você sair mais agasalhado, o tempo não está muito seguro, não, acho que vai fazer frio de madrugada, aliás, não sei por que fica na rua até tão tarde... Olhe, não passe tantas horas sem comer alguma coisa, estou achando você muito magro. Ou melhor, não coma nada na rua, que esses temperos fora de casa escangalham o estômago, eu vou deixar um leitinho na geladeira... Cuidado com quem anda, Mário, lembre-se que uma ovelha má bota todo um rebanho a perder, e você, com essa mania de achar que é tudo tão bom como tão bom, de fazer amizade com o primeiro que aparece...

Às vezes eu continha minha ânsia de rua e vinha para casa mais cedo, arrependido de não a deixar dormir, porque, a qualquer hora que eu voltasse, madrugada começando ou manhã de sol já em cima, lá estava ela desperta, com as três palavras da censura: "Bonita hora, hein?" E chegou o dia em que foi inevitável a pergunta:

— Meu filho, diz pra sua mãe: onde é que você fica metido até uma hora dessas?

Eu não soube compreender a angústia de um útero condenado a permanecer ocioso. Talvez tivesse bebido um pouco mais da conta, possivelmente me teria sido negada a cama que eu pretendia, ou porque a mocidade é biologicamente audaz e malcriada, não sei. O fato é que não estava em condições de atinar com a inevitabilidade de ser assim. Não fui capaz de compreender que, para ela, nada podia acontecer-me, pois eu representava fim e princípio ao mesmo tempo. E respondi com rudeza de coice:

— A senhora quer que eu minta ou que lhe falte com o respeito?

3

Os avós paternos se chamaram José e Maria, ambos da mesma cidade do interior paulista. Maria e José se chamavam os avós maternos, italianos os dois, da mesma província, só não sendo da mesma cidade por uma insignificância de dez quilômetros. Os dois avôs coincidiam na atividade musical e na barba. A mãe do pai foi sinhazinha e professora, tornando-se sinhá depois de casada, jogado o diploma sobre um armário para nunca mais. A avó materna arregaçou as mangas para ajudar o primeiro marido, arregaçando-as ainda mais no segundo casamento, pois levava o peso de três filhos do falecido, e, no seu orgulho, quem devia sustentá-los era ela, e não quem os não tinha feito.

José por parte de pai não cheguei a conhecer. Vi-o somente através de uma velha fotografia, daquelas muito ao sabor dos tempos do daguerreótipo, patriarcalmente ocupando uma cadeira de espaldar alto, obra-prima de entalhe como o faziam os mestres portugueses. Ao seu lado, de pé, numa sugestão de que estava esperando ordens, minha avó, a mão pousada sobre seu ombro em busca de amparo e força.

Descendia o patriarca sentado de uns Lago de Rio Claro, parece. Ao certo, gente que possuía algumas terras e uma pouca de escravaria, para pequenos serviços e mandados da casa. Infância sem esforço foi a do sinhozinho, longe de pensamentos em trabalho, pois tudo estava ali, ao alcance da mão, enchendo o tempo com estudos de música, mas por puro diletantismo, para encantar as noites de visitas de outros donos de terra e alguma escravaria. Não se apercebeu, nem se aperceberam por ele, da mudança dos tempos, e quando a família perdeu seus poucos haveres, constatando-se então serem mais as vozes do que nozes, não estava preparado para entrar na competição. Os italianos chegavam em avalanche, fascinados pelo sonho de "fazer a América", trazendo mão de obra especializada e começando a tomar conta do mercado paulista de trabalho.

Ao antigo sinhozinho sobrava o violino, encanto dos saraus na casa não tão grande como seria de desejar, embora dando suficiente conforto a seus donos. Mas nesse terreno, também, via-se de pés e mãos atados, sem maiores possibilidades ou perspectivas. Entre os imigrantes italianos vinham muitos músicos, donos de uma técnica aprendida com os mestres europeus, alguns até em grandes centros, e diante deles eram flagrantes as insuficiências de um aprendizado no interior. Ele teve que se contentar, para sobreviver, com as corridas de fazenda em fazenda, num lombo de burro ao sol e à chuva, para dar aulas mal remuneradas. De uma dessas viajadas voltou com a pneumonia que lhe fechou os olhos.

Isso fez dele um homem estomagado, a todo momento fazendo mau sangue com suas implicâncias. Não podia ver italiano à sua frente que não provocasse uma briga, tendo uma delas lhe custado um processo por ferimentos graves. Todas as desgraças que arruinavam o país, para ele, tinham começado depois da vinda da carcamanada, e nos seus desabafos chegava a desejar, boca em berro e bengala em riste, que a tão frequente febre amarela daqueles tempos acabasse com a raça de todos os aventureiros vindos da península. Levou essa má vontade a ponto de não escrever uma linha sequer de felicitações quando meu pai lhe comunicou que ia casar com Francisca Maria Vicência Croccia. "Uma italianinha!", foi tudo que comentou com os amigos mais íntimos, pedindo-lhes, segundo recordava tia Jovita, que não espalhassem a notícia pela cidade, pois em Piracicaba ninguém devia saber que o filho ia dar aquele mau passo.

Andaria eu pelos quatro anos quando a avó paterna morreu. Veio morar conosco depois de ter enviuvado, mas, fiel ao rancor que o marido nutria contra italianos, nunca saía de seu quarto, reduzindo ao mínimo as possibilidades de se encontrar com minha mãe. Uma única vez a vi, no alto da escada, aos gritos para que eu parasse de cantar aquela porcaria de "La donna é mobile", retendo-se em meus olhos a lembrança de uma figura magra e alta, espiga solitária em campo raso.

Os avós maternos me viram ginasiano e me abraçaram doutor.

4

A casa do berço foi na rua do Rezende, 150, quase ao lado do então Serviço de Saúde Pública. Essa vizinhança nos dava o privilégio de sermos dos primeiros ralos da cidade a receberem os cuidados dos mata-mosquitos, nas desinfecções mensais, e das primeiras residências a se asfixiarem com a fumaceira das fumigações, quando as autoridades admitiam o perigo de peste.

Não poderia reconstituir a casa em que nasci, pois já me batizei morando na rua do Senado. Também não me aparece clara a lembrança de nenhum dos locais onde fui passando a infância, que estávamos sempre de trastes às costas, pulando de uma rua para outra como se nos empurrasse um destino cigano. Meu pai, aliás, quando comentava a porta-de-tinturaria que nos corre nas veias, enfileirava os zíngaros ao lado de franceses, portugueses e espanhóis.

Já na altura dos sete anos, frequentando um curso particular que havia na rua do Rezende, passava todos os dias pelo 150, pois o lugar das aulas era no 158. Casa baixa, de janelas a um metro do chão, despida de vastos jardins e árvores copadas, elementos que sempre permitem narrativas coloridas a quem está lembrando. O ambiente bucólico, essa a minha grande frustração!, não é o forte das minhas recordações daqueles velhos tempos.

Cresci no bairro de Santo Antônio, só abandonando seus limites depois que me casei. Bairro de classe média modesta, onde nunca existiu o luxo das mansões arborizadas que o cuidado de espiar ainda deixa descobrir em muitos recantos do Rio. Não exigiria, como pano de fundo, uma chácara das que Machado de Assis testemunhou tão bem. Pedacinho de chão já me satisfaria. Mas nem isso. Nunca tive à minha disposição uma árvore para nela me encarapitar em busca de um sapoti ou manga. Nem córrego que me permitisse, Pan sem flauta, colocar as mãos em concha para apanhar a água oferecida pela terra. Menino desajeitado reconheço ter sido, inapto para figurar até mesmo numa página de Joaquim Manuel de Macedo.

Córregos que guardo na lembrança são as ruas cheias sempre que chovia. Ah, bairro de Santo Antônio de eu menino, piscina transbordável em pouco mais de um minuto, se todos os seus moradores resolvessem chegar às janelas e cuspir ao mesmo tempo. À rua do Riachuelo iam ter a lama e os detritos descidos de Santa Teresa. Na rua do Lavradio se instalavam os detritos e a lama que sobravam do morro de Santo Antônio. As ruas do Rezende, Senado, Inválidos e Pedro I iam na onda, servindo de vasos comunicantes.

Não era caso de raridade os barcos dos clubes de regata com sede na rua Santa Luzia virem em ajuda dos moradores ilhados. E surgiam as charges, e a irreverência carioca se exercitava. Num certo ano, tanta foi a lama despejada pelo morro de Santo Antônio, que o sol já voltara fazia mais de um mês, e a Lavradio continuava mergulhada em meio metro de água. O compositor popular, lógico, não deixaria fugir essa oportunidade de enriquecer o cancioneiro da cidade:

> Na rua do Lavradio,
> Lavradio, Lavradio,
> não se pode mais passar,
> mais passar, mais passar,
> pois ali parece um rio
> para a gente navegar,
> e o morro de Santo Antônio
> para ali vai se mudar.
> Ó seu prefeito, que maravilha,
> aquela rua parece uma ilha.

>Ai, ai, ai, ai,
>eu não passo mais por lá
>porque posso me afogar.

Só recordo um quintal em toda a minha infância. Foi quando estivemos morando em Curitiba, pois, nas vezes em que não mudávamos de casa, mudávamos de terra. Mas mesmo esse quintal, não me deixou nos olhos o vulto de nenhuma árvore. Não há flor cujo perfume me traga de volta aquele tempo, nem a saliva me fala de alguma fruta apanhada no pé. Recordo-o somente pelos olhos esbugalhados de meu pai. Um incidente tornado grotesco no outro dia, mas que, no momento, teve lances de tragédia.

Estávamos nos preparando para dormir, quando se ouviu um barulho estranho. De seu quarto, no andar de cima, minha avó paterna avisou, voz soprada de quem está com medo de trair-se, que havia alguém no quintal; de sua janela tinha visto um vulto se mexendo perto do galinheiro. Com toda certeza um ladrão. Vagavam pelas terras do Paraná, sem rumo e subsistência, muitos desertores da campanha do Contestado. Os jornais todo dia falavam nisso. Imediatamente minha mãe me espremeu contra o peito — ah, a minha permanente campânula! —, como se eu fosse, ali dentro, a única coisa digna de ser roubada. Meu pai passou a mão na tranca, já disposto a sair.

— Apaga a luz, Chica, para ele não me ver.

— Vá com cuidado, Lago. Quem entra assim na casa dos outros está disposto a tudo.

Depois de algum tempo ele voltou do quintal, nos olhos um esbugalhado de ficar em qualquer lembrança. Entrou na sala de cabeça baixa, ofegante como se viesse carregando várias toneladas às costas, e, sem dizer palavra, arriou-se na cadeira de balanço.

— Que foi, Lago?

— Não diga nada a mamãe, mas...

— Sim...?

— Acho que matei o homem.

— Meu Deus!

— É, sim. Ele não viu quando eu saí daqui. Estava de branco, procurando se esconder no galinheiro. Quando cheguei bem perto dele, pelas costas, arriei a tranca com toda a força. Foi um gemido que... de quem está se desfazendo.

Ninguém mais dormiu naquela noite. Até minha avó abandonou o exílio voluntário em que vivia para sofrer a angústia com os outros. Também não houve quem tivesse ideia ou coragem de ir ver a extensão do acontecido. Passamos a noite inteira na porta que ligava a sala ao quintal, tentando adivinhar no escuro, e apavorados, porque, de lá de fora, não se ouvia nenhum gemido, um pedido de socorro. A certeza do assassinato esmagava a todos. Nem eu, criança, encontrava tranquilidade.

Com as primeiras luzes do amanhecer, foi-se tornando visível a roupa branca que o ladrão vestia. Criatura sempre disposta ao samaritanismo, minha mãe lembrou que talvez ainda se pudesse fazer alguma coisa para salvar o pobre coitado. E voamos todos naquela direção. A primeira gargalhada partiu de meu pai, pois foi o primeiro a ver que, debaixo daqueles trapos anunciadores de desgraça, estava um jacá de palha, sobre o qual caíra uma peça de roupa, arrancada da corda pelo vento. E os jacás são como os homens: gemem quando apanham.

A casa da rua do Rezende, berço do primeiro grito, era baixa, janelas de guilhotina a pouco mais de um metro do chão. Que maravilhosos eróticos os arquitetos do chamado *nihil tempore*! Os braços dos namorados podiam esgueirar-se para o interior sem que da calçada alguém percebesse, e sua mão ficava ao alcance cômodo das intimidades da amada. Nem a vigilante mãe, fazendo crochê no sofá da sala, seria capaz de perceber os exercícios que estavam sendo praticados, a não ser que a menina fosse histérica, daquelas que proclamam ao mundo as alegrias que estão sentindo.

Na época em que eu passava pelo 150, funcionava ali uma modesta fábrica de Biscoitos Sinhá. Nunca tive curiosidade de entrar para lhe ver os cômodos, a sala onde foi pedida a mão de minha mãe, os recantos por onde a pobre coitada andou se contorcendo em dores até que eu resolvesse sair do mundo das hipóteses. Mas quando quis revê-la, há pouco mais de um ano, fiquei frustrado.

Um repórter quis fotografar-me nos lugares-molduras de infância, estudos, e isso me despertou a vontade doida de um retrato à porta de meu berço. Já tinha resistido, e só Deus sabe com que sacrifício!, à tentação de me deixar fotografar em frente ao Coliseu, quando passei em Roma, junto aos canais de Veneza, e na fila dos milhares que diariamente visitam o túmulo de Lenin, em Moscou. Mas agora se tratava da casa onde eu havia aberto os olhos para o mundo. A tentação de um documento para a posteridade me deu cócegas.

Não existia mais. Numa coluna da empresa gráfica existente onde foram o 150 e outras casas, colocaram uma placa informando os números engolidos pelos novos tempos: 148-152. Espremeram-me o berço no meio da coluna, deixando-o reduzido a simples hífen. E doeu. Como se me esmigalhassem os ossos com tanta falta de cuidado e pena.

5

Não foi senão depois de dolorosa espera, certo corre-corre e em última instância fórcipe, que, na tarde de 26 de novembro de 1911, conseguiram arrancar-me do mundo das hipóteses, como o doutor Hermano Bustamante, ginecologista permanente dos Croccia, Cancelli e Lago, chamava o ato de ir buscar alguém na barriga da mãe. "Mundo das hipóteses porque nunca se sabe o que vai sair lá de dentro. Tenho tanta vergonha de alguns buscados por mim, que, se pudesse, botava pra dentro outra vez." Sem que me considere merecedor de prêmio especial por isso, tive o cuidado de nascer sem causar transtornos muito grandes naquele domingo distante, dando tempo a que os de casa saboreassem o almoço como Deus manda. Afinal, um almoço domingueiro, principalmente se tratando de família italiana, é coisa de merecer respeito.

Esse detalhe da resistência primeira — "menino pirrônico, que só faz as coisas quando quer, até pra nascer foi assim" — sugeriu, em 1931, a resposta com que procurei explicar-me perante os meus, esmigalhados de surpresa e pânico. A boa Chica, na melhor intenção de dar pelo menos um jeito em minha estante, eterna cova de cacos que só eu entendia e onde só eu encontrava o procurado, ficara estarrecida diante de três livros que eu me divertia em manter bem à vista de todos; quixotada ridícula de principiante: *Manifesto comunista*, de Marx e Engels; *O Estado e a revolução*, de Lenin; *A origem da família, da propriedade privada e do Estado*, de Engels.

Coitada da minha santa velha! As leituras mais da preferência em nossa casa sempre foram romances de torcer lenços, enlamear o pó de arroz e o carmim, como *Toutinegra do moinho*, *Amor de perdição*, vidas de santos e músicos, poesias que arrancavam suspiros do fundo do fígado. Ainda recordo o final de uma delas, que costumava provocar pesados silêncios após seu término:

> Porém mais tarde, quando foi volvido
> das sepulturas o gelado pó,
> dois esqueletos, um ao outro unido,
> foram achados num sepulcro só.

Política era assunto considerado só do entendimento dos doutores, estando, portanto, fora da cogitação de todos, já que em nossa família não existiam bacharéis em leis. Mas os nomes dos autores daqueles livros até minha mãe sabia de cor. Frequentavam as manchetes de jornais e revistas, apontados com ódio e nojo como responsáveis por sanguinolentos banquetes onde criancinhas eram deglutidas *al primo canto* e moças desvirginadas ao vinagrete. Não continuou, coitada, para ver que a cantilena não se calou no tempo, nem mesmo arrefeceu.

Ah, a maravilha das famílias italianas, que não conhecem, quando começam a discutir, a conveniência do "cá entre nós", e, entre gestos de palmeiras ao vento, esparramam as entranhas de esquina a esquina, como despojos de batalhas oferecidos à vizinhança. Decididamente, nós, italianos ou mesmo *oriundi*, somos uma raça com vocação para as árias operísticas, repletas de agudos e agudíssimos. Ninguém me convence de que Nicolau Amati e Antonio Stradivarius não estavam distraídos quando fizeram os violinos que lhes deram celebridade. O que eles deviam estar querendo, mesmo, era fabricar cornetas.

O estarrecimento materno foi ganhando corpo na descompostura comedida do pai, acabando por explodir em escândalo para além-quarteirão na voz da avó, o que representou um toque de rebate para os demais membros da sagrada família. Em pouco tempo nossa casa era invadida pelos parentes moradores nas proximidades, e tinha início o mutirão de argumentos capazes de me trazerem de volta aos sãos princípios norteadores do comportamento tribal através dos tempos.

A voz de minha avó pairava sobre todas as outras, pois não havia quem lhe levasse a palma quando entrava em clima de discussão, fazendo variações e ritornelos em torno de excomunhão, heresia, castigo do céu, obra do Deus das trevas... Mesmo no auge do horror, ela teve o cuidado de dizer Deus das trevas. Por questão de tática e estratégia, em nossa casa nunca se chamava o diabo pura e simplesmente de diabo. E se amanhã ou depois acontecesse uma reviravolta lá por cima, uma mudança de comando? Poderíamos ficar a salvo de castigos alegando que sempre déramos o título de deus ao novo governante.

O comício de minha avó repetia as arengas feitas no púlpito por dom Próspero — que meu avô jurava de pés juntos ser analfabeto em italiano, português e latim —, vigário da paróquia onde ela era Filha de Maria das mais assíduas e cumpridoras, com fôlego e crença para saltar da cama às quatro da manhã, já de joelhos, rezar até as seis, ficar na igreja assistindo a todas as missas e voltar para casa, onde se trancava no quarto, em preces, até a hora do almoço. "Numa casa onde há tantos hereges, alguém precisa cuidar da salvação de suas almas."

Havia os de espírito mais diplomático, dispostos a comover-me. Como é que eu, menino criado com tanto desvelo, tendo presenciado sempre tão bons exemplos... Recordo até que o tio mais velho, exagerado cultor das palavras soando aos ouvidos como acordes finais de uma *ouverture*, dava a tais exemplos a pitoresca etiqueta de edificantes... Como é que eu, carregando nas costas o peso beatificador de cinco comunhões, e condecorado com medalhas de ouro em Catecismo e História Sagrada no Colégio Santo Alberto... Como é que eu, repetiam e voltavam a insistir sem cansaço, na esperança desse passado glorioso me predispor à regeneração, tinha me metido numa loucura daquelas! A certa altura do escândalo, minha mãe perdeu o entusiasmo para as censuras, tão arrasada a deixara o flagrante daqueles livros amaldiçoados, e começou a chorar em lamúria.

— O melhor que você tem a fazer é mirar-se no espelho de seus primos, procurando estudar e trabalhar.

— Por isso não, eu também estudo e trabalho.

— Mas eles têm juízo, estão procurando ser alguém, sabem distinguir entre o certo e o errado.

— O que é direito pra eles pode não ser pra mim.

— Por que você há de estar com essas ideias malucas na cabeça, meu filho? Quer me matar de desgosto? Que sina a minha, meu Deus!

— Mas nem as lágrimas de sua mãe levam você a aceitar que essas ideias não servem? — disseram algumas vozes dos de em volta.

Se os tivesse vivos, agora, pediria a todos aqueles parentes que me perdoassem pela agressividade da resposta a tantas provas de cuidado e zelo. Pensavam em minha tranquilidade a seu jeito. Achavam, a seu modo, estar preservando meu futuro e bem. Houve quem lembrasse os perigos existentes numa manifestação de rua, num comício, vindo à baila o sonho de minha mãe pouco antes de eu nascer. Mas naqueles instantes me sentia como o pugilista em disputa de um título mundial. Não podia dar ao público o direito de me vaiar. E, principalmente, não podia permitir que o juiz impedisse meus primeiros murros. No atordoamento do quase nocaute a que estava sendo levado, voltaram-me à lembrança as repetidas narrativas das circunstâncias sacrificadas de meu parto, e a resposta nem chegou a ser bem-pensada:

— Lembram como eu nasci? Bem que não queria, não é verdade? Tiveram que me arrancar a ferros. Até parece que estava adivinhando a merda de mundo que ia encontrar aqui fora. Pois resolvi entrar na briga pra acabar com essa merda.

Minhas palavras levaram o escândalo ao clímax. Foi um corre-corre dos diabos em busca de sais aromáticos e água de flor-de-laranja. Mas o assunto ficou encerrado definitivamente. Pela primeira vez, em minha família, havia-se discutido política.

6

O ódio é feio e enfeia, enrugando e engelhando tanto por dentro como por fora. Quem odeia envelhece antes porque, para odiar, as mãos se crispam até o sangue, os músculos se contraem e se distendem numa sístole-diástole que machuca, as cordas vocais se arranham e se dilaceram para as palavras ganharem a aspereza capaz de ferir ou ofender. E é a sudorese e é a dispneia.

Fui ensinado, desde quando me sentiram em condições de entender os bons princípios, que odiar é pecado e, por isso, Deus não protege as crianças possuídas de raiva, botando-lhes as mãos por baixo. A partir das primeiras recordações, possivelmente assustado por essa advertência, e mais tarde por hábito, preferi sempre pensar de manso, fazer o gesto espalmado para o convite ou chamamento, falar em tom e jeito incapazes de provocarem susto ou espanto. Mas, num determinado momento, desejei que Deus fosse plantar batatas — pois, sendo Deus, por via das dúvidas é de bom alvitre não se desejar coisa mais contundente — e se danasse tudo quanto aquela cambada de marmanjos safados vinha me metendo na cabeça. Foi na noite de 24 de dezembro de 1918.

Aos sete anos eu era um ingênuo ou débil mental, limitada a inteligência pelas quatro paredes da casa e pelos padrões reguladores da maneira de pensar da família. Naqueles tempos, diga-se, para salvaguarda de todo um pano de fundo cultural, raros de nós não eram ingênuos ou débeis mentais aos sete anos. Pouco ouvíamos e víamos. Os adultos não ouviam nem viam muito mais do que nós, prova disso o atraso com que recebíamos a notícia dos movimentos da inteligência na Europa. Cinco anos depois dessa noite terrível, por exemplo, os livros escolares ainda ensinavam que, no caso de ser possível fazer-se um artefato capaz de ir à Lua, essa viagem levaria uns sessenta anos. Em *Viagem à Lua*, a fantasia de Júlio Verne alimentava o ensinado pela ciência. Os tripulantes da nave alunissavam encarquilhados, cabelos brancos, tendo alguns deles morrido durante a aventura.

Papai Noel, para nós, ou pelo menos quase todos nós, era coisa de realmente existir. Acreditávamos num velho gordo e de longas barbas brancas deslizando de trenó por entre as nuvens, vindo de regiões nem constantes dos mapas e se intrometendo pelas chaminés das casas para colocar brinquedos nos sapatos das crianças, nunca nos ocorrendo indagar como é que, numa só noite, ele conseguia alegrar todas as crianças do mundo.

Verdade se diga, não o víamos descer de helicóptero no centro de estádios superlotados, nem o encontrávamos pulverizado às centenas pelas ruas da cidade, como hoje em dia, quando as crianças podem tocá-lo e falar-lhe em cada esquina, e ouvir dele que os melhores brinquedos estão na loja tal ou qual. Era uma fantasia, não uma imagem. Também ainda não surgira, como moda, as crianças escreverem cartas a Papai Noel, pedindo o brinquedo preferido. O mistério era mantido, aumentando a fantasia. Habilidosamente, as mães sondavam o desejo dos filhos, e quando os brinquedos apareciam ao pé da cama, nos sapatos, isso não fora consequência de qualquer pedido ou aviso. Tudo tinha sido adivinhado pelo bom velhinho, pois dele eram todos os poderes e todas as bondades.

Com que ansiedade, nas noites de 24 de dezembro, eu via meus pais colocarem sobre minha cama o barbante que ia de parede a parede, onde o viajante misterioso viria pendurar os brinquedos a que eu fizera jus, exemplo de menino bem-comportado durante todo um ano. Ia dormir com o coração aos pinotes. Mas quem disse que me arriscava a abrir um olho, pelo menos, durante a noite, mesmo se um sonho mau me acordasse de repente ou se a vontade de fazer xixi doesse. Eu acreditava no que me haviam ensinado: a criança fazendo isso, Papai Noel ia embora sem deixar coisa alguma de seu saco imenso, e só no ano seguinte ela ganharia brinquedos, com a desvantagem de não ganhá-los em dobro, para compensar o prejuízo do ano anterior. Eu seria débil mental, mas não era idiota.

Naquela noite de 24 de dezembro, mal acabei de vestir o pijama, para dormir, minha mãe me colocou ao colo, dizendo que precisava conversar comigo. Conversa séria. Nunca lhe tinha visto ar tão grave, nem surpreendera em seus olhos as lágrimas adivinhadas agora. E começou uma história muito longa, ouvida por mim com profunda pena, vontade imensa de chorar junto com ela. Naquele ano tinha chegado uma doença ruim, que andava matando muita gente: a gripe espanhola.

— Você mesmo já teve, lembra? O doutor Bustamante até disse que era um dos primeiros casos aqui no Rio. Esteve mais pra lá do que pra cá, meu filho. Só não morreu porque sua tia Jovita mandou aquelas cápsulas de quinino lá de Capivari, onde a doença não chegou. Pois é... aquela gente que passou ontem aqui em frente de casa, toda empilhada dentro de um caminhão... você até pensou que estavam dormindo, lembra?... gente que morreu, meu filho.

Eu não chegava a compreender muito bem por que minha mãe estava me contando tudo aquilo. Naquele tempo, os adultos eram quase sempre muito fechados com as crianças, e os primeiros momentos de uma conversa franca se tornavam difíceis. Mas já me dispunha a lhe dizer que não precisava chorar, que não era problema se não íamos fazer a festa esperada um ano contado dia a dia, nem se não ia haver ceia, a famosa consoada que degenerava normalmente em desarranjo intestinal, tanta era a comilança. Muito justo não mostrarmos alegria, se tantas famílias estavam morrendo por inteiro, as mais das vezes só se sabendo dessas mortes quando os urubus começavam a sobrevoar os telhados das casas. Os jornais todo dia falavam em coisas assim, e eu ouvia as conversas. Estava pronto a dizer todos esses consolos a minha mãe, mas ela cortou o gesto bom.

— Com essa doença, os teatros não estão trabalhando.

— Por isso papai não sai mais de noite?

— É, meu filho. Você sabe, ele ganha dinheiro em teatro, e é com esse dinheiro que ele compra brinquedos pra você.

— Não é Papai Noel?

— Papai Noel não existe, meu filho.

— Mas a senhora, vovó, todo mundo aqui em casa...

— Um dia você tinha mesmo que ficar sabendo. Papai Noel é seu pai. E este ano, tendo parado o trabalho, os teatros não funcionando, ele não tem dinheiro pra comprar nada.

Não consegui conter os soluços depois de ouvir tudo isso, e minha mãe, pensando-me triste apenas porque ia passar um Natal sem brinquedos e festas, tentou um consolo:

— Não chore. No ano que vem você ganha dobrado.

Preferi não responder. Ela já estava tão doída, coitada, por causa das revelações acabadas de fazer. Seria demais confessar-lhe que o não receber brinquedos era o menos importante em toda aquela história. O que me fazia chorar era raiva, a primeira que senti em minha vida. E raiva de meus pais, por me terem enganado durante tanto tempo.

Muitos dos brinquedos ganhos nos outros natais teriam representado sacrifício, vá lá. Eu deveria amá-los ainda mais por causa disso, correto. Mas naquele instante o fundamental, realmente, era a perda da fantasia, que começava a se desmanchar entre meus dedos como pedra de gelo ao sol. O chocante, de fato, estava em não ter valido nada a expectativa de tantos 365 dias. E não tive medo do que me haviam ensinado a respeito de ódio e pecado. Que se fornicasse tudo aquilo, família e Deus, pois no momento eu odiava meus pais com o mais forte e sagrado dos ódios. Criança não gosta de mentira.

Anos mais tarde, no entanto, já começando a ser batido e estragado pela vida, bem que gostava quando meu pai queria saber onde eu me encafuava até uma hora daquelas — "quatro horas da manhã, Chica, isso não tem cabimento!" —, e a velha Chica respondia na mais divina das mentiras:

— Telefonou avisando que vai dormir na casa dos primos.

7

Filho de músico, neto de músicos por parte de pai e mãe, sobrinho de músicos, com uns vagos parentes distantes também músicos profissionais ou por diletantismo, o grande sonho dos de casa era que eu também me dedicasse à carreira. Muito garoto ainda, me pespegaram diante do piano, e com que dificuldade as pernas crianças conseguiam roçar os pedais!, para eu ir tomando intimidade com a pauta e as teclas, sendo meus progressos registrados milímetro a milímetro, segundo por segundo. Escala dedilhada por mim, ou mesmo esparso bater de notas com que me divertisse, tinha para a expectativa do pessoal da casa o encanto apoteótico de um recital. Meu avô chegava a achar que no tradicional *Bife*, conhecido por qualquer criança, eu colocava um elemento de sensibilidade verdadeiramente de espantar até em adultos.

Na ânsia de me tornar cada vez mais afeiçoado ao piano, destinado a ser-me instrumento de trabalho e glória, meu pai não esperou sequer que eu completasse sete anos para fazer de mim um assíduo e impenitente frequentador de concertos. Suportá-los até que não chegava a ser de todo mau, pois naquele tempo os maiores cartazes vinham apresentar-se no Rio. O pior era quando o concerto terminava e me via obrigado a dar opinião sobre o recitalista e condenado a ir à caixa do teatro para ver a celebridade de perto. Meu futuro estava definido, e nenhum detalhe poderia faltar para as "favas contadas" do prognóstico.

Comportamento realmente de comover, em toda essa mecânica de fantasia, era a ambição de minha mãe: um dia ainda me ver envergando uma casaca. Desenvolvi-me continuando o langanho que havia nascido. Alto e espigado, tipo mandado do céu para competir com garçons e mordomos nessa encadernação indumentária. Ela me sonhava no traje que seria um desperdício e mesmo pecado eu não usar, recebendo os aplausos do mundo todo ao término de concertos nunca antes realizados por nenhum outro artista.

Mas foi um sonho de pernas curtas, que durou somente até a véspera de eu completar treze anos. Naquela noite de 25 de novembro de 1924, encarapitado na galeria do Teatro Municipal, me detive mais atentamente na alma e técnica de Artur Rubinstein. Naquela época, a preferência da plateia carioca estava muito dividida entre Rubinstein e Alexandre Brailowsky. As mocinhas, sempre propensas às emoções mais caridosas, geralmente optavam pelo segundo, que conservava, no físico esquálido e na interpretação melosa, resquícios de hemoptises que Chopin talvez tivesse lançado sobre o piano enquanto tocava. Não ficou entre os cobras do mundo dos concertos. Sobrou até hoje, quase cego mas em plena atividade, Rubinstein, machudo, pantera devorando as teclas.

Enquanto o escutava, ia deixando dominar-me por incontida sensação de que jamais conseguiria atingir tanta mestria e tal domínio sobre o instrumento. Para minhas mãos se transformarem em centopeias capazes dos malabarismos que eu estava vendo, e me mantinham de respiração suspensa, seria necessário estudar um mínimo de seis horas diárias, como sempre recomendava minha entusiasmada professora, dona Lucília Villa-Lobos. Mas aí é que a porca torcia o rabo, no dizer da velha Chica, paciente colecionadora de provérbios e expressões populares.

Seis horas de estudos diariamente! Onde encontrar disposição para uma façanha de tão gigantesca envergadura numa terra de suor hereditário provocando desidratação nas primeiras escalas, frequentando praias onde em cada grão de areia está entrincheirada uma mulher que nos vai virar a cabeça? Como aceitar a prisão de uma sala durante esse todo e longo tempo de seis horas-séculos aos treze anos, vendo o sol invadir janelas e portas, ouvindo o futebol da garotada, a nossa pelada que já me levara dois dentes e uma lasca de sobrancelha? Por que ficar ali e aceitar aquilo, se o cuidado estava na primeira namoradinha que, se eu não aparecesse, era bem capaz de já andar piscando o olho para outro? E logo a Alzira — tão doidivanas e trêfega, como dizia meu tio amante das palavras-lantejoulas —, já nessa época forte candidata ao título de "Alzira-Maçaneta" que a consagraria entre a rapaziada do bairro.

Além do mais, aos treze anos, eu já era um apaixonado pelo samba. Largava tudo para ouvir uma batucada de esquina. A crioulada da Barreira do Senado já me conhecia e até me convidava para entrar na roda. Ah, as noitadas de samba que o Anacleto organizava debaixo da janela da Leonor, sua namoradinha. Leonor — mais tarde conhecida no teatro e no rádio como Lúcia Delor, tendo sido minha colega de trabalho na Rádio Nacional e intérprete de minha primeira comédia — era a filha mais velha da atriz Palmira Silva, uma das maiores criadoras de criadinhas espevitadas que nossos palcos conheceram.

Palmira não chegava ao exagero de cuidados que Júlia Vidal, também atriz, tinha com a irmã Maria Vidal, quando essa ainda era virgem. Nas noites de farras no Mère Louise — Posto 6, onde depois foi o Cassino Atlântico e mais tarde a TV Rio —, a Júlia enterrava a pobre menina na areia até a cintura, para que os companheiros de noitadas, no auge do assanhamento e porre, não quisessem englobá-la no lote das usáveis. Desses exageros a Palmira nunca teve, mesmo porque nunca se entregou a esse tipo de divertimento. Mas trazia as filhas Leonor e Olímpia num cortado daqueles. Ao sair para o espetáculo, deixava as duas fechadas a sete chaves e tranca como reforço.

Ao Anacleto, coitado, não restava outro remédio senão reunir os amigos e passar a noite na calçada em sambas-serenatas, melancólico Romeu de breque e caixa de fósforos. Ela na janela, ele cá embaixo, improvisando quadras para o estribilho que era a obra-prima de sua cachola:

> Minha alegria, minha dor,
> Leonor, Leonor.
> Quero assim mesmo, por favor,
> Leonor, Leonor.

As quadras improvisadas diziam sempre que ele tinha atravessado a Guanabara em cima de qualquer coisa terminada em "or" (espanador, motor) só para ver a Leonor. Foi numa dessas cantorias, tanto insistiram, que eu fiz minha primeira tentativa de criação como batuqueiro:

> Num aeroplano de pano,
> pano, pano, espanador,
> voei o céu de ponta a ponta só
> pra ver a Leonor.

A partir daquele 25 de novembro de 1924, não houve argumento capaz de me reconduzir ao piano. As lágrimas maternas doíam, mas não me diziam nada em termos de compreensão. Meu pai andava de cara fechada, preferindo não dizer palavra, mas me olhando como se eu fosse um renegado, um trânsfuga. Eu, no entanto, me mantinha indiferente, poros fechados e impermeáveis. Inúteis os peditórios de dona Lucília. O próprio Villa-Lobos, dada a tristeza da companheira por perder o melhor de seus alunos, participando até de apresentações públicas — a realizada no Instituto Nacional de Música tinha sido um sucesso —, saiu de suas preocupações sinfônicas e resolveu meter o bedelho na questão:

— Você pensou bem no que está querendo fazer, menino? Eu acho uma tremenda besteira, sabe?... que amanhã ou depois você pode se arrepender. Tanto jeito pro instrumento.

Nada do que me diziam e ponderavam me chegava sequer à pele, sendo essa a primeira desilusão que causei aos de casa. Minha mãe, entretanto, era fidelíssima descendente de calabreses, daqueles que, quando não podem matar, são capazes de comer o próprio dedo, diminuindo a raiva. Eu não queria mais saber do piano? Cuspiu para o alto um *che se ne frega* e começou no mesmo instante a alimentar outra motivação para me ver envergando uma casaca, que isso era o mais importante em todos os seus sonhos. Dura de roer a divina da velha Chica. Pena que, tempos depois, eu a tivesse desiludido mais uma vez.

8

Não chega a ser regra geral, mas a primeira mulher nos é calma e realização antes da primeira prostituta, o que prova a vocação de todos nós para a ilegalidade. É uma prática iniciada ainda no tempo nebuloso e incerto do útero — quando não sabemos se estamos destinados a continuar ou se ficaremos mesmo no que estamos —, em pulos de um lado para outro, molecando de nos imobilizarmos ou nos escondendo de todo, quando, sobre a barriga materna, se esparrama o calor emocionado da mão que nos quer apalpar, sentir, talvez até agarrar pra pôr ao colo. Nos começos somos todos militantes clandestinos.

Por acaso existe prazer que se compare ao de fugir para a calçada que a mãe apresenta como a coisa mais perigosa do mundo, ou ir surrupiar frutas no quintal de um vizinho velho e rabugento, useiro e vezeiro em quebrar de cacete quem lhe enudece as árvores? E tudo isso sem o menor remorso quando se fazem ouvir os gritos da busca, a pobre coitada a se esgoelar de esquina em esquina. Ah, o sacrifício de se entrar em casa ostentando o melhor dos sorrisos, sem capengar, porque a pelada onde estropiamos o joelho tinha sido proibida! E a apanha matreira dos trocados esquecidos sobre um móvel, coisa feita tantas vezes sem nem a consciência ameaçar que vai doer. E a mentira para explicar um zero ou castigo que nos deixou privados do recreio, tudo sempre implicância de uma professora velha e antipática, levando os pais a dizerem cobras e lagartos para quem está inocente como um anjo.

É nessa fase que acontece geralmente a primeira mulher. Tudo começa no olhar songamonga lançado à empregada que vem servir a refeição. Por mais breve contra a luxúria que seja uma empregada nova, a inexperiência a promove imediatamente a motivo de excitação. Ancestralidade do dono de escravos que ficou em nós. Ela quase sempre percebe o jogo, pois é coisa que já lhe vem acontecendo em tantas outras casas, e deixa para se voltar quando vai saindo da sala, em sorrisos, que assim deve ser feito para o garoto criar coragem.

Progride na roçada que se dá ao cruzar com ela no corredor, como se ali fosse estreito demais para os dois passarem ao mesmo tempo. Ainda sem a audácia para a palavra ou o gesto que toma, pois é uma primeira escaramuça, confirmada mais tarde nos apertões dados na cozinha, a medo, e tornados mais insolentes no isolamento da beira do tanque, entre as roupas estendidas nos varais, coração parecendo que vai saltar pela boca, pulmão catando ar a quilômetros de distância, enquanto a frase dengosa estimula, numa negaça estratégica: "Sai daí, fedelho, perdeu o juízo? Se eu vou perder meu tempo com quem nem sabe como se faz essas coisas. Cresce e aparece, vá, que pra limpar os dentes eu já tenho palito."

Finalmente a calada da noite que foi permitida e acertada, apavorados de que o bater numa cadeira possa botar tudo a perder. Ou o aproveitamento de uma tarde em que os mais velhos saem para fazer uma visita, e a gente diz logo que não pode ir junto, tem deveres de casa, uma prova muito difícil no dia seguinte. E então a ânsia se acalma, e o ofego vira sorriso de realização.

Grandessíssimos ingratos temos sido todos os homens, que até hoje não nos lembramos, ou fomos vencidos por nojentos escrúpulos quando pensamos nisso, de erigir um monumento em ouro e brilhante à doméstica desconhecida, primeira cama de todos nós, mestra-escola paciente e desinteressada que nos abre as pernas como se abrisse as páginas de uma enciclopédia, para aprendermos do abc ao cálculo infinitesimal.

A primeira prostituta, pelo menos naquele tempo, era o início da permissividade do pai, interessado em que o filho fosse um homem por inteiro, objeto de comentários alegres nas rodas amigas. No dia 26 de novembro de 1924, o velho Lago, com uma solenidade de quase ritual, me deu a entender que eu já estava na idade de ir molhar o biscoito nas mulheres de vida fácil, expressão canalha, na época, mas que os pais concediam em usar quando elevavam os filhos à condição de homens. Um sorriso de inteligência safada, palmadinha no ombro como de igual para igual, e em minha mão uma nota de 5 mil-réis, que com tanto se pagava uma brasileira na rua Júlio do Carmo e uma francesa ou polaca na Benedito Hipólito, as de melhor categoria na zona do Mangue.

Não poderia revelar a meu pai que nada do oferecido por uma prostituta seria novidade, pois em nossa casa as empregadas se renovavam sempre no fim de cada Carnaval, por motivos que não vêm ao caso agora. E muito menos poderia contar que, precisamente naquele ano, eu tirara diploma de homem do mundo, traquejado em todos os segredos de cama, diploma conferido por madame Lucy, balzaquiana ainda bastante chamativa, de quem a família sabia apenas ser maravilhosa explicadora de francês, e realmente o era. Eu, por exemplo, tinha tirado notas baixíssimas nos dois primeiros bimestres, no Pedro II, e, graças aos seus ensinamentos, cheguei a banco de honra até o fim do ano.

Mas nós, seus alunos, conhecíamos seu fraco por garotos, sempre interessada em revelar-lhes outros segredos além dos existentes no idioma de Racine. Quando o peso da idade lhe tornou impossível o acesso ao mundo da meninada, enveredou pelos caminhos da cocaína, morrendo como hóspede do professor Juliano Moreira, no hospício. E ainda havia mais, que eu não podia contar a meu pai. Minha primeira prostituta também já tinha acontecido. Uma apenas, mas inesquecível, sonho e lágrimas dos meus dez anos.

Naquela época era de bom-tom, como se costumava dizer, ir passear na Rio Branco aos domingos. Quem possuía carro fazia seu *footing* descansadamente, aproveitando para exibir *status*. Os outros, e nós estávamos nesse caso, iam mesmo de landopé, como ironicamente os menos afortunados chamavam seu próprio meio de transporte, em contraste com o landolé (*landaulet*, no idioma de madame Lucy), denominação generalizada dos conversíveis de classe. Esses passeios eram meu encantamento, pois terminavam sempre na Alvear, onde se tomava o mais gostoso sorvete de leite merengado do Rio. Era uma casa de chá e sorveteria montada à europeia, as paredes todas revestidas de espelhos que começavam a um metro do chão e iam até quase o teto.

Das primeiras mesas da Alvear, espichando-se um pouco, minha mãe podia fiscalizar meu pai, violinista da orquestra que tocava na sala de espera do cinema Odeon, esquina de Rio Branco com Sete de Setembro. Parava gente na rua para ouvir aquela orquestra, onde até Villa-Lobos já tinha tocado violoncelo, o que os colegas diziam fazer sofrivelmente, tendo sido até bom dedicar-se a compor. "Como músico, era um facão de alto lá com ele", cansei de ouvir comentarem isso em casa.

E foi na Alvear que surgiu a primeira prostituta, botando de pernas para o ar o mundo em branco dos meus dez anos. Que alegria para os olhos quando ela entrou acompanhada de umas cinco ou seis pessoas, tão desmanchadas em salamaleques que pareciam formar um séquito. Não houve quem não se virasse para apreciar-lhe a passagem, e meu pescoço foi junto. Nunca tinha visto mulher tão bonita como aquela. Alta e esguia, fazendo com que todos a olhassem em diagonal ascendente. Olhava como se estivesse se debruçando, falava como se mordesse.

Uma de minhas tias deu informações sobre a acabada de chegar, discretamente para as crianças não perceberem — como se nós pudéssemos penetrar o sentido de suas palavras —, que era a Nenê Romano, de São Paulo, prostituta de alto bordo, de dez contos de réis pra cima. "Dizem que já deixou na miséria três ou quatro fazendeiros, que são a especialidade da sanguessuga." Naquele dia, para meu desgosto, saímos da Alvear antes da hora costumeira, nem esperando a companhia que meu pai nos vinha fazer nas folgas da orquestra. É que Nenê Romano, ao olhar na nossa direção e me surpreender em contemplação fascinada, fez uma careta risonha e me atirou um beijo de ponta de dedos. Não duvido nada que pela cabeça de minha mãe tivesse passado a ideia de que a aventureira estivesse querendo desencaminhar-me. Afinal de contas, já tinha arruinado uns três ou quatro.

Com que ansiedade esperei pelo domingo seguinte. E nada da mulher mais linda que eu já tinha visto, e continuava vendo em sonhos, ela, como boa fada de um conto da carochinha, me levando para seu mundo de fantasia. Nem naquele domingo nem numa série de outros domingos, em que eu espaçava ao máximo as colheradas no leite merengado, esperançoso de que ela aparecesse. Só tornei a vê-la tempos depois, numa fotografia de jornal ilustrando seu assassinato pelo amante. Chorei de viúvo.

9

Por causa da História do Brasil, sofri minha primeira humilhação, isso ainda no tempo do Colégio Santo Alberto. Dissertando a respeito dos salafrários que haviam denunciado a Conjuração Mineira, além do conhecido Joaquim Silvério dos Reis, o professor se referiu a um certo Basílio Malheiro do Lago. Do fundo da sala, um colega comentou entre gargalhadas dos outros:

— É parente do Mário.

Aquilo não passava de brincadeira, eu sabia, coisa muito de estudante. Eu, mesmo, nunca fui flor que se cheirasse quando se tratava de molecagem. Mas doeu. Não, não podia ser verdade que alguém com meu nome e sangue tivesse entrado para a história jogando de modo tão porco. Não era coisa para eu aceitar assim sem mais nem menos. Bolas!, ainda na véspera, e isso me alegrava a um ponto que só eu e Deus sabíamos, tinha sido privado do recreio, obrigado a copiar com letra bonita cinquenta padre-nossos e outras tantas ave-marias, pois, no entender da padralhada, apenas privar-me de liberdade durante uma hora não era suficiente para pagar a gravíssima falta de me recusar a dizer quem atirara tinta em meu uniforme. E bem que eu sabia. Tinha sido o Arnaldo Barcos.

Devia haver um engano qualquer em toda aquela história, com certeza, uma dessas terríveis coincidências de nomes. O Brasil está cheio de Silvas que não têm nada a ver uns com os outros. Já naquele tempo, os Silvas ocupavam inúmeras páginas de um magro catálogo de telefones. Em casa, meu pai me contaria toda a verdade, e no dia seguinte eu daria o devido troco ao engraçadinho.

De meu pai não consegui nenhuma resposta satisfatória, ignorante que sempre foi de coisas da família, pois tinha abandonado o lar paterno aos dezenove anos, engajando-se como tocador de bumbo numa orquestra de circo, alucinado pelos volteios e demais habilidades de uma contorcionista, o que deve realmente proporcionar novidades sem conta para um homem de qualquer idade, quanto mais um interiorano de dezenove anos. Por isso, talvez, sempre que recordava essa passagem de sua vida, eu lhe flagrava um mal disfarçado sorriso de pré-poluição.

Qualquer resposta, portanto, precisaria ser esperada até as férias, que costumávamos passar em Capivari, interior de São Paulo, no sítio de uma tia velha e antiga, a tal das providenciais cápsulas de quinino durante a gripe espanhola, obcecada mexeriqueira dos segredos de nossa árvore genealógica. Dela eu esperava todas as explicações, pois suas bisbilhotices sobre de onde vínhamos e quem viera antes já a haviam levado até a descobrir que, por caminhos e descaminhos muitas vezes explicados mas nunca retidos de memória, acabávamos tendo um parentesco qualquer com a marquesa de Santos. Esse detalhe, aliás, ela costumava referir em voz baixa, baixando os olhos, beata intransigente que era.

Não foi nada fácil levar a tia velha e antiga a desfazer minhas dúvidas. E, *hélas!*, antes não insistiu para que o fizesse. Suas palavras só concorreram para aumentar minha tristeza e vergonha, principalmente porque delas eu não podia duvidar:

— Todos os Lago são parentes.

E não ficavam por aí suas explicações, tão orgulhosa se sentia das buscas feitas, pouco lhe importando os rios de dinheiro que isso lhe havia custado. De ponta de beiço — beiçola, melhor dito, pois era filha de meu avô em cumplicidade com uma mucama, quando ainda solteiro —, demonstrando preconceito e nojo, foi desfiando o rosário de seus conhecimentos sobre nossos antepassados.

Não sabia como se teriam chamado inicialmente os Lago. Karo, Mendez... O dinheiro gasto ainda não esclarecera esse ponto. Somente podia garantir, assim estava na papelada recolhida, serem cristãos-novos que, em fins do século XVI, vieram da península Ibérica para o Maranhão. Daí foram descendo e espalhando prole por onde passavam, pois Lagos se encontram em todos os estados que constituíam os antigos caminhos dos tropeiros, condição em que os primeiros do clã se atiraram Maranhão abaixo. Pessoas que nunca ouviram falar de minha tia, nascidas em lugares por onde ela nunca andou, confirmaram duas vezes essa história.

Uma tarde, ao chegar à Rádio Nacional, o porteiro me avisou que havia uma pessoa à minha espera, dizendo-se minha parenta. Não é fácil ocorrer-me quem possa ser, quando me falam em parentes. Nunca fomos de muito frequentar-nos. Certa vez, até, em São Paulo, avisado da morte de um primo distante, dei o maior dos vexames durante o velório, tudo por causa dessa falta de informações. A todo parente que vinha falar-me, eu perguntava se era o Totó, primo em terceiro grau, muito paciente comigo quando eu era criança, mas de quem já não recordava os traços. Acontece que Totó era o próprio morto, e eu não entendera bem, pelo telefone, quem havia morrido.

Verdadeiramente em cólicas e cócegas, me dirigi à sala onde estava uma parenta à minha espera. Que vexame iria dar naquele encontro? Quaisquer nomes, além dos de meus pais e parentes mais por perto, não figuravam no rol dos meus conhecimentos. Enfim, uma parenta viera visitar-me, não dissesse mais tarde que eu não ligava a mínima para a família. Sua fisionomia não me dava qualquer esclarecimento. Mas me recebeu sorrindo, enquanto estendia um pacote.

— Eu sou Olga Lago, dos Lagos de Poços de Caldas. Trouxe estes vinhos lá de nossa terrinha porque li numa entrevista sua... nós temos muito orgulho desse parentesco, acompanhamos tudo relacionado com sua vida... dizendo que gosta de um bom vinho na hora de comer. Os de Poços de Caldas são os melhores do país.

E, durante a conversa, repetiu a mesma versão contada por minha tia muitos anos antes. Era como se eu estivesse lendo uma cópia em carbono, não me restando senão acreditar. Maranhão, cristãos-novos, tropeiros etc. De outra feita, foi em plena rua, quando meus passos esbarraram numa cara larga, braços abertos efusivamente, demonstrando conhecimento e intimidade de longa data:

— Como vai, parente?

Doido varrido, foi o primeiro pensamento que me assaltou, pois deles existem aos milhares numa cidade onde tão pouco se come e se sofre tanto. Mas, enfim, quem sai à chuva é para se molhar. A cara larga pareceu ter compreendido meu espanto:

— Eu também sou Lago, sabe? Do Maranhão. Já lhe disseram que todos os Lagos são parentes?

Depois de informar que Adésio do Lago, velho parente seu — nosso, aliás —, também mexeriqueiro em genealogia, levantara a árvore da família, chegando à conclusão de que nós, os Lagos, somos uma coisa só, a cara larga enveredou pelos detalhes e referiu toda a história dos cristãos-novos vindos para o Maranhão no fim do século XVI, da descida dos tropeiros etc. etc.

Confesso não ser chegado a sentir ufania de quatrocentão, cujos antepassados tivessem aportado a estas bandas antes de muitos, espalhando outros tantos, mas também confesso que me era impossível conter uma certa alegria quando pensava que já em 1500 e tantos, ou 1600 e poucos, existiam Lagos sendo chamados nos caminhos e tabernas. A alegria durou até bater-me nas mãos o livro *Cristãos-novos na Bahia*, da professora Anita Novinsky, onde encontrei uns antepassados que me encheram de entabulamento e vergonha.

O primeiro dos revelados por esse livro foi um grandessíssimo caloteiro: João Rodrigues do Lago. O sem-vergonha devia 60 mil-réis a Jorge Dias Brandão. Quando a Grande Inquisição de 1640 pegou o coitado do Jorge em suas malhas, o Rodrigues do Lago se aproveitou para não pagar a dívida. Mas dever e não pagar, afinal, acontece às melhores famílias. Muito pior fez o Daniel, também do Lago, e suas safardanices diversas vezes aparecem no livro da professora Novinsky:

Dois anos após a partida desse Visitador (*em 1620: o Visitador foi Marcos Teixeira*), realizou-se outra Visitação na Capela de Araripe, em Olinda, sendo dela encarregado o Administrador Daniel do Lago, que era de origem judaica. O principal personagem visado nessa Visitação foi Sebastião Fernandes Franca, sobre quem Lago ordenou que fizessem um Auto. Nesse mesmo ano, Lago realizou outra "Visita" na Bahia... (*Como estamos vendo, o calhorda se dedicava a verdadeiros "testes Cooper" em defesa da nova crença.*)

Sobressaem nesse período, servindo a Inquisição, bem ou mal... Daniel do Lago, tesoureiro-mor da Santa Sé da Bahia em 1621... (*Boas safadezas deve ter andado fazendo em 1620, pois um ano depois já melhorara de posto.*)

Entre os cristãos-novos que serviam à Inquisição, temos Bartolomeu Ferreira Lagarto, o padre Antonio Viegas e Daniel do Lago (*Estava em todas o bom sacana!*).

Voltaram-me as angústias vividas nos tempos do Colégio Santo Alberto. Era como se a todo instante ouvisse aquele colega do fundo da sala: "É parente do Mário", pois no jogo das coisas que alegram *versus* as que humilham, as segundas estavam levando vantagem. Meu único trunfo era Lauro Lago, que em 1935, no Rio Grande do Norte, participou da Revolução Antifascista dirigida pela Aliança Nacional Libertadora. Tentei até fazer um poema em sua homenagem, não chegando ao fim por não me parecer o melhor para o que seria tábua de salvação de um descendente em ânsias por reabilitar-se:

> Nunca o soube nem vi, nem sei se sua história
> se fez ponto final no passa-passa de anos.
> Li-o em letra de forma, narrado nas *Memórias do cárcere*, de mestre Graciliano Ramos.

....

Foi a sufocação dos anos 35,
também nazismo o intuito e Hitler o modelo.
O afogo do princípio aos poucos fez-se instinto,
ganhou consciência o instinto e acendeu-se o braseiro.

Do braseiro à revolta o caminho foi fácil,
mesmo que prum final de frustração e amargo.
Mas não contava o fim, fora válido o passo,
e entre os do passo em frente estava Lauro Lago.

Felizmente, em correspondência com a professora Anita Novinsky, vim a saber que em 1720, no Rio de Janeiro, Angela do Lago foi atingida pela Inquisição e, até onde dizem *los papeles*, não nos deu vergonha. *Gracias, señor*, que no jogo do que alegra *versus* o que humilha deu coluna do meio!

Réquiem para um Bacunine menino

No horizonte finquei seta
e pra este norte caminho.
Nem sempre é uma linha reta,
nem sempre há vez pra carinho.
Quem escolhe estrada de espinho
não tem caminhada quieta.
[...]
Ao me afastar me habituo,
mas gente me acusa e pensa
que a tristeza do recuo
é orgulho de indiferença.

1

A memória mais afastada, quando reaparece, é na confusão do desfocado, como trabalho de fotógrafo principiante, embaralhando-se por vezes com uma figura de empregada gorda que me punha ao colo e esfregava minhas mãos em partes gosmosas de seu corpo, ou ainda com minha própria imagem brincando de esgrima com os tijolos do muro de um quintal que parecia não acabar nunca aos meus olhos de criança. Ao tempo dessa recordação embaralhada e fora de foco eu teria quatro anos incompletos, e, não fosse o encantamento com que minha mãe se deliciava ao estar sempre lembrando o episódio, demonstração clara e insofismável do menino precoce que eu havia sido, iria para o rol das coisas realmente acontecidas, mas muito de leve, não deixando marcas.

Que meus olhos realmente tenham conseguido reter através do tempo, existem uns rostos pavorosos em esgares assustadores para meus quatro anos, e que me voltaram à imaginação quando pela primeira vez vi um quadro de Hieronymus Bosch. E existiram também uns gritos cujos sons e sentido se perderam em milhões de subidas e descidas que a vida foi colocando entre mim e o princípio. Nos relatos da vaidade materna, fui buscar os pormenores desse primeiro escândalo que provoquei na família, passando a ser encarado por alguns parentes como a ovelha negra, merecedora, na melhor das hipóteses, de uma discreta quarentena.

Ainda hoje, quando já bastante se andou e se sabe que política não é coisa apenas para o entendimento dos doutores, encontramos muito da mentalidade generalizada naqueles tempos de meus quatro anos: a de que o artista não deve assumir posições políticas, pois trabalha para públicos das mais diversas tendências, tanto é apreciado pela companheira do trabalhador como pelas filhas do general. O luxo de uma opinião, além do risco de uma cadeia, pode representar o fim de uma carreira, ou, pelo menos, um sem-número de dificuldades.

Meu pai era um artista de seu tempo e não pensava diferente dos de sua profissão. Minha mãe se alegrava com os quefazeres domésticos, despreocupada de indagações e comentários. Mas o Brasil de 1914/1915 vivia à mercê de uma sinistra eminência parda, caricatura de Macbeth — o shakespeariano fazedor de reis que jamais conseguiu colocar a coroa na própria cabeça —, para quem a política nacional não passava de um divertido teatro de marionetes, movimentados de acordo com suas conveniências e caprichos: o senador gaúcho Pinheiro Machado.

Figura onipresente nos quatro céus do Brasil, era assunto inevitável em todas as rodas, odiado ou enaltecido conforme o partido daqueles que o discutissem. Mesmo em minha casa, onde todos procuravam manter-se impermeáveis a esse tipo de conversa, o nome de Pinheiro Machado rolava como coisa do comum. E quando aquela visita perguntou o que eu desejava ser, depois de homem, meus quatro anos penderam para o partido dos que talvez eu já tivesse ouvido em queixa ou protesto:

— Engenheiro militar, pra matar o Pinheiro Machado.

— *Madonna mia, questo ragazzo sara un Nerone!* — vociferou minha avó do alto de sua peitarra de italiana sólida.

Quem mais se mostrou chocado com a explosão dessa precoce tendência bacuninesca foi meu pai, e hoje em dia reconheço, embora mais tarde tantas vezes tivéssemos estado em campos opostos, que eram válidas suas razões emocionais para esse desgosto. Ao chegar do interior de São Paulo, buscando melhores oportunidades na então capital, fora apresentado ao mandachuva por um político paulista, também da situação e velho amigo dos Lago em Piracicaba: o senador Rodolfo de Miranda. A influência dessa apresentação lhe valeu a garantia de ser músico efetivo de todas as festas e horas de arte realizadas no palacete das Laranjeiras, quartel-general de nosso Macbeth-mirim.

Dos seus contatos com o dono da política nacional, havia dois que constituíam lastro de admiração eterna, e ele ainda os revivia, mesmo nos dias da velhice, com verdadeiro encanto de degustação.

2

Certa noite, meu pai deveria acompanhar os guinchos de um *soi-disant* soprano, figura da mais requintada camada social. Viviam-se tempos, ainda alcançados na minha adolescência, em que era de bom-tom as mocinhas assassinarem ao piano "Prima carezza", "Laco di Como", vez por outra Nazaré, Chopin, ou então apitarem aos ouvidos das resignadas visitas suas ariazinhas de óperas, de câmera. Quando não entendiam de declamar!, e então era suplício para Prometeu acorrentado.

Pouco antes de iniciar-se o recital, Pinheiro Machado o procurou, indagando se estava tudo de acordo. Meu pai lhe fez ver a conveniência de o piano ser colocado um pouco mais no centro da sala, o mais próximo possível da cantora, que não se destacava muito pela segurança e menos ainda pela afinação. Quanto mais junto dela estivesse o acompanhador, melhor, que poderia sobrevir a necessidade de um socorro urgente.

— Pois nem bem eu tinha acabado de falar — eram inevitáveis essas palavras todas as vezes que meu pai recordava o episódio —, o nosso homem já estava tirando a casaca e arregaçando as mangas da camisa como se fosse um trabalhador braçal. "Não seja essa a dúvida. Se é pra fazer, faz-se agora mesmo. Ali naquele canto está bem?" E antes que eu pudesse responder alguma coisa, ou mesmo dar uma pequena ajuda, lá ia ele empurrando o piano como se fosse um brinquedo. E era um piano de cauda inteira, minha gente. De cauda inteira!

E HAVIA TAMBÉM o incidente numa outra festa, esse recordado ainda com mais frequência e entusiasmo, quando os músicos foram desconsiderados pelo *maître* que, na hora de lhes servir a ceia, não os achou merecedores de outra coisa senão sanduíches e água mineral.

Atualmente ninguém poderá fazer um pequeno cálculo do que um baile de gala, naqueles tempos, representava de canseira para os pobres músicos. Não poucas vezes, ouvi meu pai e meus tios, no dia seguinte, se queixando de estrompados pelo baile da véspera. O repertório se compunha de orquestrações verdadeiramente sinfônicas, que não davam trégua nem quartel aos executantes. As introduções das valsas de Strauss e Waldteufel, por exemplo, fora do ritmo três por quatro, nunca demoravam menos de três minutos, cheias de cadências e passagens dificílimas, enquanto os pares passeavam pelo salão, melhor se conhecendo para melhor desfrutarem a luta da dança.

Nessas circunstâncias, a frugalidade de uns tantos sanduíches, acompanhados de algumas garrafas de água mineral, não era suficiente para os músicos retemperarem as forças já despendidas na primeira parte do programa e conseguirem novas energias para enfrentar o sacrifício até madrugada velha. Aos ouvidos de hoje, *programa* poderá soar de modo estranho, mas a verdade é que se tratava mesmo de um programa. Os convidados recebiam um carnê impresso, contendo a relação do repertório a ser executado durante a festa.

Mais do que lógico os músicos terem torcido o nariz quando o *maître* colocou à sua frente aquele quase nada, dizendo ser o que havia para eles. Pelo acesso gozado junto ao senhor do palacete, meu pai foi encarregado de resolver o assunto. Quando entrou no salão, Pinheiro Machado estava numa roda de políticos, diplomatas e homens de negócios, pois aquelas festas costumavam reunir o existente de mais importante e útil aos conchavos ali feitos. No que viu meu pai, o caudilho veio imediatamente ao seu encontro.

— Alguma coisa, maestro?

Esse tratamento de "maestro" representava o sal da vida do velho Lago pelos tempos afora, vaidade muito fácil de compreender, aliás. Tinha nessa época vinte e poucos anos, intocados ainda o jeito e a pureza do caipira vivendo os sustos da cidade maior. Que dimensão ganhava aos seus ouvidos e íntimo esse tratamento de distinção, ainda mais partindo de quem partia: uma figura diante da qual espinhas e vontades se curvavam sem qualquer resistência. Seria uma festa de gala para os seus, em Piracicaba, quando escrevesse contando a maneira como o chamava um homem de tamanha importância. Assunto a ser comentado de casa em casa, discutido na botica do bairro. "O Jovitinha foi, viu e venceu. Sempre acreditei naquele menino, benza-o Deus!"

— Alguma coisa, maestro?
— O *maître*...
— Já mandou servir a ceia?
— Já, mas...
— O quê?
— Só nos deu sanduíches e água mineral.

Esquecido das regras da etiqueta — pedir licença às pessoas que o cercavam e disputavam freneticamente a ordenha de seu saco onipotente —, Pinheiro Machado atravessou o salão arrastando meu pai por um braço e embarafustou cozinha adentro, já interpelando o *maître* aos berros, o dedo em riste em posição de ataque, como se fosse um florete. Lança expressaria melhor, pois se tratava de um gaúcho como os que mais o fossem, inteiramente fiel às tradições fronteiriças, da melena desordenada aos gestos espaventosos.

— Quero que os senhores professores comam o mesmo jantar servido aos convidados. Com champanhe e vinho. Não são professores de orquestra por obra e graça do divino Espírito Santo, está ouvindo, carcamano filho de uma grandessíssima puta? São mais importantes do que muitos daqueles pegas-na-chaleira que estão no salão. Estudaram anos a fio o seu ofício, queimaram as pestanas se aperfeiçoando... e o senhor é uma besta. Besta quadrada, está ouvindo? Quadrada! Já sabe, comida igual à dos convidados, se não quiser que eu prepare sua cama com os donos da Colombo. E comece a servir logo, que eu vou ficar fiscalizando.

3

Meu pai vivia cada vez mais preocupado, porque o eco de minha vocação político-assassina rompera as paredes confidenciais da casa, já andava em outros ouvidos e a qualquer momento poderia tornar-se comentário de estranhos. Havia alguns amigos da família, com toda certeza do bando contrário a Pinheiro Machado, que nos visitavam só para perguntar o que eu gostaria de ser quando crescesse, divertindo-se à grande com a resposta de sempre, cada vez mais enfática à proporção que eu me sentia dono de plateias. E se repetiam as histórias já contadas, como dose de medicamentação homeopática, lenta mas eficaz, porque insistente.

O senador gaúcho me era ministrado nas mais variadas dinamizações, de vez em quando sendo acrescidos novos episódios, pois a doença era séria, todos os sintomas precisavam ser rigorosamente neutralizados. Crianças se entusiasmam com narrativas de heróis, de príncipes valentes, capazes de imobilizar dragões com um simples olhar? Não fosse essa a dúvida, a vida do caudilho era um repositório imenso.

E vinha o caso da manifestação de desagrado que os estudantes iam fazer contra o Condestável da República, como o chamava Rui Barbosa. Em frente ao Senado se estabelecera incrível engarrafamento de jovens, esperando que ele saísse. Tudo pronto para as vaias e os impropérios. Pinheiro Machado saiu impassível, abrindo caminho por entre os manifestantes, como se nada daquela agitação lhe dissesse respeito. E foi impassível que falou ao cocheiro da carruagem, sem lhe tremer a voz:

— Podemos ir. Não tão devagar que sugira acinte, nem tão depressa que pareça fuga.

Essa era de escachar!, como dizia meu pai repetindo a expressão de um personagem do Eça. Mas nada do que ele pudesse contar teria a mínima influência em minha resolução: quando me tornasse adulto, seria engenheiro militar para matar o Pinheiro Machado. Coisa para a qual até hoje não consegui explicação era essa preferência pelo engenheiro, e muito menos a razão de ser do militar. Mas era uma resolução de entranhas, com a pureza e violência de meus quatro anos incompletos. Não havia, portanto, o que discutir.

Ele podia contar quantas histórias lhe viessem à cabeça, colocando nas narrativas doçuras de contos de Andersen ou Grimm, na esperança de distrair-me a atenção e abrandar-me o gesto. Era um direito seu. Mas eu me mantinha impermeável a qualquer envolvimento, irredutível no caminho já escolhido. Seria apenas o tempo de crescer, concluir o curso de engenharia militar... e o resto eram favas contadas. Podiam dormir tranquilos todos os brasileiros, porque aquele Calígula, causador de tantas queixas, não teria passos para ir muito longe. O Vingador se preparava. O desencanto veio com dois anos de atraso, quando uma visita fez a pergunta de sempre e a resposta foi a da rotina:

— Engenheiro militar, pra matar o Pinheiro Machado.

— Ah, meu menino, pense em outro figurão, se não quiser ficar de mãos abanando. Não falta é pai da pátria pra você fazer o que pretende. Mas o Pinheiro Machado já mataram antes de você.

Com que ódio de frustração e inveja ouvi de minha mãe que dois anos antes, no dia 8 de setembro de 1915, um tal de Manso de Paiva, nem sequer engenheiro, e muito menos militar, tocaiara meu inimigo figadal no *hall* do Hotel dos Estrangeiros, matando-o com algumas reles facadas, e não por um ideal igual ao meu, mas por dinheiro, tanto que sua família não sofreu dificuldades, embora ele preso. Pensando agradar-me, minha mãe ainda pilheriou:

— Que bom, meu filho! Agora você pode escolher outra carreira quando crescer. Eu vivia tão preocupada.

Não tinham o direito de fazer isso com uma criança. Aquele cadáver estava destinado a ser meu, fora por mim escolhido entre os brinquedos que me pareciam os melhores. Uma porção de gente sabia dessa escolha, pois eu nunca tinha feito segredo. E o haviam matado pelas costas, numa tocaia covarde. Esse detalhe da tocaia era o que mais me repugnava em toda a história. Nada da grandeza imaginada para meu gesto vingador: cara a cara, frente a frente, como os príncipes matavam os dragões da maldade nos contos de fada com que me faziam dormir. Não tinham o direito de fazer isso comigo. Safadeza. Gente grande não vale o pão que come, mesmo.

Importante era o bidê de minha avó

Muito deixei do vivido
muito perdi sem ter ganho,
mas sem chorar de sentido,
de achar injusto ou estranho,
pois o mundo é sem tamanho
pra quem dá passo escolhido.
[...]
Só vivo pra uma verdade,
da qual me orgulho sem pejo:
nunca trocar por vaidade
o que pretendo ou desejo.

1

A cidade dos meus primeiros engatinhos e obrigatórias diarreias infantis prosseguia a modernização iniciada pelo prefeito Pereira Passos. A avenida Rio Branco continuava sendo chamada de avenida Central e tinha sido inaugurada três anos antes de eu haver nascido. Quando ainda não me preocupava muito com o que acontecia à minha volta, já se vivia discutindo as propostas do Plano Agache, urbanista francês trazido da Europa pelo prefeito Prado Júnior entre trombeteadas de grande vedete, mas cujo nome não encontrei em nenhuma enciclopédia, por mais que procurasse.

Até onde conseguiam chegar meus olhos, mais possuídos de visão para o jogo da amarelinha do que para as coisas sérias, cresci assistindo à constante derrubada de velhos casarões, à permanente substituição de paralelepípedos por asfalto. O amanhecer de um dia estranhava a presença de uma rua que, ainda na noite da véspera, tinha sido beco onde boêmios e retardatários organizavam suas serenatas. As velhas calçadas, tortas e cheias de reentrâncias como bocas de marafonas beijadas mil vezes por noite, não encontravam sossego, ameaçadas sempre de que uma avenida nova viesse riscá-las do mapa.

Numa das ruas de minha infância, a avenida Henrique Valadares, esquina com Inválidos, ao lado dos postes do progresso continuava existindo um lampião da antiga rua da cidade. Avantesma sinistra, como a ele se referiam os vizinhos preocupados com um vocabulário mais rico e sofisticado, condizente com o próprio tempo do lampião. Lembro-me dele como se ainda o visse. A ferrugem dos anos o carcomera de cima a baixo, acabando por enchê-lo de buracos, e os vidros já não constituíam a alegria da garotada nos exercícios de pedra ao alvo, desaparecidos que estavam já não se sabia desde quando. Melancólica figura de museu, o velho lampião não tinha a menor influência para que a claridade da rua fosse maior ou menor, e apenas lhe sobravam duas utilidades depois de tantos anos de serviço: ponto de descarrego do xixi dos cachorros e placar onde seu Pedro Bicheiro, todas as tardes, colocava a lista com o resultado do primeiro ao sétimo.

Mas sua presença, tão sozinho naquela esquina, me permitiu assistir aos últimos momentos dos acendedores dos últimos lampiões. O homem que vinha alimentá-lo, todos os fins de tarde, era alto e magro, tão amarelo quanto a tímida chama que provocava. Doía no fundo de lá dentro vê-lo carregando aquela vara imensa destinada a chamar à vida o remanescente, demorando o mais possível na operação, como se ficassem numa conversa de suspiros, ele e o poste, sobre os tempos idos. Triste e melancólica figura, que tanto podia ser cadáver como acompanhante do enterro de toda uma época.

A abertura da Avenida e outros melhoramentos feitos por Pereira Passos no centro colocavam o Rio entre as cidades mais bem-iluminadas do mundo, realidade que levava *monsieur* Girand, velho amigo de nossa família, a descer de seu patriotismo parisiense, sempre bem mais exacerbado do que patriotismo francês — afinal, não é impunemente que uma cidade pode contar heroísmos como a Bastilha e a Comuna —, para confessar: "Cidade-luz, *je le jure, n'est pas Paris, é le Riô*."

Por causa dessa *féerie* de luz, como gostavam de dizer os jornais, o humorismo da época inventou até uma anedota que, levada para o teatro e passada de ouvido a ouvido, correu mais terras do que cartaz de agência de turismo. Vindo passear no Rio, um caipira ficou embasbacado com a iluminação das ruas. Ao voltar para sua terra, não falava em outra coisa. Nem o mulherio dos cabarés da Lapa ou da pensão da Tina Tatti, ali na praia do Russel, o havia fascinado tanto. E, nos bate-papos da botica local, assim explicava a novidade:

— É tanta da luz, mas tanta, que os home do governo tivero que espaiá uns garoto pelas rua da cidade gritando "Óia a noite!", que é pra gente sabê qui o dia já acabô e é hora de tomá o caminho de casa.

Os tais garotos eram os vendedores de jornais, e *A Noite*, o vespertino de maior circulação, na época.

NÃO ME FORAM DE muita frequência e vista os detalhes responsáveis pelas delícias do Rio antigo, pois era como se estivesse passando um furacão a carregar tudo e a toda pressa. Não recordo com nitidez o vulto daquele crioulinho vendedor de puxa-puxa. No entanto, com que ansiedade esperava pela sua passagem, batendo as duas varetas num pauzinho geralmente azul, num ritmo sincopado lembrando tamborim. Era a água na boca dos meus seis aos nove anos, culpado do sumiço de muito tostão em cima do *etagère*. Mas já em 1922, entre as comemorações do 1º Centenário da Independência, e reduzindo o puxa-puxa caseiro a coisa de aldeia, foram lançadas as balas "Beijo", fabricadas por máquinas complicadíssimas, importadas de outras paragens.

O "sorvete-iaiá-é-de-coco-da-Bahia" não chegou a ser tomado tantas vezes que me permitam atualmente degustá-lo em saudade, como coisa nunca mais feita igual. Logo descobriram que a técnica amassava melhor as frutas, melhor lhes aproveitando o suco. E as mães acreditaram na campanha habilidosamente lançada pelos donos da nova indústria: os que faziam o sorvete-iaiá poderiam ser doentes, e, quando não houvesse a doença para torná-lo menos recomendável, restava a hipótese do suor escorrendo da testa e do sovaco dos sorveteiros e se misturando à massa que as crianças adoravam. "Deus me livre de deixar filho meu tomar uma porcaria dessas!"

Que brigas terríveis entre as crianças, e principalmente entre as mães das crianças, para que os pirulitos espetados na ponta daquelas varetas sobrassem para toda a meninada! Mas, nem bem havíamos tido tempo para limpar as bocas da melação causada pelo pirulito, surgiu o picolé, em cuja fabricação não entrava a mão do homem, e que tinha pauzinho também e que também melava, levando ainda a vantagem de refrescar os intervalos das peladas, do chicote-queimado, trinta-e-um-de-janeiro e pique. Ah, o quanto nos encantava aquele mulato, pai de uma cantora que era um desastre, gritando nos quatro cantos da cidade: "Bombom sorvete... é o Polaaaaaaaaar!"

Ainda me foi dado tempo para vibrar com as últimas visitas da Banda Alemã ao meu bairro. Como era dia de festa quando chegava o caminhão transportando os músicos e os instrumentos! O caminhão ficava parado na esquina mais estratégica, pois havia uma experiência de muitos anos orientando a organização do serviço. Chamada a atenção geral, a função começava, enquanto o pires ia sendo corrido de casa em casa, recolhendo o que os moradores quisessem dar.

Já na minha época não havia mais nenhum alemão entre seus executantes, e aquele amontoado de sopradores seria tudo que se possa imaginar, menos uma banda. A desafinação invadia todos os quarteirões, porque assumida com orgulho e arrogância de filarmônica. Como a garotada se divertia em torno do caminhão, cantando o que se assemelhava a melodia, dançando o que trazia ritmo. Meu pai e meus tios, todos eles músicos de curso e diploma, vociferavam que aquilo era um caso de polícia, os executantes deviam ser todos trancafiados no xilindró, pois estavam estragando o gosto musical das crianças. Mas nós lá queríamos saber dessas catilinárias eruditas! Gostoso, mesmo, era ficar ouvindo "Danúbio azul", "Contos dos bosques de Viena", "Valsa dos toreadores" e outras peças assassinadas por aqueles vândalos sem o menor respeito. Mas foi uma visão de pouco tempo. Logo depois os gramofones se aperfeiçoavam, mesmo estando ainda longe as vitrolas ortofônicas, e todo esse repertório me entrava pelos ouvidos na execução das melhores orquestras, em discos importados por meu pai, talvez para me obrigar a esquecer as heresias da Banda Alemã.

Meus olhos crianças em busca de imagens e movimentos que lhes provocassem sonhos deliciaram-se a mais não poder com o cemininha projetado nas telas das modestas cervejarias dos tremoços e da boa Hamburguesa preta. Perto de nossa casa, na rua Visconde do Rio Branco, havia uma delas, tão comprida que nunca lhe vi o outro extremo. Meu avô saboreava a barriguda, eu me divertia com a soda de bolinha. Essas modernas versões dos modernos *drive-ins* visavam a atrair freguesia com seus filmes em duas partes, apresentando até Molly King, Carlitos e Max Linder, celebridades da época.

No entanto, ainda entre adolescente e jovem, fui dos primeiros a me render à conquista do cinema falado. Por cinco vezes, esperei horas numa fila para ver *Broadway Melody*, no velho Palace, cinema dos mais chiques então, que se dava ao luxo de incluir no programa uma coluna social registrando as presenças de destaque nas sessões de lançamentos. Nessas crônicas, o comentário obrigatório era a elegância insuperável de Zilka Salaberry, ainda não atriz a esse tempo. E, muito do ingratalhão, esquecido do encantamento de anos tão recentes que nem chegavam a ser passado, permiti-me fazer pouco dos conservadores hostis à nova invenção, afirmando ser aquilo mais uma dessas maluquices do modernismo, não ia pegar nem que o Chico viesse de baixo.

O maxixe, em criança vagamente ouvido entre a chiadeira dos discos da Casa Edson, já não foi a dança preferida dos meus primeiros bailes. O pobre vinha morrendo desde o Carnaval de 1917 — quando o Donga lançou "Pelo telefone", primeiro samba a ser gravado como tal —, e só conseguiu arrastar-se até os inícios da década de 1930 graças ao heroísmo teimoso de bailarinos como Jaime Ferreira, Quito e Castrinho.

Tudo acompanhei, olhos de plantão e compreensão aberta, embalado pelo refrão "o Rio está ficando uma cidade civilizada, *grazie a Dio*", repetido constantemente pelo entusiasmo do avô materno, figura inesquecível de minha infância.

2

Já o conheci um sacudido sessentão, ostentando linda e alegórica barba branca, que lhe emprestava certo ar pirandelliano e o mantinha preso diante do espelho um mínimo de meia hora por dia, numa chinesíssima operação de ajeitar fio por fio, distribuir camada sobre camada, como se aquilo obedecesse a um ritual dos mais sagrados para a salvação de sua alma.

Velho pimpão e conhecedor de mil mumunhas estava ali, e que Deus o mantenha sentado à sua mão direita só por isso, quando outras razões não houvesse. Os anos iam passando, o reumatismo fazia progressos, a bronquite tabágica, mais do que a tosse, lhe arrancava guinchos. Mas quem disse que ele se conformava em entregar o bastão? A todo instante corrigia o andar, para não imaginarem que estava ficando trôpego. Aos oitenta anos, escandalizou os filhos, quando alguém lhes foi contar que ele era cobrador de uma farmácia.

O mundo esteve vai-não-vai-abaixo, lá em casa, com os maravilhosos e inevitáveis exageros de uma família italiana como as que mais o fossem, onde tudo serve de pretexto para um conselho tribal. Ninguém podia compreender uma doideira daquelas. O velho, que diabo!, recebia mesada para passeios e charutos, morava sempre com um dos filhos, sem nenhuma despesa. Meu pai, que sempre sentiu uma grande ternura por ele, inutilmente pedia que o deixassem em paz. "Trabalhou a vida inteira, coitado, se não fizer alguma coisa vai se considerar um peso-morto." Meus tios não aceitavam o argumento, defendendo a imagem de descendentes exemplares, acima de qualquer ataque ou mesmo suspeita. Que não iria dizer a vizinhança quando soubesse? Que o pobre coitado gerara um bando de desalmados e sem entranhas, incapazes de olhar por ele, e por isso era obrigado a sair de porta em porta cobrando uns pingues níqueis?

— Tenha a santa paciência, papai — assim ponderava o filho mais velho, a voz sempre mais acatada nos conselhos tribais de famílias italianas. Não tem o menor sentido o senhor andar se esfalfando nessas caminhadas o dia inteiro, enfrentando sol e chuva.

Mas tinha sentido, sim, e justamente por isso pedi a Deus que o conserve sentado à sua mão direita. As comissões das cobranças, como ficou esclarecido mais tarde, e serviu de motivo para um escândalo ainda muito maior, iam todas para uma mulata pródiga de carnes e especialidades, que lhe acalmava os remanescentes humores bimestrais, aliás sem desmedidas ambições além de um quartinho modesto da rua do Lavradio. E com que candura divina ele se justificava diante dos traumatizados "francamente, papai!" repetidos incansavelmente pelos filhos:

— Vocês vivem por viver, *figli miei*. Não conhecem da missa a metade. Mulata é capaz de levantar qualquer defunto... e eu ainda estou respirando, *grazie a Dio*.

NASCEU O MARAVILHOSO italiano numa aldeia insignificante da província da Lucânia, dessas que nos mapas não têm direito a registro, lá pelos longes idos de 1800 e não sei se poucos ou tantos, coisa que ele também não recordava com muita certeza. Filho de família extremamente pobre, não teve condições para cursar além das primeiras letras, mesmo porque, segundas, a professorinha local não tinha conhecimentos para passar adiante. Ainda adolescente incompleto, meteu-se-lhe na cachola que existia mundo para além do horizonte de Viggiano, e lá se mandou ele, tendo como arma e chave uma flauta aprendida a tocar nas horas vagas do trabalho no campo, colaborando na desafinação da Lira que fazia retretas domingueiras na aldeola.

Incorporado a uma orquestrinha de bordo, foi enriquecendo os olhos com um sem-número de paisagens e civilizações. As lembranças dessas caminhadas mundo afora foram os primeiros contos da carochinha que ouvi, pois quando morava conosco era meu companheiro de quarto. Cedo me foram familiares príncipes, fadas e duendes chamados Tasmânia, Dalmácia, Marselha, Buenos Aires, Hong Kong, com fotografias bem mais atraentes do que as ilustrações que me mostravam nos livros de histórias: os selos juntados por ele no se deslocar pelos diversos céus e cantos do mundo.

A vivência de tantos e tão variados costumes, civilizações, supriu a falta de cultura inicial e lhe deu um modo aberto de apreciar as coisas, fazendo com que muitos de seus velhos amigos o encarassem como um pobre e perigoso *enfant térrible*, capaz de atitudes consideradas autênticas maluquices. Tinha sentido, por exemplo, aquilo de subir num poste e gritar morras ao Imperador, quando a campanha pela República ainda era uma interrogação?

Nada o irritava mais do que ouvir alguém lamentando a demolição de uma casa antiga ou a mudança do traçado de uma rua. E se o argumento invocado fosse o respeito à tradição, aí a discussão dava panos pra manga. Nesses momentos era atrevido até a temeridade, tanto se lhe dando como se lhe desse.

— Ainda queria andar escarrapachado numa cadeirinha, é, com um monte de escravos pra te fazer cafuné, seu estúpido? Esse tempo já acabou, seu *pezzo di futuro in culo*. Coisa velha só serve mesmo é pra se botar na lata do lixo.

Passava os dias batendo pernas pela cidade, o maravilhoso do velho, olhos arregalados para não perder nada das modificações que iam surgindo, e me carregando a tiracolo, pois, como diziam meus pais, Deus nos fizera e o Diabo nos juntara.

Nesse instante, noventa minutos depois de começado o dia 22 de agosto de 1975, um choque da Polícia Militar acaba de instalar-se na rua onde moro. Os soldados saltam em posição e disposição de combate, apontando armas e olhos para o alto dos edifícios e o fundo dos esgotos, que eles têm medo e nunca sabem onde se esconde o perigo.

Tudo começou no final da tarde de ontem. Dois rapazes estavam se engalfinhando, coisa muito normal em rapazes desde que o mundo é mundo. Achegou-se um guarda a pretexto de separar a briga. Determinadas presenças assustam e fazem com que as pessoas desejem pedir que as ajude o ladrão. Um dos jovens sentiu esse medo e achou melhor fugir. O guarda argumentou como tem aprendido: atirou, matando-o pelas costas.

O protesto foi imediato. Das janelas gritaram "covarde", "assassino"; na calçada quiseram linchar o que matou. Vieram mais policiais para assustar as bocas. Uma jovem, já com a barriga dependurada, teve a audácia/coragem de dizer aos da patrulha que melhor fariam zelando para as crianças não serem sequestradas com tanta frequência e tão impunemente. Foi espancada sem a menor contemplação, pois ninguém a mandara ficar grávida. Houve a primeira pedrada, seguindo-se as depredações, desabafo natural de uma mocidade tão agredida e marginalizada, que lhe negam até o direito jovem de uma briga de rua.

Os ânimos não cederam nem se assustaram durante o resto do dia, e ainda agora voltou um choque policial pra baixar cassetete e silêncio. Prenderam quatro rapazes, arrastando-os pelos cabelos, como troféus preciosos de uma guerra heroica.

Estão começando a se retirar, depois de gritarem para o alto de um edifício de onde se ouviu a última vaia:

— Hoje ainda vamos matar mais um.

Em 1919, a atual praça Floriano ganhava ajardinamento novo e constituía nosso passeio predileto. Ali passávamos horas esquecidas. O barbicha

— assim os trabalhadores o chamavam, forçando intimidade e lhe dispensando carinho e paciência de netos — se deslocava de um lado para outro, indagando sobre o andamento do serviço e até dando opiniões, como se tivesse alguma responsabilidade em tudo aquilo.

Do antigo Convento da Ajuda, construído em fins do século XVII, na área hoje ocupada pela Cinelândia, havia em 1919 apenas um muro. No terreno cercado por esse muro eram realizadas exposições de animais e flores. Nada mais restava do antigo Seminário Santo Inácio, construído no terreno ao lado do convento, doado pelas freiras e demolido no final do século passado.

Meu avô era um detalhista, sempre achando que não se deve contar nada pela metade. E acrescentava que, ao demolirem o convento, havia sido encontrado um túnel ligando o retiro das freiras ao seminário dos futuros padres. E mais ainda: nos tortuosos e escuros caminhos desse túnel estavam enterrados inúmeros esqueletos de recém-nascidos.

Velho e empedernido carbonário, temperado nas lutas pela unificação da Itália, das quais lhe sobrara, como condecoração orgulhosa, a marca de um ferimento no lado esquerdo do pescoço, que por pouco não lhe custou a vida, o bom lucano encerrava esses relatos com um *gran finale*, cheio de incontido ódio anticlerical e irreverência característica dos filhos da península:

— *Belle putanazze vivevano li, figliuolo.*

A DEMOLIÇÃO DO MORRO do Castelo foi um dos momentos mais gloriosos para o velho Croccia. Da Europa tinham sido importadas máquinas moderníssimas, destinadas a apressar a conclusão das obras. Aproximavam-se as comemorações do 1º Centenário da Independência, e a cidade deveria parecer um brinco aos olhos das delegações estrangeiras que viriam participar dos festejos.

Todos os domingos, lá íamos, eu e o barbicha, admirar as maravilhas do progresso, num passeio que acabou se tornando o grande divertimento dos cariocas pobres. Quem mais não queria ver as esguichadas violentíssimas que saíam das tais máquinas e iam arrastando terra e pedra, fazendo num só dia o que outros engenhos levariam semanas, talvez meses? O subúrbio se despejava por inteiro nas redondezas do morro. Vinham caravanas de estados mais próximos para constatar que nada como o Rio para saber fazer as coisas, e por isso era a capital da República.

Ao ruído infernal da maquinaria se misturava o caos das discussões. Por toda parte se formavam grupos atrapalhando os operários, dificultando o bom andamento do serviço. Havia quem aprovasse a medida, pois o progresso justifica tudo, e já era tempo mesmo de extirpar do centro da cidade aquele covil de meliantes (não sei por que, mas os moralistas adoram usar palavras que ninguém emprega nem sabe). Outros eram totalmente contrários à medida. Aquilo era uma sangria nos cofres públicos, obra que não precisava ser feita, só queriam encher os olhos dos estrangeiros e dar a impressão de sermos um país muito rico. De mais a mais, que sacrilégio estavam cometendo. Demolir o lugar escolhido por Mem de Sá para fundar a cidade!

— Um santuário! Somos decididamente uma nação infeliz, sem nenhum respeito pela própria história.

Era o clima sob medida para o temperamento irrequieto de meu avô. O velhinho parecia limpador de para-brisa de automóvel, participando de todas as rodas onde houvesse uma discussão, esbravejando até a rouquidão contra os tradicionalistas, agredindo, insultando, chegando quase à histeria. Certa vez, em virtude dessa atividade metingueira, tive de acompanhá-lo à Assistência, bastante cheio de equimoses, coitado. Naquele dia, os empedernidos estavam mais assanhados do que nunca, e ele não se controlou como devia:

— Tupiniquins de merda! Tanga é que vocês deviam usar. Tanga! Lambendo o rabisteque da portuguesada, para aprenderem a ter vergonha na porca da cara.

Não foi essa, aliás, a única vez que precisei levar meu avô à Assistência por causa de seu temperamento quixotesco, sempre propenso ao exagero. Uma tarde, estávamos num bonde. Íamos visitar as matas da Tijuca, pois ele queria que eu visse como era linda a natureza do Brasil. Junto dele viajava uma senhora. De repente ela começou a dar mostras de grande agitação. Meu avô, muito do cavalheiro, perguntou-lhe se estava sentindo alguma coisa. Não, não tinha nada, obrigada, mas o rapaz sentado do outro lado já a cutucara três vezes com a perna. O velho trocou de lugar com a senhora. E quando se viu junto do bolina não conteve o espadachim que vivia em seu íntimo:

— Agora você vai cutucar a mim, seu desavergonhado e patife, pra eu lhe partir a cara.

O rapaz partiu a cara dele antes.

3

De minha avó materna, também nascida na Lucânia, nenhum neto ouviu jamais uma palavra de carinho nem filho chegou a conhecer um gesto amigo. Era áspera e seca. Talvez mesmo a contragosto, mantinha as pessoas sempre a distância. Personificação da aresta. Mas não por culpa sua, coitada. Pobreza não ensina ninguém a lidar com flores. Muito criança endureceu mãos e alma tentando arrancar legumes de chão que só dava pedra. Muito cedo, também, embruteceu-se no sacrificado ofício de coleteira. A música rendia muito pouco ao primeiro marido, e o jeito era trabalhar para ajudá-lo no sustento da família em crescimento constante e acelerado, como ninhada de coelho.

Matriarca chegada com atraso à tribo que deveria prestar-lhe obediência, exagerava o mando na rudeza da voz e agressividade de maneiras, como se, com isso, pudesse recuperar o tempo perdido. É bem possível que uma ou outra vez tivesse sentido vontade de sorrir com as travessuras de um neto, ouvir as razões de um filho. Mas poderiam pensar que estava afrouxando e querer fazer dela gato e sapato. Tudo devia ser como fora em sua minúscula aldeia. Nunca permitiu a nenhum dos filhos, mesmo depois de homens com barba na cara e chefes de família, fumar em sua presença. Os pais de seu tempo tinham esse rigor com os filhos, e ela seguia os preceitos à risca.

Com relação às noras — educadas em princípios que não afinavam com os seus e merecendo, por isso, a maior desconfiança —, tinha um conceito acachapante e ofensivo, que só deixou de manifestar, pelo menos às claras, depois de uma delas ter achado que assim também já era demais e lhe dar uma valentíssima surra: os filhos de minhas filhas meus netos são; os de meus filhos serão ou não.

A MODA DOS CABELOS à *la garçonne* criou um tremendo clima de tensão entre as mulheres de nossa família, tensão causada por essa intransigência avoenga. Minha mãe e minhas tias estavam doidas para se exibir com o *vernier cri* da beleza feminina, qualuche incentivada pela marchinha que Margarida Max lançara no Teatro Recreio e se esparramava de ponta a ponta do Rio, levada de boca em boca:

> Cabeleira à *la garçonne*,
> usá-la hoje é preciso.
> Mais cabeça que cabelo
> e mais cabelo que juízo.

Além de ser moda, era um corte de cabelo bem cômodo e prático, principalmente para minha mãe, a quem a natureza dera uma cabeleira chegando ao meio das costas. Na hora de se pentear, ou nos dias de lavar a cabeça, aquela mata virgem lhe exigia um esforço muito maior do que o feito por Hércules na execução de seus doze trabalhos. Quanto aos maridos, não havia grandes problemas. Os tempos estavam se modificando, e eles não se opunham.

O grande ponto de interrogação e medo era minha avó. Talvez pressentindo a vontade das noras e da filha, vivia repetindo que aquilo era corte de cabelo para mulher da rua Vasco da Gama, conhecida concentração de pistoleiras. Estava criado o impasse. Onde a voluntária com suficiente coragem para transpor essa barreira, ser a primeira a enfrentar a cólera da velha? O mulherio da casa vivia em permanente conspiração. Alguém tinha que se arriscar inclusive a uns safanões, pois a intransigente Maria tinha mão leve. Pensa daqui, pensa dali, a escolhida foi tia Lili, mulher de meu tio mais velho, aquele impenitente apreciador de palavras que lembrassem lantejoulas e fogos de artifício. Já tinha idade para ser considerada de respeito e hábitos moderados. Dela ninguém poderia dizer que fosse sapeca ou dada a frivolidades, exibições. Tanto pediram, argumentaram e insistiram, que a pobre coitada acabou concordando em servir de cobaia.

Eu estava em casa da avó quando tia Lili foi mostrar-se de cabelo à *la garçonne*. Minha mãe do céu! Não teve sequer tempo para perguntar se tinha ficado bem com aquele penteado. Foi recebida, ainda na porta, com o mundo sendo virado pelo avesso. Dona Maria falou mais do que o preto do leite, sem escolher adjetivos nem medir consequências, terminando por dizer que as noras poderiam fazer quanto lhes desse na cabeça, pois não eram suas parentas, cada um educa os seus como bem entende. Mas a filha dela, ah!, essa que não tivesse a petulância de lhe aparecer com o cabelo cortado daquele jeito.

— Não por causa do marido, que aquilo também é um grandessíssimo banana. Mas porque eu não deixo. Não criei filha pra andar pela rua com cara de mulher de janela.

Já agora era o orgulho do clã dos Lago sendo posto em jogo, e eu não podia admitir uma tal desfeita. Voei para casa, não me interessando saber como ia acabar o arranca-rabo formado. Depois de contar o estrilo dado na pobre da tia Lili, voltei-me para meu pai como o mais sórdido dos intrigantes:

— E vovó disse que mamãe só não corta o cabelo porque ela não deixa. Se dependesse do senhor, cortava, porque o senhor é um banana. Banana, foi o que ela disse.

A reação do velho foi imediata, embora minha mãe, já amedrontada, procurasse modelar-lhe o ímpeto.

— Mário, desce aí no barbeiro e diz ao seu Agostinho pra vir cortar o cabelo de tua mãe. Pra vir agora mesmo.

— Mas Lago, mamãe...

— E depois de você cortar o cabelo, Chica, nós dois vamos visitar a velha, pra ela ficar sabendo de uma vez por todas que em minha casa quem canta de galo sou eu.

Na primeira visita que lhe fez, Zeli, então minha noiva, conheceu um resto do carreirismo da matriarca, ficando tão cheia de dedos, que quase perdeu o jeito para prosseguir a conversa. Passados os primeiros momentos da cerimônia, minha avó a encarou de alto a baixo — exame a que eram submetidos todos, e, principalmente, todas pretendentes a entrar para a família —, anotando, numa leve contração de rosto tão do meu conhecimento e interpretação, que lhe desagradavam aquelas pernas sem meias. Se em Tramutolo, a aldeia distante de seu nascimento, uma mulher ia visitar uma pessoa de cerimônia sem meias, ainda mais uma pessoa de idade, visitada pela primeira vez!

Conversa vai, conversa vem, lá pelas tantas a velha tucana não se conteve. Batendo no joelho da futura neta, como se não colocasse no gesto a mínima intenção, perguntou, exibindo um sorriso meio de gente, meio de hiena:

— Você não sente frio, não, minha filha? Andando sem meias... É sempre assim?

Quando já estava beirando os noventa anos, no entanto, nos era motivo do maior divertimento e surpresa a enorme transformação operada em sua maneira de ser e pensar. Entre as remanescentes de seus tempos moços havia sobrado dona Dacunta, visita de quase todas as semanas. Na falta do que sonharem para o futuro, ficavam horas esquecidas remoendo saudades e passando lembranças a limpo. O final dessas conversas parecia até clichê, de tão sempre o mesmo.

— Ah, Maria, bom tempo era aquele nosso, hein? Tão tranquilo, certinho... Agora, não sei o que está acontecendo com essa gente de hoje, parece tudo maluco. Correndo tanto não sei pra quê. Chega a me dar dor de cabeça, palavra.

— Deixa de ser atrasada, Dacunta. Tempo bom é agora.

— Você acha mesmo?

Não sei quantas vezes dona Dacunta já tinha ouvido essa resposta de minha avó, mas era sempre demonstrando o maior espanto que perguntava se ela achava mesmo.

— Claro, criatura. Tem aeroplano, tem geladeira elétrica... você se lembra quando a gente precisava embrulhar aquelas pedras de gelo em papel de jornal ou botar serragem em cima, pra durar mais tempo?

— É.

— Pois então? Agora tem enceradeira elétrica, ferro elétrico, liquidificador...

As duas se eternizavam nesse confronto de realidades entre hoje e ontem, até que minha avó encerrava o assunto com uma pergunta para a qual nunca achei explicação que não me fizesse visualizá-la, tão beata que era!, em práticas solitárias e tirantes a pecado:

— No nosso tempo tinha bidê?

Foram dois os que vi morrer

Não tenho orgulho de berço
nem local de nascimento.
Meu céu é onde converso,
meu chão é onde me sento.
Busco, sim, entendimento
em samba, fuzil ou terço.
Pra mim o tempo não acaba
nem a recusa me ofende.
Palavra puxa palavra...
Um dia, a gente se entende.

1

Não somos uma família em que se morra muito e amiudadamente. Entre uma e outra morte sempre nos foi permitido o tempo necessário para enxugar lágrimas e aquietar respirações. Minha mãe costumava dizer: italiano não morre, estraga.

O avô paterno aguentou firme até os 74, e o materno teria chegado aos cem com a saúde pra dar e vender que sempre teve, talvez mesmo continuasse muito mais além, não fosse a queda com fratura da bacia, perfuração de bexiga e rins. Ainda assim, sobreviveu seis meses, espantando os médicos com a resistência a uma erisipela e duas pneumonias, até que o coração resolveu parar. Mas sem ânsias nem crises. Como se adormecesse. A avó matriarca andou perto dos noventa anos totalmente lúcida, capaz de compreender a importância de um bidê, e os tios remanescentes, pelo menos enquanto ponho em ordem estes apontamentos, vão deixando os setenta a perder de vista.

A primeira vez que vi morrer aconteceu por volta de 1923 ou 1924, e ainda não tivera notícia da morte de ninguém da parentela. Morávamos então num sobrado da rua da Relação, em frente à Polícia Central. Ciumento das pernas de minha mãe, ao longo da sacada o velho Lago colocou uma tábua de uns dois palmos de altura, frustrando dessa maneira a curiosidade de algum passante que levantasse os olhos para *tirar uma casquinha*, safadice muito em moda na época dos sobrados e balcões.

Era já bem tarde da noite e eu estudava deitado perto da trincheira, como chamávamos a sacada desde a colocação da tábua frustradora de quaisquer olhos que ousassem. De repente tive a atenção despertada por gritos e imprecações vindos de uma sala da Polícia, em frente à janela onde eu me encontrava. A memória não pôde reter os insultos proferidos, mas o espetáculo me ficou grudado nos olhos, resistindo à superposição de milhões de imagens que a vida foi fixando depois.

Um homem já de idade, mas ainda bastante forte, lutava desesperadamente contra cinco ou seis policiais. Do rosto não havia como se perceber muitos detalhes de fisionomia, pois era praticamente todo uma pasta de sangue, levando a concluir que o espancamento já vinha durando algumas horas. Luta incrivelmente desigual era aquela. O velho, no entanto, não se deixava inferiorizar pelos cinco ou seis. Respondia à agressão com a mesma violência, soco por soco, insulto por insulto, caindo e levantando com igual ímpeto e, quando mais nada podia fazer, mordendo as pernas dos que queriam chutá-lo, numa desesperada e enfurecida determinação de não desmaiar.

À proporção que a luta se tornava mais encarniçada, o grupo foi se aproximando da janela. Ao mesmo tempo que batiam, os policiais se esforçavam para silenciar os gritos do velho, naturalmente receosos de o tumulto chamar a atenção dos passantes retardatários ou acordar a vizinhança. E a certa altura — mesmo no auge do horror fui obrigado a ver, porque os olhos estavam imobilizados, tanta a ferocidade do espetáculo — um dos policiais o empurrou com violência, indo ele estatelar-se na calçada como um saco.

A partir desse instante não me foi possível ver mais nada do acontecido naquela sala. Creio terem continuado a gritar, pois aos meus ouvidos chegavam sons lembrando uivares e rangeres de dentes. Limitei-me a chorar, criança que era, sentindo um pouco de responsabilidade pela morte do velho desconhecido. Talvez pudesse ter evitado aquela crueldade, pensava em minha quase inocência, se gritasse para acordar os vizinhos ou fosse acordar os de casa.

Só na manhã seguinte, mesmo assim com muito esforço, encontrei calma para contar a meus pais todo o testemunhado durante a noite, e pela primeira vez compreendi até que ponto podem chegar as pessoas quando as domina o terror. Meu pai instintivamente olhou na direção do prédio da Polícia. Minha mãe, num salto, me impediu o gesto apenas esboçado para dizer que tudo tinha acontecido ali, justamente naquela janela onde um policial fumava na maior pureza de consciência, como se ali fosse uma casa de cujas janelas benesses, e não criaturas humanas, eram distribuídas às ruas.

"Pelo amor de Deus, meu filho, não comece a espalhar isso por aí", foram as primeiras palavras de meu pai, quando se refez do choque causado pela minha narrativa. Estava pálido, as mãos tremendo incontrolavelmente e, até hoje, seria capaz de jurar que falou o mais baixo possível, praticamente num sussurro, talvez com receio de suas palavras atravessarem e chegarem até o homem da janela em frente, tornando-nos cúmplices de algo muito perigoso.

Mas eu estava traumatizado, não conseguia encontrar uma explicação para o que tinha visto na véspera. Um homem fora atirado pela janela diante de meus olhos, e nenhum dos seus carrascos se empenhara em socorrê-lo. Por quê? Isso deve tê-lo feito compreender que apenas a recomendação de silêncio não seria suficiente para me aquietar. As crianças exigem razões. Eu precisava compreender por que não devia sair espalhando aquilo por aí.

Recebi nesse dia minha primeira aula de realidade política. Muito do que me foi dito e explicado não chegou a fazer sentido para meu mundo de doze ou treze anos, mundo com meios de comunicação precários, só se tendo conhecimento das coisas muito depois de acontecidas. Mas a essência da explicação me penetrou até o mais profundo dos poros, deixando-me também tomado de imenso terror. Entrecortando as explicações, meu pai não se cansava de repetir que eu não devia contar a ninguém uma só palavra do testemunhado na noite da véspera. Melhor mesmo esquecer tudo, fazer de conta que aquilo tinha sido um pesadelo. E o negro ia crescendo à minha volta.

O país estava vivendo um período de exceção, sob o sufoco de um estado de sítio que já parecia durar séculos sem conta. Era proibido ter a mínima contemplação com os adversários do presidente Artur Bernardes — caídos nas masmorras da polícia chefiada pelo sinistro general Fontoura. Se sobrevivessem à brutalidade das torturas e espancamentos, regra geral durante os interrogatórios, aqueles que tinham a coragem de se opor ao governo eram enviados para a Clevelândia, inferno localizado no fundo da Amazônia. Tempos duros de aguentar. As interpretações ficavam a critério dos carrascos, que com eles estava o monopólio da verdade e da opinião.

Vivíamos num país suspenso em angústia e susto. O simples gesto de cumprimento podia disfarçar um código secreto, quem sabe até a senha para um encontro ou mesmo o início da mazorca. O futebol discutido em roda de mais de três pessoas podia ser o pretexto para marcar a hora exata em que os arsenais seriam tomados de assalto. As pessoas se fitavam por entre os cílios, olhos entrincheirados, pois havia sempre alguém espionando, anotando, e na simples coragem de encarar que fosse possivelmente estaria uma forma de identificação entre os oposicionistas. Nunca se sabia com certeza que acontecimentos nos reservaria o dia seguinte, a não ser que seriam piores do que os da véspera e melhores do que no dia ainda por chegar.

O homem atirado pela janela da Polícia era Conrado Niemeyer, conceituado engenheiro, arquiteto, pertencente a uma família de alto gabarito e ferrenho adversário de Bernardes. A versão oficial publicada no dia seguinte — sendo defunto caro, sua morte não podia ficar no ora-veja — afirmava que ele mesmo se atirara pela janela. Houve muita celeuma, muito escândalo, até um inquérito foi instaurado. Peritos em balística, baseados nos mais minuciosos croquis e complicados cálculos, demonstraram que, pela trajetória do corpo, Conrado não podia ter se atirado e, sim, fora atirado.

Mas deu tudo em água de barrela. A Polícia havia cometido o crime, ela mesma conduzia as investigações e, como já diz o nordestino com muita sabedoria, em fandango de galinha, barata não se mete.

2

Entre a primeira e a segunda vez que vi morrer só havia desaparecido um parente, daqueles merecedores do tratamento pela convivência de todos os dias e não por simples imposições de nome ou sangue: meu tio Alfredo, de quem pela primeira vez ouvi algumas ideias que a família, meio ressabiada, colocava de quarentena. Só não se aventuravam a fazer-lhe qualquer censura porque se tratava do intelectual do clã. Por uma coincidência que talvez lhe tivesse sido grata, morreu na mesma semana que Anatole France, tão apreciado por ele nas leituras da Collection Nelson. Infelizmente, a agonia de tantos meses o manteve na ignorância de fato que compensaria seus últimos momentos.

Violinista inconformado com apenas o que o violino lhe poderia ensinar e oferecer, tinha a preocupação de saber cada vez mais, descobrir, ampliar novas áreas de conhecimentos. Não me lembro de alguma vez tê-lo visto sem algum livro aderido ao sovaco. Autodidata teimoso, aprendera no *O francês sem mestre*, de Pereira, o idioma que lhe permitiria saborear os grandes mestres da literatura, como dizia. Nas horas de folga, entre o ensaio e o espetáculo, aproveitava para estudar Literatura e Gramática Histórica num curso particular de José Oiticica, conhecido anarquista, de quem possivelmente teria assimilado algumas ideias não muito literárias, pois era um desejoso de sempre aprender.

A lembrança da segunda vez que vi morrer me ficou gravada com todos os pormenores, e, não raro, é como se a revisse, dominando-me nesses instantes de memória o mesmo horror sentido na ocasião. Foi mais ou menos às cinco e meia da tarde, em pleno *hall* da Central do Brasil, no dia 7 de novembro de 1932. Momento destinado a ser glorioso e inesquecível. Mas um informante, infiltrado na comissão organizadora da manifestação, pôs a Polícia a par de tudo. Bem antes da hora marcada para a festa, ela já estava a postos, dominando todos os pontos estratégicos, mobilizado todo seu instrumental de violência.

O primeiro orador seria Alencar, jovem tecelão com pouco mais de vinte anos. Tinha vindo a pé de Petrópolis, onde morava e trabalhava, mas quem o visse seria capaz de jurar que a canseira da caminhada não representava grande coisa para ele. O momento era de muita importância para todos os trabalhadores, e só isso contava na sua alegria.

Pobre Alencar!... Deviam ser muitas as esperanças que pretendia contar naquele dia. Notava-se isso no brilho de seus olhos ao inundar o *hall* da Central com a voz generosa e moça, disposto a explicar aos miseráveis e sem direitos daqui o que antigos sem direitos e miseráveis de um país quase do outro lado do mundo estavam realizando, fazia naquele dia quinze anos, depois de haverem tomado o destino em suas próprias mãos.

Mas não conseguiu ir além de dez ou vinte palavras, o pobre Alencar. O esquema preparado para dar-lhe segurança, fosse pela rapidez com que tudo aconteceu ou por uma falha imprevisível em seu dispositivo, ficou sem condições de impedir que um policial chegasse perto dele e desfechasse um tiro à queima-roupa, deixando-o estendido sem tempo para ajuda ou socorro.

SE EXISTE ALGUMA COISA capaz de me deixar em medo muito próximo do pânico, é a condição de morto. Não pelo morrer, que isso, afinal de contas, é simples questão de fechar os olhos e era uma vez, danou-se a negra do doce. Quem está de olhos fechados não pode ver o que se passa em volta, imensa lástima, aliás. A imobilidade do morto e, principalmente, sua impotência para defender-se ou revidar a tudo que é feito e dito a seu propósito deveriam merecer um pouco de respeito. Mas é impossível controlar os profissionais de se apresentarem mais tristes do que a própria tristeza. E essa falta de consideração me deixa em pânico.

Ah, aquele famigerado desconhecido que se aproxima do caixão e soergue — porque ele não levanta, o miserável!, soergue, gesto mais lento e capaz de chamar a atenção de todos — o lenço que cobre o rosto do já-ido, olha-o durante largo tempo e por fim sacode a cabeça, acompanhando o gesto com um suspiro profundo, como se aquela morte lhe estivesse doendo no fundo das entranhas. Ou o prestimoso vizinho que vai a todo momento borrifar de água o rosto do indefeso com aquele galhinho de arruda portador de sorte, como se o coitado fosse um *boxeur* em recuperação depois de um *round* difícil, comentando com os de em volta que o pobrezinho parece que está dormindo, não é mesmo? Ou ainda os infalíveis amigos da família, que abraçam os parentes do estirado lamentando o duro golpe da fatalidade, "ainda ontem, quando nos encontramos, estava tão contente, e hoje ei-lo aí...". Não sendo de esquecer, também, alguns parentes que não conseguem agradecer aos abraços sem um lacrimoso "morreu como um passarinho" ou "apagou-se como uma vela".

No velório de meu tio Alfredo, comecei a prestar atenção a esses detalhes grotescos, proibidores de que se chore um morto descansadamente, como o pobre coitado às vezes até fez por onde. Naquele tempo não era comum se fazer velório em capelas. Não sei sequer se elas existiam lá pelos idos de 1920. A festa se realizava mesmo na casa enlutada. Porque a verdade é que se tratava de festa. Aos abraços e lágrimas de solidariedade, a vizinhança se impunha, como obrigação, preparar salgadinhos e doces para os que viessem prestar sua última homenagem.

Ainda cheguei a tempo de filar muita ceia de velório quando rapaz, madrugada pela metade, o estômago em guinchos de reclamação, e o rateio não somando nem o da sopa. O único jeito era começar a bater pernas ao deus-dará em busca de um lugar onde houvesse vigília de lágrimas. Como as vísceras faziam exigências prementes, nem sempre tínhamos tempo e cuidado para obter melhores informações a respeito do falecido, e muitas gafes eram cometidas nessas ocasiões, iguais às que presenciei no velório de meu tio.

Morávamos num sobrado da rua Dídimo, e o corpo foi colocado na sala de visitas, onde desembocava a escada vinda da rua. Minha avó estava sentada junto à porta da sala, em conversa quilométrica com uma velha amiga, recordando a dolorosa e arrastada agonia do primeiro marido. Embora a idade, conservava a pele fresca de causar inveja e espanto a muita mocinha. O xale preto lhe escondia os cabelos brancos. Qualquer desconhecido que entrasse ali apenas para defender café, sanduíches ou empadinhas — dona Altair, por sinal, era insuperável nessas especialidades, benza-a Deus! — poderia supor estar ali a viúva do morto. Usar luz elétrica nesses momentos era sacrilégio. A penumbra estabelecida pela luz das velas ajudava o equívoco.

E imaginavam assim, realmente, tanto que os mal-entendidos foram se acumulando e, depois de certo tempo, a coisa virou autêntica situação de comédia. O papa-ceia chegava, ouvia aquela conversa a respeito de uma agonia quase beirando a eternidade, e o diálogo era inevitável:

— Minhas condolências, madame.

— Obrigada.

— Que fatalidade, hein? A senhora, que perdeu o marido...

Minha avó enxugava as lágrimas e apontava para o fundo da sala, onde tia Carmela era confortada por parentes, vizinhos e amigos, penalizados porque ela ficava com dois filhos menores para criar.

— A viúva é ali, naquele cantinho.

....

— Meus sentimentos, minha senhora.

— Obrigada.

— Logo ele, hein? Eu sei que não há palavras para uma senhora que acaba de perder o marido, mas...

— A viúva é ali, naquele cantinho.

....

— Seu marido a deixou com muitos filhos?
— A viúva é ali, naquele cantinho.

....

Na quinta ou sexta vez que se repetiu esse equívoco, eu e meu pai fugimos da sala, não aguentando mais a vontade de rir.

O COITADO DO ALENCAR também não foi poupado por esses momentos grotescos.

Não havendo mais nada a fazer, uma vez que a violência já tinha feito tudo, eu e dois amigos fomos encarregados de ir dar a notícia a uma sua tia, moradora na praça da Bandeira. Um desses amigos se chamava Renê. Ou Pierre, já não recordo. Também era operário têxtil e seria o segundo orador.

Fizemos a caminhada a pé, pela rua Senador Euzébio, pois conseguir lugar num bonde àquela hora era impossível. Durante todo o trajeto, talvez na melhor intenção de nos levantar o ânimo, ele foi dizendo o que tinha preparado para seu discurso. Gastamos mais de uma hora da Central do Brasil até a praça da Bandeira. Não só o trauma nos punha chumbo nos passos, como desejávamos retardar ao máximo o momento de dar a notícia terrível. E o Renê, ou Pierre, falando sem parar.

Já nessa época, coitado, começava a apresentar os primeiros sintomas da insegurança mental que acabaria por afastá-lo de qualquer trabalho responsável, quer na fábrica, quer na direção do sindicato. Como dava angústia escutar-lhe a lenga-lenga! Repetia três ou quatro vezes o já dito. Perdia-se no meio de uma frase, sentindo-se em seu olhar que lhe haviam fugido consciência e lembrança, e a recomeçava com pensamentos inteiramente estranhos ao deixado para trás. De repente, quando já ia longe, lembrava-se de que aquele assunto tinha sido abordado antes e voltava ao início do período, agora sem a ideia que vinha expondo, mas isso não chegava a representar alívio para quem o ouvia, porque ela tornaria a aparecer mais adiante.

Finalmente chegamos à casa da tia do Alencar. E, antes de entrarmos, o grotesco de sua conclusão à discurseira com que nos vinha massacrando miolos e paciência desde a Central do Brasil foi mais chocante do que toda a brutalidade que íamos comunicar:

— Bem, isso é só um resumo.

O Alencar não chegara a dizer vinte palavras e o haviam matado.

Eu e o outro amigo nos esborrachamos no chão às gargalhadas.

A rainha Lapa morreu antes de El-rei D. Sebastião

Da vida escolho o que presta;
se erro na escolha, paciência.
Não mudo em luto uma festa
por um erro em sã consciência.
Nada me amarga a existência,
que é o pouco mais que me resta.
Se a erva-doce era amarga
mas por doce foi tomada,
o coração ponho à larga
e me rio da mancada.

1

A primeira Lapa que trago fixada como lembrança é a das madrugadas, andaria eu pelos cinco-seis anos de idade. Não por ter sido boêmio precoce ou menino abandonado à incerteza das calçadas. Se o berço não foi de ouro, a bem da verdade foi de ferro comprado a duro preço, na educação se deram ao capricho. É que a Lapa me foi perseguição e constância durante longo tempo.

Nasci um pouco distante de seus limites, na rua do Rezende, mas não tanto que até lá não chegassem seus ecos e fluidos. Entre as casas de família se misturavam pensões de mulheres, mais ou menos do conhecimento de todos. Enquanto cresci, mudamos de moradia e rua não sei quantas vezes e, a cada mudança, mais nos íamos aproximando daqueles limites que as pessoas consideradas de bem olhavam com preconceito, mal disfarçando certo horror. A Lapa foi chão de todos os meus passos. Na busca de caminhos e no encontro de atalhos que descaminham, na primeira ânsia e no último nojo, no último desencanto e na primeira afirmação. Conheci-a em muitas realidades e diversos tempos.

Na época dos meus cinco-seis anos, já os médicos recomendavam os banhos de mar como excelente terapêutica para curar ou prevenir um sem-número de males. Mas, para a intransigente avó, mulher que respeitasse sua matéria própria não se deixava exposta aos olhos do mundo, numa praia, depois das seis horas da manhã, mesmo contando com a proteção de roupas que a tornavam indevassável do pescoço até o meio da canela. O importante, no seu modo de ver, era a natural sem-vergonhice dos homens não poder imaginar o que estava acomodado dentro daqueles saiotes, toucas, calções, o diabo a quatro, um verdadeiro arsenal de elementos destinados a formar uma trincheira.

Quatro horas da manhã, a boa velhota acordava casa e quarteirão com um saudável e eufórico "Sole mio", e meia hora depois, mais parecendo um bando de romeiros, lá se mandava a família em farrancho para a praia de Santa Luzia, onde hoje é o aeroporto, não sei ao certo, tanto andaram modificando aquelas paragens. Nunca cheguei a saber por que a chamavam de praia, pois não me recordo de algum dia ter visto areia por ali. Lembro-me, sim, das barracas alugadas para as pessoas mudarem de roupa, de um estrado dentro da água, onde quem não sabia nadar podia divertir-se sem risco de afogamento. Isso dava à Santa Luzia ares de balneário europeu. Dos pobres, evidentemente, mas balneário. Em praia ela veio a se transformar quando os constantes aterros começaram a alterar o antigo contorno da baía. O primeiro nome da transformação foi praia das Virtudes, última homenagem, talvez, às alegres meninas que fizeram a celebridade do bairro.

Dessas primeiras passagens pela Lapa, poucas coisas ficaram em meus olhos de visão ainda pura, e o que eles viam, além do mais, era atrapalhado por um sono dos seiscentos diabos. Uma preta velha e bunduda, vendedora de uma canjiquinha deliciosa que eu só podia saborear na volta da praia, porque, segundo a sapientíssima e indiscutida avó, qualquer comida antes do banho podia provocar congestão. E lá vinha a história de seu Aristélio, o funileiro, que morrera de boca torta. Só que a congestão de seu Aristélio não tinha sido por causa de banho depois da comida. É que, durante a sesta, depois do almoço, descobriu na mulher uns elementos de excitação nunca reparados antes e quis aproveitar a ausência das crianças. Que vergonhas a pobre viúva teve de enfrentar depois, tudo porque, na aflição de chamar por socorro, tinha esquecido de tirar seu Aristélio de cima dela.

Além da preta velha e bunduda, havia também umas como que sombras de mulheres em cambaleio, amparadas a homens mais ou menos idem. Às vezes — a vaidade não deixou a lembrança apagar-se no tempo — alguma delas me chamava de "menino bonito, parece até uma figura daquelas de camafeu", e ensaiava um gesto de me acarinhar os cabelos, recebendo da avó-gendarme o agradecimento de um "tira a mão do menino, sua vagabunda".

Os encontros com esse tipo de gente levavam a velha lucana à estafa de músculos e mandíbulas, tanto se benzia, ao mesmo tempo que resmungava. Mas inutilmente seu puritanismo procurava um caminho que livrasse nossos olhos, principalmente os meus, do espetáculo horrível da perdição. Só poderíamos chegar à Santa Luzia passando pela Lapa. Se não fôssemos pela avenida Mem de Sá, cheia de mulheres, era inevitável o caminho pela Maranguape, onde também as havia e tanto e quanto. Fugir da Maranguape nos obrigaria ao espetáculo da rua das Marrecas, e o mulherio estava lá também, chamando das janelas, das portas, ou pegando a laço nas calçadas. A Lapa era o quartel-general das bordeleiras, e não havia o que fazer mesmo.

Talvez a coisa se resolvesse se alugássemos um carro para nos levar à praia e ficar esperando até a hora da volta. Mas éramos uma família de músicos, e esses gastos não cabiam na limitação do orçamento. Então, que fôssemos à praia mais tarde, como sugeriu meu pai certa vez, única maneira de não encontrarmos aquela espécie de gente. A sugestão foi repelida com a violência de quem ouve um sacrilégio:

— Tua mulher pode ficar na praia com sol claro, pra todo mundo espiar, mas minha filha não.

Nunca pude esquecer o dia em que minha mãe, vencendo temores carregados do berço, ensaiou uma palavra em defesa daquelas pobres criaturas que me achavam figura saída de algum camafeu. Elas também eram gente, coitadas, só o fato de gostarem de crianças mostrava que dentro delas tinha sobrado alguma coisa de humano e bom. A resposta de minha avó a deixou mais murcha do que balão perdido o gás, pingo de chuva demorado a cair, e já agora com vergonha de ir molhar o chão recém-secado.

— Não criei filha para andar dizendo uma barbaridade dessas. Devia até ficar envergonhada. Não vê que elas vão emporcalhar o menino? Sabe-se lá onde essa gente vive metendo as mãos!

Anos mais tarde, numa outra fase da Lapa das madrugadas, os parceiros de farra não se conformavam em me ver perdendo tanto tempo de conversa com mulheres que, findo o bate-papo, iam ao encontro de seus *caftens*, deixando-me na mesa do café com o ônus de uma despesa e uma noite perdida. E muito menos entendiam a explicação que eu costumava dar para esse desperdício de horas:

— Estou pedindo desculpas por minha avó.

2

Em 1919, os estudos me levaram novamente aos domínios da Lapa, aluno do Colégio Santo Alberto, atualmente um edifício moderno, paredes-meias com a velha igreja, mas naquela época um casarão simpático, embora, de início, suas linhas rígidas assustassem um pouco.

Não foi minha primeira experiência escolar, que essa eu tive aos seis anos, quando resolveram meter-me cabeça adentro as primeiras letras e primeiras contas, num curso particular da poetisa e professora Leonor Posada, que a vizinhança cochichava ter uma paixão alucinante por Olavo Bilac. "Por isso nunca pensou em casamento, coitada", concluíam os cochichos. Desses dias de cartilha e tabuada sobrou apenas a visão das pernas grossas da professora, meu deslumbramento menino e talvez o motivo por que, ainda hoje, me detenho com certo êxtase melancólico na contemplação de qualquer edifício sobre pilotis.

Depois desse curso frequentei ainda as aulas de duas boas velhinhas, dona Laura e dona Quita — quem disse que minha mãe matriculava o filho numa escola pública, em promiscuidade com meninos piolhentos que talvez nem soubessem direito de onde vinham? —, irmãs do escultor Raul Sá, autor daquele mostrengo exposto na praça Floriano, que com certeza desejou provar através de sua obra, e quem olha para aquilo vê logo que é uma valentíssima obra!, a imponderabilidade dos anjos, pespegando cinco ou seis deles dependurados na bandeira nacional, sem que a pobre coitada, após tantos anos, se tenha rasgado. Ou pelo menos esgarçado.

Mas aos oito anos o casarão do largo da Lapa me parecia o mais importante de tudo. Pela primeira vez eu estava frequentando um colégio grande, de dois andares!, com um pátio imenso para o recreio, muitas salas de aula, e todas elas espaçosas, um professor para cada matéria e livros em penca a serem levados às costas, como mochila, deveres de casa, provas mensais, exames no fim do ano e certificado quando concluíamos o curso, numa cerimônia onde eram distribuídas medalhas de ouro, prata e bronze aos alunos mais destacados. Havia ainda um outro elemento a coroar todas essas superioridades, e que servia para nos identificar mal aparecíamos: uma farda. O antigo desejo de ser engenheiro militar para dar cabo do canastro de Pinheiro Machado talvez influísse no fascínio que o uniforme exercia sobre mim.

A Lapa desses dias não me deixou lembranças como a da preta bunduda que vendia canjica nem visões de mulheres escandalosas saindo de casas estranhas. As aulas começavam às oito da manhã, hora em que elas já estavam no primeiro sono ou ainda nos últimos gemidos de fêmeas, prolongando-se até as três da tarde, tempo do primeiro espreguiçar de quem vive de fazer a vida.

Não me recordo dos contornos da Lapa que cercava o Santo Alberto. Meu avô, que me acompanhava ao colégio, prendia minha atenção com histórias que eu achava a melhor coisa do mundo, como a da origem do Passeio Público, mandado fazer por um vice-rei, que ali ficava passeando para se exibir aos olhos da mulher amada. E eu me esquecia de olhar para os lados, tanto me prendia o que ele contava. Guardei, muito minha, a Lapa do Santo Alberto por dentro. Foi ali, a par das medalhas de ouro ganhas em Catecismo e História Sagrada, que furtei primeira, segunda e terceira vezes num só dia, tudo isso em pouco mais de meia hora, e aprendi a zombar quando apontavam tal ou qual coisa como sendo pecado.

Os roubos aconteceram na véspera de minha terceira comunhão, o fato já transformado em rotina, não restando mais nada da emoção sentida na primeira vez. Nesse dia era feita confissão geral. Todos os alunos deviam prestar contas de suas faltas ao padre-confessor, um alemão de quem não retive nem nome nem cara, pois o gradil do confessionário impedia indagações maiores. Recordo apenas que ressonava tempestuosamente enquanto rasgávamos alma e vísceras, tendo para todos a mesma penitência, dita em susto de quem está acabando de acordar:

— Masturrbaçon é muiti feio, seu pecator. Teus non costa te menino que faz essas coissas. Tez patre-nossos, tez afe-marrias, e parra te facer isso, que focê fica tuperculosso.

Chegava-se à sala desse ressonador impávido e tonitruante atravessando um longo corredor, depois uma saleta, ambas as peças no mais rigoroso escuro, talvez para os confessandos irem fazendo uma ideia do que eram as trevas do inferno, desistindo, por isso, da vontade de uma confissão mentirosa. Esse todo breu nos obrigava a um permanente tatear, única forma de não se perder o rumo certo.

Passando pela saleta, após cumprida a penitência de rotina por práticas masturbatórias que nem me haviam passado pela cabeça, pois descobri com razoável atraso a alegria desses exercícios solitários, e o confesso sem nenhuma vergonha, meus dedos tocaram qualquer coisa macia e úmida. Passado o primeiro espanto, levei-os cuidadosamente ao nariz. Fios de ovos! Então era ali que ficavam guardados os deliciosos pãezinhos recheados de frutas e recobertos com aquele acepipe dos deuses, distribuídos depois da comunhão, num lanche do qual participavam a padralhada, alunos, pais e professores.

Sempre tive uma paixão toda especial por doces, paixão responsável por não sei quantas infecções intestinais, com febre, cama e tudo. Seria exigir demais qualquer resistência à tentação de saborear o que me caía nas mãos como alívio à penitência imposta. Quem sabe até se não andava em tudo aquilo o onipresente e justiceiro dedo de Deus, conhecedor de minha pureza e testemunha de que eu não merecera uma pena daquelas. E lá se foi um doce goela abaixo.

Mas os pãezinhos eram verdadeiros manjares do céu. Esplêndidas razões tinha meu avô quando dizia, movido por seu anticlericalismo maçônico, que, onde tem padre, não há a menor dúvida de que existe boa comida. Voltei para a sala de aula, onde ficávamos em retiro, ansioso por repetir a dose. No dia seguinte, já estava acostumado com a usança, os alunos ganhariam apenas uma daquelas delícias, sendo o direito de repeti-las um privilégio dos adultos. A oportunidade de encher o bandulho era aquela. Procurei o padre-chefe-de-disciplina com o ar mais contrito, dizendo-lhe estar com a alma em ganidos de remorsos, pois havia esquecido de contar um pecado.

— Ôôôôôô, Teus aprrecia muiti isso. Menino temente a Teus. Fai, meu filho, fai contar tuto.

Se bem ele disse, melhor eu fiz, desabalando em inalcançável carreirão para a sala do padre-confessor. Um pãozinho deglutido apressadamente antes de entrar, tez patrre-nossos, tez afe-marrias... outro pãozinho saboreado no susto da saída...

Mas o diabo daquele doce era de abalar as mais sólidas dignidades.

— Mais outrro pecato, meu filho? Papacaio! Palafra te honra que, pra tua itati, oito anos só, é muita coissa. Eu fai confersar com teu papai, ele prrecissa tespetir essa emprecata, que é um instrumento te satanás pra te tentarr. Fai depressa, fai, e, pelo amor de Teus, fê se não esquece nata tessa fez.

No dia seguinte, antes de ingerirmos a santa hóstia, o padre-mestre fez um longo e lindo sermão, que era realmente maravilhoso quando ia ao púlpito e destravava a língua. Escolheu como tema de pregação os castigos que o Senhor reserva a todos os que incorrem num dos sete pecados mortais, e o roubo é um deles. Quase me esborrachei de rir, pois estava ali lépido e fagueiro, depois de comer tantos doces roubados, não sofrendo sequer o castigo de um desarranjozinho intestinal.

São muitas as lembranças que me ficaram daqueles tempos da Lapa do Santo Alberto. Mas, coisa curiosa, não há lembranças de colegas. Há pouco tive entre as mãos uma velha fotografia da turma que concluiu o curso comigo. Examinei os rostos um a um, saudade transformada em lupa aumentando tudo e todos. Nenhum deles chamou memória. Acredito nunca mais ter encontrado nenhum deles nesse meu constante bater estrada e procurar caminhos. Não, não. Infelizmente não é bem essa a verdade. Um deles tornei a encontrar certa noite, bem anos depois, e por coincidência na mesma Lapa que nos viu estudando juntos.

Saiu da Teotônio Regadas em mil reboleios e veio diretamente a mim, perguntando se eu não gostaria de experimentar umas coisas diferentes. Ao levantar os olhos e me reconhecer, teve um "você!" sugerindo lágrimas e pasmo, desaparecendo em corrida desabalada pela mesma rua de onde havia surgido. Roí-me de pena recordando sua mãe, pobre lavadeira que arrebentava costas e mãos para pagar-lhe o colégio, na esperança de vê-lo alguém. Doía demais para ficar insistindo na lembrança.

Ainda tornei a encontrá-lo diversas vezes e fugíamos um do outro como o diabo foge da cruz, não sei bem qual dos dois com mais vergonha e pressa. Dos outros colegas, com certeza, nunca mais soube nem me ficaram nomes. Pano caído sobre um passado zero. Mas os mestres e superiores, esses não me abandonaram a memória, tendo readquirido vulto e movimento ao contemplar a velha fotografia.

Havia frei Ambrósio, encarregado da disciplina. Lá está ele no canto direito do retrato, ocupando espaço de três ou quatro com seu corpo mais de montanha do que de gente. Frei Ambrósio de inesquecível memória. Estranhos processos de catequese gostava de usar o infeliz. Aos ensinamentos de Cristo, com que procurava trazer as ovelhas rebeldes ao caminho da moderação e vida limpa, se comprazia em agregar cascudos doloridíssimos, capazes de matar de inveja o próprio Torquemada, tão tecnicamente os aplicava.

Professor Alencar, de Português. Está na terceira fila, entre os alunos, pois sempre foi boa-praça, embora os zeros que nos dava em ditado, tudo por causa de seu sotaque carregado de nordestino. Ditava "terra natar". Logicamente escrevíamos como tínhamos ouvido, e lá vinha o estrilo: "Cambada de burros! Quem disse a vocês que *natar* se escreve com erre? Quanto mais ensino, menos vocês aprendem, suas cavalgaduras? Terra natar... com ele!" Não sei dizer se seria bom professor da matéria, pois os conhecimentos dos oito anos não davam para analisar, mas, em voz baixa, olhando de minuto a minuto para a porta — não faltava mais nada aparecer um padre de supetão e achar que ele era o próprio satanás —, ia nos diplomando nas mais desbocadas anedotas de Bocage e papagaio.

Havia também o professor Franco, cujos setenta anos mereceriam descanso, mas sendo constantemente encarregado de acabar com o racha organizado durante o recreio, no mínimo vinte de cada lado, pois só dispúnhamos de uma hora, e todos queriam jogar. Morríamos de rir quando o pobre velho chegava quase às cócoras, pretendendo apanhar a bola que chutávamos, a bem dizer quase sempre uma casca de laranja. Mas nos apiedávamos, dando o jogo imediatamente por encerrado, quando ele lançava mão de um truque para se apoderar da perseguida, pensando que nos enganava: "Passa pra mim, pessoal, que eu também estou no jogo."

Havia ainda o professor Barros, talhado para nunca mais ser esquecido. Companheiro tão inseparável de uma larga e imensa régua, que seria impossível determinar se aquilo era um prolongamento do próprio braço ou bastão de feldmarechal. Truculento até as raias do sadismo quando a descarregava nas mãos dos insubordinados, nesses instantes as exigia irrepreensivelmente espalmadas, porque aí é que ele queria ver a coragem. "Quem quer ser moleque precisa ter tutano para enfrentar a durindana."

Nunca mais ouvi ninguém dizer essa palavra. Mas, numa das vezes em que o Brasil enveredou pelos caminhos do fascismo, vi o velho professor numa passeata integralista, e seria capaz de jurar que do braço lhe pendia a dolorosa régua durindana.

3

A Lapa vespertina que conheci em 1926, quartanista do Pedro II, estreando na aventura das primeiras gazetas, foi de pequena duração, deixando apenas duas lembranças: o episódio melotanguístico com Juana — argentina de olhos exageradamente grandes, dona de farta cabeleira lhe caindo até o meio das costas — e uma reprovação no fim do ano, o que levou meu pai a tirar-me do colégio, pois em matéria de estudos ele era de uma intransigência incrível.

— Entre os Lago não se usa repetir ano. Agora você vai trabalhar de dia e estudar à noite, pra ver com quantos paus se faz uma canoa.

Formávamos um brilhante terceto de matadores de aulas: eu, Gentil de Castro — que chegou a fazer bom nome como pediatra e morreu já separado da esposa, a atriz Zezé Fonseca, tristemente devorada pelo incêndio em seu apartamento — e ainda o Guilherme Henrique Rocha Freire, infalível frequentador das galerias do Municipal nas temporadas líricas e atualmente, segundo me contaram de seus passos, receitador de mezinhas no interior. A sede de nossas gazetas era um bordel na rua da Lapa, engolido hoje por um arranha-céu. Ali passávamos as tardes com o mulherio, tratados de *mes petits enfants* pela gerente, a velha Raymonde, francesa que tinha vivido muito e sofrido o dobro.

Diplomada nos cais de Marselha, com curso de aperfeiçoamento em Casablanca, Raymonde não escondia certo orgulho quando confessava que a primeira mulher de sua família já tinha ganhado a vida fazendo *trottoir*. "Cada um tem *la noblesse qui peut*." Papo delicioso e canalha tinha o diabo da bruxa! Tudo era pretexto para dar expansão ao seu cinismo congênito, e algumas de suas frases nunca me saíram da lembrança. "*Betise* da grrossa pensar que quem está por debaixo acaba ficando por cima. Só se forr mulherr, que alguns homens gostam de coisas diferrentes", "Mulher sem cafeton não trravaia na minha casa, porrque não tem estímulo". "Quana gente está enrabichada de verrdade, um lápis Fabér tem o encanto de um obelisque." Se deixaram a Raymonde entrar no céu, o que é bem possível, pois tinha uma lábia!, garanto que houve desfalque no departamento das onze mil virgens.

Nosso tempo no bordel era dividido entre a cama e a sala de visitas, e algum desavisado que chegasse nesses segundos momentos poderia até imaginar tratar-se de uma festinha em família. Nada mais ingênuo e infantil do que mulher da vida quando não está preocupada com michê. Rocha Freire se fazia tenorino e despejava torrentes de árias de óperas, que as conhecia norte-sul-leste-oeste. Gentil de Castro, como tinha alguma semelhança com Rodolfo Valentino, procurava chamar a atenção das mulheres reproduzindo os olhares de mormaço e as atitudes langorosas da grande coqueluche cinematográfica da época. Só desistiu desse truque no dia em que a Rita dos Cachos, mulata cujos peitos enormes podiam servir de marquise nas grandes chuvaradas, lhe disse com o riso debochado que Deus lhe dera num momento de sublime inspiração: "Não me venhas de filho de xeque, que eu prefiro o olho vesgo do meu crioulo". Eu contava poemas de antologia às amigas da tarde despreocupada.

Juana também apreciava as rimas, e acredito que esse foi o motivo de nos aproximarmos. Começamos trocando versos na sala de visitas, as cadeiras separadas como tribunas de uma competição floral. Ela revelando os poetas pampeiros, *payadores* lendários (foi ela a primeira pessoa a me falar em Martin Fierro e Santos Vega); eu repetindo os nossos trovadores. O sofá e os abraços deram calor às métricas, que continuaram mais tarde no quarto, embora, de início, a alma envergando um fardão acadêmico nos mantivesse no campo literário. O nos despirmos surgiu como consequência lógica, sem necessidade de palavras a prepará-lo.

E aconteceu que, depois de uma dessas vezes, Juana precisou deixar-me um instante para ir atender a um telefonema. A curiosidade do menino continuava viva no adolescente de quinze anos. Sozinho no quarto, comecei minha bisbilhotagem. Sempre me causara espécie a maneira de ser da argentina. Entregava-se a todos os caprichos, vivia-os na maior alegria, mas sem se acanhalhar, em qualquer situação conservando uma atitude distinta, quase heráldica. Quando estávamos na sala de visitas e eu queria dar vasa à minha excitação garota, continha-me com um discreto "no estamos no quarto, churrito" que só eu escutava.

De tanto mexe-daqui, mexe-dali, acabei descobrindo na gaveta da cômoda um livro já meio amarelecido, que me chamou a atenção: *La inquietud del rosal*, de Alfonsina Storni, poetisa lírica suíça, naturalizada argentina, que se suicidou em 1937, quando chegou à conclusão de que estava levando desvantagem na luta contra o câncer.

A presença do livro de Alfonsina Storni entre os guardados de Juana seria motivo de sobra para explicar seu interesse pela poesia. Gostar de ler não é privilégio dos de vida menos torta. Melhor exemplo não havia do que a Dedé Japonaise, mulher de cinco mangotes da rua Benedito Hipólito, no Mangue, que conhecia as obras completas de Leconte de Lisle, verso a verso, dando-se ao luxo de fazer análises. Mas na primeira página do livro havia uma dedicatória que fez nascer um Sherlock Holmes dentro de mim: "*A mi querida Dolores, del más hondo de mi cariño. Alfonsina Storni. Buenos Ayres, 1919*". Como teria aquele livro ido parar nas mãos de Juana? Emprestado e não devolvido? Comprado de segunda mão num sebo? E quem seria Dolores? Eu continuava sozinho no quarto e aproveitei para levar a busca às últimas consequências, já agora convencido de haver qualquer mistério a ser desvendado.

Cata-que-te-cata, em outra gaveta encontrei algo capaz de pôr em ebulição o minidetetive: um retrato em que Juana, vestida como grande dama, aparecia ladeada por um homem ainda moço, aspecto denotando acentuada distinção, e uma criança que a repetia por inteiro, tanta era a semelhança entre as duas. Sob a fotografia, uma indicação: *"Ciudad de Mejico, 1916"*. Tomou-me um delírio de arqueologista e o frenesi foi desarrumando a papelada, até que, amarrotado, amarelecido e com a mesma data da fotografia, encontrei ainda um convite da embaixada argentina naquele país para uma recepção comemorativa da independência nacional. *"El embajador de Argentina en Mejico y su esposa tienen el honor..."*.

Estavam diante de meus olhos os elementos para as mais fascinantes especulações e o desencadear de qualquer tipo de história. Que voltas o mundo teria dado, ou teria dado Juana em volta do mundo, para vir terminar naquele bordel onde ficava sem sentido e lugar uma criatura elegantíssima como a Juana da fotografia de 1916? E quem seria aquele homem pintoso, nada tendo a ver com os fregueses que ela era obrigada a aturar e satisfazer, fosse qual fosse a exigência — caso contrário a Raymonde a poria no olho da rua —, por uns míseros 10 mil-réis?

Eu me perdia em conjeturas, procurando encontrar o ponto onde todos aqueles elementos se enredariam, construindo um mundo de histórias, todas elas possíveis e dolorosas todas elas, quando Juana voltou ao quarto dizendo que eu não podia ficar porque vinha um fazendeiro do interior, michê de duzentos. Talvez porque estivesse ansioso por uma resposta a tantas indagações. Pode bem ser que pela inexperiência dos quinze anos. Ou, ainda, pelo despeito por perder uma tarde que ampliaria meu curso de aperfeiçoamento. Fosse lá pelo que fosse, mal ela entrou no quarto, indaguei sem a mínima habilidade se conhecia o México.

— Que pregunta!

Ah, ela ficara perturbada, respondera com hesitação, num sorriso frouxo de quem é pilhado em flagrante! Esse detalhe aguçou minha curiosidade, levando-me a superar a falta de tato:

— Você foi amiga de Alfonsina Storni, não foi?

Repeti a pergunta, já agora fazendo questão de frisar que a estava chamando de Dolores. Disse o nome três vezes para não ficarem dúvidas.

Ela se levantou de um salto, os olhos indo de mim para a gaveta da cômoda como querendo compreender. Ainda ficou um tempo em silêncio, e depois falou magoada, assim meio bandoneoneando:

— *Vete. No quiero verte más.*

E realmente não viu. Na tarde seguinte, quando voltamos ao bordel, já se havia mudado sem dizer para onde.

HOUVE AINDA OUTRA LAPA vespertina, daquelas de a gente guardar para sempre. Foi em 1932, numa concentração do Socorro Vermelho. Sem mulheres nem camas, substituídas por tiros e correrias. De comum com a Lapa vespertina das gazetas, apenas os gemidos. Só que, desta vez, eles partiam dos que estavam sendo presos ou entrando em borracha. Mas, apesar da brutalidade, houve uma nota pitoresca para aliviar a tensão.

Tudo começou em torno do lampadário ainda existente no centro do largo, improvisado em palanque pelos manifestantes. Não recordo quem falou nem qual o assunto da falação, mesmo porque muito pouco tempo foi deixado para falar. Ficou-me nos olhos, isso sim, e com a nitidez do que é gravado a fogo sobre pedra, a figura escaveirada de uma mulher, tendo ao colo uma criança tornada semelhante a um mico pela subnutrição, gritando repetidamente "eu quero meu marido", como se fizesse dessas palavras bandeira e programa de luta. As sirenes dos carros da polícia cobriram os gritos, os discursos e começou a sessão do bate-que-te-bate.

O lampadário ficava em frente ao ponto de bondes, autêntico formigueiro de gente àquela hora. Eram os que se dirigiam do centro para a zona norte e os que vinham da zona norte buscando uma condução para a zona sul. Eram as mulheres de vida fácil já enfrentando as dificuldades da vida que lhes sobrou, procurando o freguês inclinado a uma aventurinha diferente antes da volta ao lar, onde o esperava o feijão com arroz da companheira sebosa, coitada, as carnes gastas e largas de tanto parto e aborto. O espaldeiramento foi às cegas, que as bestas não têm rumo, e se deu o tumulto, a correria, a resistência, o insulto e o pelo-amor-de-Deus.

Em meio a toda aquela agitação, eu só conseguia ouvir o choro da criança mais parecida com um mico e os apelos desesperados da mulher escaveirada, para que lhe protegessem o filho. Quase não me dei conta do tiro. Estranhei o vazio inesperadamente feito em torno do lampadário e, ainda sem compreender o que estava acontecendo, vi, por fração de segundo, a figura lamentavelmente jovem de um policial preparando a arma para a segunda descarga. A correria em busca de um lugar seguro foi interrompida pelo grotesco que começou.

Um dos manifestantes, mais tarde figura das mais conceituadas entre os comentaristas esportivos, atracou-se a unhas e dentes com o policial. Tudo aconteceu num abrir e fechar de olhos. O prendedor de minutos antes conseguiu por fim desvencilhar-se dos braços que o prendiam agora e, atônito, procurava reaver a calça ficada entre as mãos do manifestante, junto com a arma, numa manobra que só mesmo o diabo saberia explicar direito como foi.

Seus gestos eram descoordenados. Ao mesmo tempo que estendia os braços, numa desesperada tentativa de recuperar a calça, encolhia-se e levantava as pernas como um boneco desengonçado, suando em bicas no intento de se multiplicar em mil mãos para cobrir as partes que a cueca rasgada deixava à mostra. Vivíamos momentos de terrível tensão, mas mesmo assim não pude deixar sem lembrança a expressão de meu tio mais velho quando se referia a esses detalhes: partes pudendas.

O policial acabou desabalando em carreirão pela avenida Mem de Sá, e a calça que se danasse!, enquanto o povo gozava o ridículo de uma autoridade em cuecas, e ria e vaiava e pilheriava, esquecido de que a brutalidade ainda estava espalhada pelo largo.

4

Cheguei à última Lapa das madrugadas devia ser lá pelos meados dos anos 1930, levando a cabeça cheia de histórias e lugares a serem conferidos. Meu pai tinha sido músico em diversos clubes e cabarés que fizeram celebridade naquelas paragens, e gostava de recordar o que havia presenciado. Minha mãe pisava na trouxa quando o velho começava a desfiar o repertório das lembranças lapianas. Onde já se viu contar bravatas de capadócios como se fossem atos de heroísmo! "Pode ser até um mau exemplo pra nosso filho. Está ficando rapazinho, amanhã ou depois vai se deixar influenciar." Mas eu achava genial a história do Joãozinho da Lapa que matou o Bexiga, do Bexiguinha que matou o Joãozinho da Lapa.

Comecei pela Caverna, cabaré no subsolo do Cassino Beira-Mar, demolido mais tarde pela Prefeitura. As peripécias dessa demolição deram origem a um mundo de anedotas e cobriram de ridículo as autoridades que a determinaram. Os sapientíssimos engenheiros do executivo carioca, tabelas embaixo do braço e cálculos na cabeça, chegaram à conclusão de que o Cassino estava às vésperas do desabamento. Firmada a sinistra jurisprudência, mãos à obra, pois matemática é ciência exata, e palavra oficial está sempre acima de qualquer suspeita. Vieram as picaretas para a demolição, toda a técnica mais empregada na época, mas, não fosse o pequeno ajutório de algumas toneladas de dinamite, a construção acusada de poder vir abaixo por conta própria ainda estaria lá, pois não havia picareta que desse conta daquela almanjarra.

Nossa roda era mais ou menos a mesma todas as noites. Eu, Rodolfo Mayer, Modesto de Souza, uma vez por outra Custódio Mesquita, raramente Paulo Gracindo, quase sempre Osvaldo Louzada e Walter Pinto, este ainda sonhando com as aventuras do empresário que viria a ser, e achando desatualizado tudo que andava fazendo seu pai, o velho Manuel Pinto, de tantos sucessos no Teatro Recreio. Regra três era o Osvaldo Sampaio, cenógrafo do Procópio Ferreira, criatura a quem dedico cinco minutos de remorso todas as noites, por ter servido de cúmplice numa brincadeira que poderia ter arrebentado com ele, tão sensível era, e é recordada sempre como penitência.

Penalizado porque o Osvaldo levava uma vida muito vazia naquele hotelzinho da avenida Gomes Freire, o Modesto de Souza resolveu criar um interesse de amor para ele. O negócio era enviar-lhe uma carta, como se fosse uma espectadora deslumbrada pelos seus cenários. Coube ao desgraçado de mim fazer as vezes de Cyrano de Bergerac. A Ceci, do Royal Pigalle, copiou a carta, sendo sua casa o endereço para onde o Osvaldo deveria mandar a resposta. E se passaram bem uns quinze dias de carta vai, carta vem, o deslumbramento pelos cenários se transformando em paixão incontida, o agradecimento do artista virando ansiedade por conhecer aquela mulher que poderia ser uma segunda Cosima para um Wagner da cenografia.

Chegou um momento em que não era mais possível manter a história na base da epístola, e foi marcado o encontro. Procópio, até então se divertindo com tudo, acabou ficando preocupado. O Osvaldo não era de dar muita sorte com mulher. Ele mesmo contava que a última delas uma vez saiu para comprar café e levou três anos fora de casa. Felizmente, ao voltar, acrescentava sorrindo, não esqueceu de trazer as compras. Isso concorria para a preocupação do Procópio.

— Vejam bem o que estão fazendo. Amanhã é dia de estreia, e ele ainda não acabou o cenário. Cuidado.

Mas concordou em emprestar o carro, para que o Osvaldo parecesse importante aos olhos da admiradora e apaixonada com quem ia encontrar-se debaixo do relógio da Glória à uma hora da manhã. Nós o seguimos em outro carro, logicamente mantendo uma distância que nos permitia acompanhar bem sua ansiedade. Consultava o relógio, conferia com o da Glória, espichava o pescoço para a direita e esquerda, esperando o aparecimento da mulher, que, segundo a carta, viria de azul e bolsa branca. Ele estava como o descrito na resposta: jaquetão cinza, gabardine jogada sobre os ombros, pois se havia coisa que o encantava era dar-se *non-chalance* de homem europeu.

Meia hora depois, a coisa já estava ficando angustiante até para nós, cansados de vê-lo andando de um lado para outro, comentando com o motorista do Procópio em gestos desesperados. Melhor nos mandarmos dali e, para todos os efeitos, aquilo não teria passado de um bolo de mulher leviana ou que não pudera livrar-se de um compromisso de última hora. Mas, ao passarmos diante dele, o Restier Júnior teve a infeliz ideia de botar a cabeça para fora do carro e ensaiar uma vaia:

— Te fizeram de palhaço, hein, Osvaldo?

Ah, como foi doído o "foram vocês, seus fi...", sem mais voz para o "...lhos da puta", que bem tínhamos feito por isso, e ele atravessou a pista como um alucinado, indiferente a que viesse um carro e o mandasse para os quintos dos infernos, dirigindo-se para a murada da Beira-Mar, deixando em todos a impressão de que iria suicidar-se.

— Toca esta merda — berrou o Modesto para o motorista.

— Espera aí — alguém ponderou do fundo do carro. — O Osvaldo ficou desorientado, é capaz de acabar fazendo uma besteira.

— Melhor. Assim a gente aguenta o remorso o resto da vida, pra deixar de ser sacana. Homem merece respeito, não é pra gente andar querendo fazer de palhaço.

A NOITE COMEÇAVA NA Caverna, e dali partíamos para a exploração dos limites. Rua Conde Lage, que desemboca na Augusto Severo, e é onde a Lapa termina. Para além, é a Glória, mais adiante transformada em Catete, tendo como linha de demarcação, naquela época, a Taberna da Glória, que mais tarde iria substituir a Lapa nas minhas preferências da madrugada.

Dali, onde a Augusto Severo se encontra com a Conde Lage, certo fim de noite vi dois vultos ilustres se precipitarem sobre uma mulata mais parecida com gazela em férias, obrigando-me a defender direitos seriamente ameaçados.

— Vamos com calma, maestro Villa-Lobos.

— Ah, Laguinho, é você?

— O senhor, mais íntimo aí do poeta Olegário Mariano, diga a ele que me desculpe, mas esta mulata já tem dono. Eu também aprecio muito uma roxinha.

Conde Lage da "Pensão Imperial", antigo palacete pertencente ao então senador Lopes Gonçalves, velho fauno iniciador de menininhas nos segredos da felação, o que de vez em quando lhe valia algumas surras de pais discordantes do curso. Mais do que palacete, a Imperial era um verdadeiro cenário. Escadaria de mármore no meio de um terreno imenso, dispondo até de um caramanchão, a exemplo dos velhos romances. Tudo pronto e acabado para um reencontro de Armand Duval com Marguerite Gauthier. A imponência da casa determinava certas regras de comportamento. Os fregueses não iam entrando em arruaça, como se aquilo fosse casa da mãe joana. Quem estivesse de cara cheia também não podia entrar, pois o portão se mantinha sempre fechado, e por trás dele, defendendo o bom nome da casa, estava o espanhol Manolo, cardápio minucioso e entusiasta das especialidades das alegres meninas, mais habilidosas do que as de qualquer outro lugar, palavra de honra.

Beco das Carmelitas, onde fazia vida a Laurita Tinguassu, mulherona de organizarem fila na porta, sempre pronta a se desmanchar em torrentes de lágrimas na hora em que o freguês deixava o dinheiro sobre a mesinha de cabeceira. "Ah, se meu santo paizinho, que está no reino da verdade e eu da mentira, me visse tão decadente assim!" E lá se desenrolava a dolorosa história de um conhecido advogado gaúcho, nome do maior acatamento em seus pagos, que se matara de trabalhar para a filha ter a melhor educação, sonhando-a dama da alta, e até em colégio de freiras a fizera estudar. "Morreu de desgosto, pobrezinho, quando soube da vida torta que estou levando."

Rua Joaquim Silva, reduto da Morgada, mulata que bebia cachaça aos copos e, segundo o mestre-capoeira Miguelzinho da Lapa, quando botava a saia entre as pernas dava rabo de arraia melhor do que muito macho. Vivia permanentemente alegre, não se cansando de repetir que ela e a vida não tinham nada que ver uma com a outra, e só se mostrava chateada quando a chamavam de Morgadinha de Val-Flor. "Isso é coisa lá do seu Camilo Castelo, ou tá pensando que só porque eu sou puta não tenho curtura? Tenho, sim senhor."

Teotônio Regadas, Moraes e Vale... A Lapa estava ali, absolutamente intata, em seus limites Arcos-Conde Lage. Mas o que encontrei no interior de seus muros era, em verdade, um catálogo de museu, sem nada que recordasse a grandeza boêmia das narrativas de meu pai. Onde os Zuavos, que poderiam ter sido seu túmulo, se ele não se tivesse abaixado para apanhar uma partitura no justo momento em que a bala perdida encontrou o caminho do piano? E o Clube dos Políticos? E o dos Diários? Um deles estava transformado em Automóvel Clube. Até o bordel das gazetas ginasianas me havia traído, transmudado numa honesta funilaria. Raymonde, caco esclerosado, vivia de favor numa pensão da Teotônio Regadas e não se lembrava de mais nada.

Madrugada de fantasmas em busca de um corpo ou esquecidos em calendários já sem páginas. Um desses fantasmas chegou a me assustar. Foi na segunda ou terceira noite que apareci na Leiteria Bol, embaixo do cabaré da Helena, o Royal Pigalle, onde trabalhava a Ceci-Pingo-D'água, que às vezes me acarinhava as noites com o pensamento em Noel Rosa, razão que fora de sambas como "Último desejo", "Dama do cabaré"...

Magreza que chegava aos inícios do esqueleto. Olhos tão esbugalhados, como se quisessem arrebentar as lentes do *pince-nez* que lhe dava ares de professor desempregado havia bastante tempo, latinista fracassado, ameaçando sempre um *quousque tandem abutere*. Sentou-se à minha mesa depois que a turma se retirou e ficou me olhando sem palavras, balançando a cabeça de maneira enigmática, o que tanto podia ser cordialidade como perigosa intenção.

Eu já tinha vivido momento semelhante em 1930, quando as brigadas que acompanharam Getúlio Vargas praticamente tomaram conta da cidade. Aconteceu num café do centro. Na mesa ao lado da minha estava um grupo de soldados gaúchos. De repente, um deles se levantou, vindo colocar-se à minha frente, encarando-me num ininterrupto balançar de cabeça, como aquele desconhecido fazia agora. Ao fim de algum tempo, murmurou entre dentes, em acesso de raiva: "Seu filho de uma...". Não ouvi o resto da frase, e não sei mesmo se ele a terá dito, pois, sem me dar chance de um gesto de defesa, sacou da arma e disparou três vezes. Devia ser muito grande seu ódio. Menos de um metro nos separava, e as balas não provocaram sequer calor nas orelhas.

Só depois de contido pelos companheiros — e isso a muito custo, quase arrebentou todo o café, tão bom o bicho era num entrevero — é que as coisas se esclareceram. O coitado andava procurando, já ia para mais de dois anos, um sujeito que pespegara um filho em sua irmãzinha de treze anos incompletos, "recém tinha ficado mulher", e se mandara por esse mundaréu. Engajara-se nas tropas revolucionárias esperançoso de encontrar o miserável aqui no Rio, que era onde as informações garantiam estar. E, azar desgraçado o meu!, um irmão gêmeo não se pareceria tanto comigo quanto o Casanova soprador de acordeona. Azar até certo ponto, porque o esclarecimento foi muito pior do que a quase morte. Daquele dia em diante, o vingador da irmã embarrigada antes do tempo e das formalidades não me podia ver, nem ver sequer minha sombra, sem grudar-se aos calcanhares de ambos, sentindo-se na obrigação de chorar enquanto Deus mandasse, como prova de seu arrependimento.

QUE ME ESTARIA RESERVADO, agora na Leiteria Bol, depois daquele olhar fixo e duro, aquele constante bater de cabeça? Um dos lados do paletó do desconhecido estava mais alto do que o outro, demonstração inequívoca de que trazia uma arma. Aumentando meu receio, notei os frequentadores da leiteria observando minha mesa com indisfarçável preocupação. Houve um até que fez sinal para eu tratar de sair. Mas como, se as pernas abertas do desconhecido me barravam a passagem? Finalmente ele achou que já era tempo de acabar com o enigma.

— Desculpe ter sentado em sua mesa sem pedir licença.
— Ora...
— Eu estava ouvindo a conversa entre você e seus amigos, chamaram você de Lago. Seu nome...
— Mário Lago.
— Tem algum parentesco com o maestro Lago?
— Sou filho dele.

O homenzinho se transfigurou como por encanto. Surgiram uns cacos de dentes avisando o sorriso. A voz, baixa e mansa, daquelas que tornam surpresa o grito de ataque, ganhou dimensão de ordem quando seu braço se estendeu para o gerente: "A despesa do garoto aqui é minha". Terá compreendido meu espanto, porque se apressou a explicar:

— Seu velho uma vez me salvou a vida, sabia? Foi nos Zuavos. Isso faz tanto tempo que nem dá pra lembrar quando. Um cara aí tinha me jurado por causa de uns catiripapos que eu dei nele. Mulher minha sempre foi coisa sagrada, e aquela era mais de fé. Quando passei dançando perto da mesa dele, ele se coçou pra me pegar pelas costas. Cara a cara, eu era mais eu, ele sabia disso. Ia me pegar à traição, o sacaneta.

Seu velho percebeu a coisa e tacou uma cadeira na mão do cara. Boas pedras o seu pai. Ainda tá vivo?

— Ainda.

— Bom como pão. E camarada, nunca fez chiquê de polaca pra falar comigo. Porque tem uns caras que evitam a gente. Sabe, não é? Eu sou caminho torto...

— Mas quem é você?

— Não interessa. Já faz tanto tempo isso. Mas se alguém aqui na Lapa quiser te fazer uma falseta, é só me procurar.

No dia seguinte, meu pai precisou fazer muito esforço de miolo para arrancar do fundo de lá a lembrança do incidente dos Zuavos e sua participação como herói. "Ah, sim, o Felipe Bonitinho. Lembro, lembro. Andou matando uns cinco ou seis. Milagre ainda estar vivo." Felipe Bonitinho já era um fantasma em suas recordações. Como os outros que fui encontrando. A cada nome que eu lhe apresentava, a surpresa era inevitável: "Puxa, mas ainda não morreu!"

Max, o cabaretier, que havia mais de vinte anos vinha pintando os cabelos para continuar se apresentando pimpão como nos tempos do *"Mesdames et messieurs, maintenant j'ai l'honneur de vous présenter la formidable chanteuse gommeuse...".* Bueno Machado perdendo o fôlego um pouco por noite, no orgulho de reviver seus dias gloriosos de campeão brasileiro de dança-hora, conquistado no Palace-Teatro, façanha que mobilizou todo o mundo artístico e boêmio da cidade, até Leopoldo Fróes e Belmira de Almeida foram ver a coisa de perto! Castrinho, do Cabaré Novo México, maxixeiro de sucesso lá pelos idos de 1920, ainda elegante e maneiroso, permanente sugestão de uma figura evadida de algum quadro de Watteau.

Quase nem cheguei a tempo de encontrar Noel Rosa, frequência obrigatória nas madrugadas da Lapa. A doença que iria liquidá-lo em 1937 estava em acelerado, não lhe deixando fôlego para as noitadas mães de tantos sambas. Bom copo nunca fui. No segundo, subia à mesa e queria tomar o poder, no terceiro arriava como se me houvessem fuzilado na luta. Assim, nunca fui de frequentar o célebre chope do Capela. Também não tinha sentido irmos acordar os honestos moradores da Moraes e Vale, que ali os havia aos montes, de cambulhada com o mulherio, chamando pelo poeta Manuel Bandeira, que, a bem da verdade, nem sabia de nós.

Lapa em liquidação para entrega do prédio, apenas isso encontrei de tudo que estava nas recordações de meu pai. Com cabarés de terceira e mulheres cova-rasa, caracterizada na tabuleta de uma farmácia existente na esquina de Mem de Sá com Maranguape, o último abencerragem que resistiu à demolição: "lavagens de permanganato a mil-réis". Lapa que só continuei a frequentar porque estava no meu caminho para casa, e sem maiores motivos para registro, não fosse certa madrugada em que vi um homem.

O arranca-rabo foi em frente à Leiteria Bol. Oito meganhas cercavam um mulato, na tentativa de arrastá-lo para o tintureiro ou abrir-lhe as costas a golpes de chanfalho. Mas o mulato lhes escapava das mãos como uma enguia, quase não dando tempo para se ver seus pés tocando o chão, num rola-pra-cá-desrola-pra-lá que tinha a rapidez e a imprevisibilidade de um tornado. Num abrir e fechar de olhos, suas mãos se transformavam em pés, e os pés, em volteios alucinantes, agrediam com a violência de um bate-estaca. Mil de vezes sumiu dentro do próprio corpo flexível e magro como um junco, e outras mil de vezes reapareceu mais adiante, esquivando-se aos golpes dos chanfalhos, eficientemente usados pelos meganhas nas costas dos homens simples do povo, e agora nada podendo contra o mulato só.

Mágica? Artes do diabo? Coisas do sobrenatural? Possivelmente tudo isso junto, porque a verdade é que ninguém viu direito como foi. De repente, o chanfalho de um dos meganhas estava na mão do mulato, e o grito que lhe saiu da boca, dos olhos, pelos poros, sei lá!, deve ter sacudido a Lapa dos Arcos à Conde Lage:

— Agora o barulho é meu!

Dois bêbados se esborracharam no chão, empurrados pela meganhada em carreirão de dar vergonha, enquanto o mulato sacudia o chanfalho e fazia piruetas, mestre-sala glorioso numa passarela apinhada de gente que ria e aplaudia e não se cansava de aplaudir e rir. Perguntei espantado a um basbaque que estava ao meu lado quem era aquela fera.

— Madame Satã.

Negro analfabeto não precisa comer

Jamais escolho o que digo
se é pros do peito que falo.
Eu, por mim, só escuto amigo
no que é alegria ou regalo.
Se falam mal, não me abalo,
de irmão não me vem castigo,
amigo, já diz o velho ditado,
é aquele diante de quem
se dorme sem ter cuidado.

1

Quando me aproximei do samba, não mais o diletante das rodas ingênuas que o Anacleto organizava debaixo da janela de sua namorada, mas resolvido a dar meu passo e meu recado, já não se escutava nem mesmo o eco do escândalo provocado por Nair de Tefé no dia 26 de outubro de 1914. Muita gente já não recordava mais que naquele dia, jogando seu prestígio de primeira-dama do país, a esposa do presidente Hermes da Fonseca se apresentou numa recepção ao corpo diplomático, em pleno Palácio do Catete, executando ao violão o célebre "Corta-jaca", sucesso de Chiquinha Gonzaga, o que serviu de motivo para Rui Barbosa ocupar a tribuna do Senado e dizer outra de suas bobagens grandes contra a música popular:

> Uma das folhas de ontem estampou em fac-símile o programa da recepção presidencial em que, diante do corpo diplomático, da mais fina sociedade do Rio de Janeiro, aqueles que deviam dar ao país o exemplo das maneiras mais distintas e dos costumes mais reservados elevaram o "Corta-jaca" à altura de uma instituição social. Mas o "Corta-jaca" de que eu ouvira falar há muito tempo, que vem a ser ele, sr. presidente? A mais baixa, a mais chula, a mais grosseira de todas as danças selvagens, irmã gêmea do batuque, do cateretê e do samba. Mas nas recepções presidenciais o "Corta-jaca" é executado com todas as honras da música de Wagner, e não se quer que a consciência desse país se revolte, que as nossas faces se enrubesçam e que a mocidade se ria!

O movimento modernista vinha dando uma balançada geral, e os tempos se transformavam, eram de namoro com as manifestações da cultura popular. Mário de Andrade trazia muita coisa de volta com suas pesquisas. O palhaço maravilhoso que foi Piolim era proclamado, sem preconceitos, a maior expressão de nossa arte teatral. Patrício Teixeira, bom crioulo que cantava ao som da cachaça e ao sabor do violão, entrava no Catete como se estivesse entrando em sua própria casa, sendo recebido pelo presidente Washington Luís sem precisar que o anunciassem. Na revista *Para Todos*, Álvaro Moreyra citava os versos do samba de Sinhô — "Aí então dar-te eu irei o beijo puro na catedral do amor" — como da mais sublime poesia, de causar inveja a qualquer acadêmico.

Mas os homens que criavam a alegria eram praticamente amadores. A exemplo da hiena da anedota, não tinham a mínima razão para cantar, e menos ainda para fazer com que os outros cantassem. Além de uma saudação com estardalhaço e muita cachaça, quando chegavam numa roda amiga, e uma ou outra mulher delirando por se promover, ou em total crise de fossa, disposta a dar o prêmio de uma noite agradável a quem lhe despertara recordações do amor de um outro homem, quase nada ou muito pouco de ganho sobrava para os que se dedicavam ao ofício de compor.

Podiam contar ainda com algumas referências elogiosas da rapaziada de imprensa, principalmente dos cronistas carnavalescos, que esses sempre foram bem mais sensíveis às reações e preferências da calçada. Mas, fora disso, os compositores viviam de migalhas, e mesmo essas muito raramente lhes chegavam ao bolso, escravizados aos editores a quem vendiam as músicas, no mais das vezes em termos de "se quiser é tanto, ou então vá pregar em outra freguesia, que não falta é morto de fome". E na hora do mete-a-mão não sobrava respeito para o cartaz de ninguém.

Em 1911, viajando pela Europa, Chiquinha Gonzaga viu a edição alemã de seu célebre "Corta-jaca" exposta numa casa de músicas em Berlim. Desejou saber como o original daquela composição havia chegado tão longe. Os editores alemães provaram ter sido tudo acertado com o editor brasileiro. Nessa época, Chiquinha Gonzaga já era um nome consagrado, raras as revistas ou operetas que não tinham músicas suas, tanto no Brasil como em Portugal. Mas desse acerto ela não fora sequer avisada pelo editor, quanto mais chamada para receber algumas patacas.

2

Os que se dedicavam a escrever para teatro não conheciam condições muito melhores. Podiam considerar-se felizes e levantar as mãos para o céu quando o empresário concordava em pagar uns mal pingados 10 mil-réis por sessão, mesmo que a peça estivesse esgotando lotações. Foi necessário um grande espírito de luta, os donos de teatros e companhias fazendo até ameaças de boicote aos autores nacionais, para aqueles que fabricavam o encanto do espetáculo, já então organizados na Sociedade Brasileira de Autores Teatrais (SBAT), conseguirem impor uma tímida tabela de direitos: o preço de dez cadeiras por sessão. Não vivi os dias dessa luta, mas em casa chegavam seus ecos e eram comentados certos detalhes, não sei se tristes ou pitorescos, que não devem ficar somente nas recordações de quem viu, ouviu e passou adiante.

Alguns, entre os que escreviam peças, não compreenderam a importância de estarem unidos nessa luta e, com sua deserção, quase deixaram ir por água abaixo uma vitória que acabou sendo vantajosa para todos. Receosos de perderem o acesso aos cartazes — e não interessa agora estar desenterrando seus nomes, pois alguns chegaram a se tornar renomes —, alguns desses autores declararam numa sessão da SBAT que concordavam inteiramente com a tabela, estavam de corpo e alma com a união geral, no entanto... E a partir do *no entanto* começou o triste ou grotesco. Eram pessoas de palavra, já tinham entregado várias peças a diversas companhias... peças aceitas, aliás, estando até em fase de preparação de montagem... Compreendessem os companheiros, para essas obras não deviam vigorar os novos preços. Existiam acordos, compromissos, palavra de cavalheiros...

Cândido Cosipe é um nome que pouca gente com certeza recordará hoje em dia. Mas os autores brasileiros lhe devem bastante, pois brigou como uma fera nessa primeira tentativa de impor uma tabela de direitos menos indigna. Era presidente da SBAT quando se realizou essa sessão. Sentiu imediatamente que, no fundo de todas essas vacilações e desculpas, o que estava havendo mesmo era uma valentíssima cagacite. E encontrou uma saída genial.

Maravilhoso! Confortava a qualquer pessoa de bem a honestidade demonstrada pelos autores que haviam feito aquela declaração. Com associados de tão grande estofo moral (na época essas expressões caíam bem nas consciências e não agrediam os ouvidos), a Sociedade podia considerar-se capaz de vitórias muito mais audaciosas. Não havia mesmo a intenção de causar prejuízos a nenhum dos associados. Se as peças já tinham sido entregues antes de votada a tabela, se elas estavam aceitas e em vias de montagem, muito justo que valessem todos os compromissos já assumidos.

Houve grande estranheza entre os que vinham lutando pela cobrança das novas tabelas, arriscados, por causa disso, a não terem teatro onde representar suas peças. Mas o presidente, cabra matreiro, jogava para as duas pontas, pois assim mais facilmente se bate com as dez. E foi dando linha ao peixe fisgado. Talvez amanhã ou depois um cobrador da SBAT, mal-informado, pretendesse receber quantias a que a Sociedade não tinha direito. Para evitar esses incômodos, desagradáveis principalmente para os autores de compromisso já assumido, era conveniente eles fornecerem os nomes das tais peças. Já dizia minha santa mãe que vergonha só se perde uma vez; as outras são cópias tiradas com carbono. O cinismo deu o braço à vacilação das desculpas, e, num abrir e fechar de olhos, cada um dos briosos autores fabricou em cima do joelho uma relação de dez peças, no mínimo.

Já tinha sido dada toda a linha ao peixe. Agora era só dar uma boa virada no molinete, que não havia por onde escapar. Maravilhosíssimo!, ponderou Cândido. Poucos países no mundo teriam autores com tanta imaginação e tal preparo físico para enfrentar o incômodo de uma caneta e as surpresas de uma pena Malat, levando-se em conta que a máquina de escrever ainda não era de uso corrente nessa época. Agora se tratava somente de completarem a colaboração tão gentilmente prestada à Sociedade, trazendo o mais depressa possível uma cópia de cada uma daquelas peças.

Não há necessidade de dizer que essas cópias nunca apareceram, acabando por prevalecer, mesmo, a tabela das dez cadeiras por sessão, ainda vigorando em 1932, quando comecei a escrever para teatro. Uma ninharia para quem, com sua inventiva, enchia durante meses os teatros e os bolsos dos empresários. Mesmo assim, não foram poucas as vozes de protestos e as tentativas de resistência, as mil e uma manobras para trapacear a regra de jogo, achando-se, infelizmente, entre os que consideravam o autor nacional capaz de viver de brisa — afinal, Euclides da Cunha garantiu que o sertanejo é antes de tudo um forte, e, vendo bem, somos todos sertanejos! — uma celebrada figura, a quem se creditam tantos benefícios ao teatro nacional: Leopoldo Fróes.

3

Já para o pessoal que fazia música, a briga se tornava bem mais complicada, e por diversas razões. Muitos dos autores teatrais eram moços doutores, bem-relacionados, até mesmo da intimidade dos que serram de cima. Além disso, intelectuais tinham ligações com a turma de imprensa, quando não eram eles mesmos jornalistas com coluna assinada e tudo. Barulho difícil e perigoso.

Mas a ratatulha do violão e pandeiro era defunto barato. Quem ia querer arriscar nome e prestígio por causa de uns pixains e beiçolas que viviam pelas bodegas se encharcando de cachaça, fazendo funçanata e deboche nas casas das tias baianas da praça Onze? Alguns deles, verdade se dissesse, não seriam pixains e beiçolas nem levavam vida de que Deus não gosta. Havia mesmo uns tantos com diploma debaixo do braço, desempenhando funções do governo até no estrangeiro. Mário Penaforte, por exemplo, servia em nossa embaixada na França e se deliciava na criação de valsas *poupée*, o que fez dele um compositor sem qualquer contribuição de importância para a música popular brasileira. Olegário Mariano emprestou o título de Príncipe dos Poetas e o fardão de acadêmico a algumas letras de canções. Mas segundo o velho provérbio, que nem por ser velho chega a ser coxo, dize-me com quem andas...

Mesmo os de minha família, tudo gente que viveu de umbigo preso à música, quando souberam de minhas primeiras ligações com as rodas de batuque, aconselharam com a gravidade de prescrição médica: "Cuidado com quem vai se meter. Esse pessoal não é a melhor companhia pra você. Uma cambada de capadócios, desclassificados...". E, vendo bem, o medo tinha sua razão de ser.

Os primeiros que fizeram sambas vinham dos morros. Nem todos seriam malandros, mas pobres eram sempre, e o morro acaba confundindo tudo. O princípio de nossa música é um rosário de comprar e meter a mão sem medida. Já lá dizia o velho Sinhô que o samba é um passarinho, pertence a quem apanha primeiro, e Miguel Unamuno confirmava o cinismo: *"Las cosas no son de quien las dice, y sí de quien las dice mejor"*. Heitor dos Prazeres me contou que, num certo momento, era tanta a febre de fabricar samba e ir correndo vender aos editores, que o velho Figner, da casa A Guitarra de Prata, estipulou uma norma: só comprava um samba de cada autor por dia, caso contrário iria à falência. A quantia paga era pequena, mas sambista que se preza não morre de aperto. Quem se chamava João passava a se chamar Pedro, e nunca faltava outro crioulo servindo de farol para ir negociar a mercadoria.

Com a compra, surgiu o mete-a-mão dos mais espertos. Um dos pontos dessa turma era o Café São José, na praça Tiradentes. Metade da casa funcionava para cafezinho, na época ainda se tomando sentado, e a outra servia de restaurante. Uma divisão de madeira, com treliças a partir de um metro do chão, fazia os limites entre o pires e o prato. Coisas incríveis aconteciam ali, e de algumas delas foi personagem o Brancura, que tinha cartaz de malandro, vivia entre os crioulos do samba, era amigo de cantores e gozava de influência para gravar. Chegou até a fazer sucesso na voz de Chico Alves, com o samba "Deixa essa mulher chorar", que é de um crioulo chamado Ferro.

Quando ouvia alguma música com possibilidade de gravação e sucesso, marcava encontro com o incauto no São José. Chegava o arigó, sinônimo de otário na gíria de malandro, Brancura o levava para uma mesa colada à divisão de madeira e mandava que ele cantasse. Do outro lado estava o Benedito Lacerda, munido de lápis e papel de música, para escrever o que ia ouvindo. Quando tudo estava prontinho, o Benedito tendo dado o sinal de já ter posto a melodia nas pautas, o Brancura tirava de malandro e valente, pois a encenação, pelo menos, era de assustar:

— Cabra muito do safado é você, hein? Vem pra cá me cantar um samba que é meu. Não te dou umas porradas agora mesmo nem sei por quê. Há cinco dias escrevi este samba com o compadre Benedito.

Às vezes o incauto aceitava o truque e metia o rabo entre as pernas. Outras, queria virar bicho. Era a hora de aparecer o "Leão de tapete", como chamávamos o Benedito: assustava, de tão feio, mas não fazia mal a ninguém. O Brancura perguntava se ele estava com a melodia escrita no outro dia. Claro que estava. "Então canta, antes que eu arrebente os cornos desse veado." Benedito cantava o samba acabado de escrever, o Brancura se enchia de razões, e o jeito era o papanata se mandar. Dias depois, o samba aparecia como sendo do Brancura.

Esse era um dos pontos que dificultava a briga dos compositores por seus direitos: a condição social da grande maioria, gerando certo elitismo na análise da rapaziada. E ainda havia, como há até hoje, uma outra razão fortíssima: ninguém gosta de pagar a sambista. E muito menos admite que ele ganhe dinheiro. Afinal de contas, samba sai na batida da caixa de fósforos, ninguém aprende no colégio, como ensinava Noel Rosa. Não precisa sequer de papel e lápis, como o próprio Noel recomendava. Bastam os outros dois ingredientes aconselhados por ele: um amor e um violão, sendo que mesmo o violão não é dos mais imprescindíveis.

Não posso esquecer o encontro, uma tarde, com um antigo colega da Faculdade de Direito. Nunca foi capaz de uma atitude que pudesse ser interpretada como de revolta. Muito ao contrário. As eleições para o Diretório punham a faculdade em efervescência, e ele se esgueirava. Impunha-se um protesto contra a suspensão de um aluno ou pelo conserto de uma latrina que fosse, e ninguém lhe punha os olhos em cima. Pois, na tarde do encontro, era a imagem do possesso.

— Onde já se viu uma coisa dessas, seu Mário? Onde! Depois chamam de comunista quem diz que somos subdesenvolvidos. Mas somos!

— Comunistas?

— Subdesenvolvidos! Já leu isto?

O jornal, que mais parecia uma desamparada Desdêmona estrangulada em suas mãos enfurecidas, dava notícias de que o bom Zuzuca ganhara aproximadamente 200 mil cruzeiros com o samba "Pega no ganzê". Eu queria explicar ao desatinado que o Zuzuca poderia ter ganhado muito mais até, se no Brasil o direito autoral fosse mais respeitado, mas sua irritação não me deu tempo.

— É o cúmulo! Onde já se viu um tamanho absurdo?! Um crioulo analfabeto ganhar com um sambinha mais do que eu, que estudei e me arrebento de trabalhar o dia inteiro, aturando constituintes, advogados das partes contrárias, promotores. Dá vergonha, palavra de honra que dá. Vontade de ir para Tegucigalpa.

O que a capital de Honduras estava fazendo em toda essa irritação permaneceu como um mistério para mim. Mas aquele tanto ódio contava muitas incompreensões que tenho encontrado quando se trata de direitos autorais!

NUM DIA DE JUNHO que não recordo qual seja, lembrando apenas ter sido em 1933, a cidade amanheceu sem música. Era a greve das cinco estações de rádio então em funcionamento, encerrando uma série de marchas e contramarchas, entendimentos e divergências, conduzidos de um lado pela SBAT, na época representante dos compositores, e do outro pelos donos das emissoras, representados e dirigidos por uma figura das mais ilustres, reconhecido homem de espírito e insistentemente celebrado como o pai do rádio entre nós: Roquette Pinto.

Já ia para quase dois anos que a SBAT, então presidida por Abadie Faria Rosa, autor de "Longe dos Olhos", procurava convencer os donos das emissoras de rádio de que a lei as obrigava a pagar aos autores das músicas executadas em suas programações. Os donos das estações de rádio respondiam que compravam os discos utilizados nessas programações, e isso lhes dava o direito de os tocarem quantas vezes quisessem, não se justificando a cobrança exigida.

A SBAT voltava à carga, mostrando que aquele argumento era capcioso, uma coisa nada tinha a ver com a outra, quem pagava aos compositores os direitos da venda de discos eram as fábricas gravadoras. O pretendido era que as estações de rádio pagassem pela execução daquelas músicas. As estações de rádio empacavam na argumentação de sempre, e a situação se complicava cada vez mais, porque a SBAT também representava o repertório internacional, e os compositores estrangeiros reclamavam o pagamento de seus direitos.

Tanto foi argumentado de cá e de lá, que se deu o impasse, e a Sociedade entrou com um mandado de segurança em defesa de seus associados. Os patrões — e em dias de minha vida não me lembro de alguma outra vez ter acontecido aos donos o mesmo que acontece aos trabalhadores quando paralisam as atividades — se declararam em greve. Só depois de novas marchas e contramarchas, já então com a interferência da censura, as emissoras concordaram em pagar pelas músicas que executavam praticamente a mesma ninharia paga até hoje — 14% da arrecadação total de direitos.

No discurso de recepção a Custódio Mesquita, no Conselho da SBAT, Geysa Bôscoli recordou um episódio bem ilustrativo do que é essa ninharia e como era a vida do compositor em tempos ainda não muito distantes. "Se a lua contasse" era o grande sucesso durante um dos carnavais. Geysa e Custódio se encontraram em plena Avenida, quando a música andava de boca em boca, seu estribilho em todos os cantos da cidade.

— Não dá outra música, hein, Custódio? Isso é que é um verdadeiro sucesso.

— Pois é... Não se canta outra coisa, como você está vendo. Mas se me puserem de cabeça pra baixo, não cai nada além desta moedinha de 400 réis. Não dá nem pra tomar um porre comemorando tanto sucesso.

Por duas vezes me vi mais diretamente envolvido em questões de direitos autorais, quixote procurando dignificá-lo, e dessas interferências guardo a lembrança de uma cadeia e um susto.

4

A prisão aconteceu na cidade de Bagé, em 1942, quando eu viajava com a companhia de Joracy Camargo pelo Rio Grande do Sul. A UBC, União Brasileira de Compositores, tinha sido fundada recentemente, e o editor Estevão Mangione, aproveitando minha ida àquele estado, me pediu que entrasse em contato com as autoridades locais, para nos apoiarem na cobrança. Somos, no mundo, o país que mais dispõe de leis defendendo o direito autoral, mas se as sociedades arrecadadoras não viverem em boa paz e política com a polícia, como pai de menina em idade de casar faz com qualquer rapaz que lhe aparece em casa, macia e amaciadamente, os compositores morrem ao peso de mais esse recorde nacional: o das leis. E o dinheiro talvez nem chegue para lhes garantir uma missinha de terceira.

Depois de estrearmos, e encorajado pelo sucesso fora do comum alcançado pela companhia, fui procurar o delegado, na certeza de que seria mais um papo cordial, como já tivera com tantas pessoas ali. E não podia pensar de outra maneira. Éramos figurinhas mimadas na cidade, onde entrássemos havia sempre alguém disputando o privilégio de nos pagar a despesa, fosse em restaurante ou randevu.

O delegado era um guasca de quase dois metros de altura, melena assanhada lembrando touceira, ombros que me deram logo a impressão de terem as portas da casa de seu dono uma largura muito especial, dedos lembrando patas de elefantes, tão grossos eram, e sobrancelhas iguais a bigode de bandido mexicano de cinema.

Não me agradou, de início, a maneira como fui recebido. A autoridade daquelas bandas não estava com os pés em cima da mesa, como é uso fazerem os xerifes de bangue-bangue, isso é verdade, mas não parava de mascar fumo, cuspinhando a todo instante para os lados, e compassava minhas palavras com um intermitente bater de esporas no chão, como se quisesse dar a entender que ali dentro era ele quem dava compasso e ritmo, e a dança devia ser conforme sua música. Mas eu não estava aí para julgar os bons ou maus modos de ninguém, e fui direto ao assunto. Aquele arremedo de bateria talvez até me ajudasse a ser mais rápido, e mais rapidamente me veria livre do fedor do crioulo mascado.

Comecei a falação como quem dá uma aula, enumerando as convenções internacionais já assinadas pelo Brasil, lembrando o que está disposto na Constituição, bem como nos códigos penal e civil, contra quem utiliza obra literária ou artística sem o devido pagamento ao seu autor, citando as garantias específicas dadas aos compositores pela Lei Getúlio Vargas... A essa altura da discurseira, caprichei um pouco, fui buscar o melhor de ênfase existente dentro de mim, fazendo questão de frisar o nome do autor da lei, coestaduano do mascador de fumo, que vinha arredondando as nádegas na cadeira presidencial desde 1930. Essa ênfase talvez funcionasse como pistolão. Citei sentenças, lembrei jurisprudências já firmadas, sempre tendo o cuidado de acrescentar "como o senhor sabe", "não que eu esteja querendo ensinar padre-nosso a vigário"... Era coisa realmente de impressionar. Depois daquilo eu estaria em condições de defender tese em qualquer curso de mestrado.

Ao fim de uns vinte minutos, que não menos demorou minha deitação de regras e conhecimentos, o touceirenhudo delegado bageense me olhou durante algum tempo, como se passasse em revista tudo que tinha acabado de ouvir, cuspinhou mais uma vez para o lado, tomou ares de suprema importância, e então foi sua vez de perorar.

— Tudo isso que o senhor falou aí é muito bonito, meu amigo, desta vez mandaram uma pessoa que entende do riscado, não é nenhum cego perdido em tiroteio na hora de falar de leis. Mas deixe que lhe diga: aqui em Bagé as coisas são um pouco diferentes da cidade, sabe? Aqui paga direito autoral quem eu quero.

Epa! Aquelas primeiras palavras não tinham nada de encorajadoras. Eu estava procurando colaboração e dava de cara com um atrabiliário. Mas dizia um dos provérbios de minha santa mãe que não é com vinagre que se apanham moscas. Minha intenção, visse bem, não era criar polêmicas, mas as leis citadas por mim valiam para todo o Brasil, não me constava que em nenhuma delas houvesse algum dispositivo especial dando privilégios à cidade de Bagé.

— Eu sei, eu sei, meu amigo. Leis eu conheço de cor e salteado. Mas aqui, pra encurtarmos a conversa, o direito autoral sou eu.

Reconheço não ter nascido com vocação para as grandes explosões de temperamento. Nisso herdei a pachorra gorda de meu pai. A vida me deu uma lição muito boa: nada como esperar o repique da bola para chutar com a certeza do gol. Mas a conversa estava se tornando desagradável, posta em termos que, aceitos, me deixariam voltar para o Rio com a pecha de mau parlamentar. E, fosse pelas constantes cuspinhadas para o lado, fosse por causa da interferência inalterada daquelas esporadas no chão, diante da grossura do delegado não pude conter uma ironia meio irritada:

— Ah, sim... nosso Luís XIV de mictório.

Nunca se deve fazer pouco dos conhecimentos de uma autoridade, por mais boçal que ela se apresente. Ainda mais se for do interior. Aí podemos entrar por um cano que não acaba mais. Para meu azar, o delegado de Bagé, embora a falta de compostura, não ignorava a história de "o Estado sou eu" do rei dos franceses, e subiu a serra em ritmo de astronauta. Só faltou dançar o "Pezinho" e a "Chimarrita" para provar toda a sua machice gaúcha, enquanto ia me empurrando para o fundo de uma cela cujo recepcionista era um charco de mijo.

Amigos já conquistados naquela cidade, alguns até com certa influência política ou social, como o escritor Pedro Wayne, autor de *Xarqueada*, e Candiota, antigo meia-direita do Flamengo no tempo do amadorismo, e na época dono de um hotel, inutilmente procuraram evitar as consequências de minha resposta. Não adiantou sequer a lábia de Joracy Camargo, e note-se que o velho Jora tinha um poder de argumentação capaz de desvirginar uma freira a distância, se ainda fosse o caso. O delegado se manteve firme em suas tamancas e distintivo:

— O rapaz vai ficar duas horas no xilindró, pra deixar de ser desaforado. Rei-sol de mictório é a puta que o pariu.

O SUSTO LEVEI EM Belo Horizonte, uma fria na qual entrei de afoito, como dizem os nordestinos. Fui procurar sarna pra me coçar, sem que ninguém me tivesse encomendado sermão, e por pouco não me dei mal. Mas foi uma quixotada consequente da revolta de todos os compositores contra uma figurinha difícil da capital mineira.

Existia ali uma fortaleza verdadeiramente inexpugnável, diante da qual já se haviam frustrado todas as tentativas dos sambistas que queriam receber seus direitos autorais: o Cabaré Montanhês, propriedade de uma balzaquiana chamada Olímpia. Era pessoa altamente relacionada com tudo que era polícia, político e magistrado de Belo Horizonte, e esses conhecimentos representavam ameias e fossos aniquiladores das investidas dos dragões da música.

As mãos não teriam dedos suficientes para contar as ações já tentadas contra a tão protegida senhora, e tudo ficava sempre por isso mesmo. A Justiça não só continuava cega às irregularidades do Montanhês, como virava a cara por medida de precaução, o que, aliás, não deixava de ser facilmente explicável. As alegres meninas que... trabalhavam, digamos assim, porque, depois do Congresso das Prostitutas, realizado em Paris, não se sabe mais a melhor expressão a usar... que trabalhavam para a velha Olímpia eram obrigadas, além da consumação de bebidas no cabaré, a dar escoamento aos humores políticos, judiciários e policiais belo-horizontinos. Havia até quem garantisse que nos fundos do Montanhês existiam aprazíveis reservados para esses ofegantes descansos do mundo oficial e oficioso, detalhe esse que nunca me preocupei em apurar se era verdadeiro ou não.

Mas desengano do cego é furar a vista, e como diziam que tais sessões aconteciam à tarde, num pós-almoço resolvi procurar a imbatível senhora em sua fortaleza. Tratava-se de uma recalcitrante elevada à enésima potência, não vi necessidade de gastar muitas palavras. Entrei direto no assunto, mostrando que, ao se recusar a pagar os direitos autorais das músicas executadas em sua espelunca — o quixotismo não me deixava sequer reconhecer que era uma casa das mais bem-montadas —, ela simplesmente estava roubando os compositores. Insisti no "roubando" com a intenção de provocar a balzaquiana ao máximo. Ela não se mostrou nem um pouco chocada com meu destampatório. Concedeu até em armar um sorriso bastante amigável quando respondeu:

— Se o senhor acha um roubo o que eu estou fazendo, vai poder dizer isso a quem de direito. Com licença. Quer tomar alguma coisa enquanto espera?

— Não, obrigado.

— Mas sentar, eu acho que o senhor aceita. Pode demorar um pouco.

E sumiu para os fundos do cabaré, conservando o mesmo sorriso cordial, como se eu lhe tivesse beijado a mão e dito palavras de amor. Boa coisa aquela megera não devia estar preparando. Devia haver algum golpe baixo escondido em tanto exibir de dentes. Afinal, a fama da mulherzinha não era para dar tranquilidade a ninguém. Já pusera pra correr diversos cobradores da sociedade, devidamente credenciados, e falando com muito mais delicadeza do que eu. Que estaria ela pretendendo? Que figurão seria esse "quem de direito" referido com tanta confiança? A explicação não se fez esperar. Pouco depois ela voltava ao salão, mas já agora não sozinha. Acompanhava-a o "quem de direito", um homem de meia-idade que, afobado e meio sem jeito, além da indisfarçável expressão de mau humor, não chegava à conclusão se primeiro colocava a camisa para dentro da calça ou abotoava a braguilha.

— Se o senhor está muito interessado em resolver esse assunto, e pode perder algum tempo, converse aqui com quem manda, que ele é capaz de deslindar as coisas melhor do que eu.

Reconheci o quem mandava mal ele entrou no salão, e isso me levou logo a concluir que podia pôr o rabinho entre as pernas e ir dando o fora dali. A parada estava perdida. Mais uma vez tinham sido inúteis as tentativas dos compositores para receberem o que era seu. Contra um generalão daqueles, o que poderia valer um soldado raso? Mas também não podia ir saindo como cachorro que entornou a panela, sem pelo menos esboçar uma tentativa de resistência, tentar ganhar para a causa justa uma palavra tão alta. Depois, pesando as coisas mais friamente, a circunstância em que eu surpreendia o mandachuva talvez até pudesse favorecer minha pretensão. Afinal, um executivo abotoando a braguilha fica sempre um pouco avacalhado em sua autoridade.

Resisti o mais que pude ao impulso de fazer chantagem com aquela situação bastante embaraçosa, ou mesmo forçar uma intimidade canalha, preferindo deitar sabença a respeito de convenções internacionais, dispositivos dos códigos civil e penal, Constituição, mil e uma sentenças, afetando em todo o discurso a mesma seriedade que teria se fosse recebido em palácio. O palavrório era realmente bonito e teria chegado bem mais longe, se o quem mandava não interrompesse meu bla-bla-blá, enquanto acabava de se recompor:

— O senhor prefere esquecer esse assunto ou não se incomoda de sair daqui detido por ofensas à honestidade de madame Olímpia? Ela é uma criatura muito direita.

Preferi esquecer, é claro. Seria imprudente desafiar um executivo interrompido em suas práticas de educação física.

O REI MORREU! VIVA NADA!

A vida é jogo jogado
na verdade e na mentira,
não sei de jogo arriscado
que alguém, no fim, não se fira.
Quem mata os que estão na mira
acaba morto mirado.
Meus passos vão pronde eu mando,
pois já escolhi minha sina:
me chamo tô te esperando,
meu sobrenome é na esquina.

1

Raras empregadas de nossa família conseguiram não ser despedidas na Quarta-feira de Cinzas. Não por chegarem com atraso para servir o café da manhã, descadeiradas pelo baile de terça-feira gorda, que já começava ao som do estribilho "é hoje só, amanhã não tem mais" e geralmente ia terminar com o sol bastante alto. Nem porque, estrompadas de tanto furdúncio durante os quatro dias, deixassem o feijão queimar ou virar papa o arroz. O atraso, aliás, não seria de tanta importância assim. Afinal de contas, éramos uma família de músicos, e os coitados tinham trabalhado sem descanso durante a festa ainda de encher os olhos naquela época, dando melodia e ritmo à alegria dos outros. Quarta-feira de Cinzas, mesmo, era dedicada ao relaxamento total, dia antiponteiro-e-tempo por excelência. A noite como que chorava de desolação, os cafés vazios ou fechados, dificilmente se encontrando casa de diversões em funcionamento.

A inevitável ordem para as empregadas arrumarem a trouxa e se porem no olho da rua, na Quarta-feira de Cinzas, era simples questão partidária, digamos que incompatibilidade ideológico-carnavalesca, consequência da rivalidade mortal entre Fenianos e Democráticos. Quem atualmente se arrisca a morrer de horror e tédio na terça-feira, assistindo aos melancólicos desfiles das chamadas grandes sociedades, não pode imaginar o que eles representavam lá pelos idos de 1920, e mesmo parte da década de 1930. Que paixões explosivas esses desfiles provocavam! Que ouriço em todas as camadas sociais! O fanatismo clubístico desfez muitas amizades velhas e sólidas. Não foram poucas as brigas terminando em morte por causa da rivalidade entre Democráticos, Fenianos e Tenentes do Diabo.

O Clube dos Democráticos era o preferido das grandes massas. Em qualquer lugar da avenida Rio Branco se adivinhava seu aparecimento na praça Mauá, invariavelmente depois dos Fenianos e Tenentes. Sestro de quem se sabe esperado. A notícia passava de boca em boca, ululando em ondas crescentes, dos guindastes do cais até os altos do Monroe. Os foguetes espocavam, o sossego abandonava os espíritos. O primeiro grito fanático já saía quebrado, pois era um grito ensaiado em surdina durante o ano inteiro. A alma rolava pelo asfalto desintegrada em aplausos. Não tinha importância nenhuma se a fumaceira desprendida dos fogos de bengala sufocava e enchia de lágrimas os olhos dos ardorosos das primeiras filas, quase os levando à cegueira. A alegria de berrar bem de perto pelo clube de sua paixão compensava qualquer sacrifício ou risco. Era o xodó da população dos morros, do pé no chão, do criouléu, das domésticas.

Acontece que a preferência unânime de nossa família se concentrava no vermelho e branco dos Fenianos, forma de homenagem ou respeito ao patriotismo itálico de minha avó, para quem essas cores representavam a bandeira tricolor de sua longe terra. Certa vez me enchi de coragem, argumentando que a comparação era meio capenga, pois a bandeira italiana tinha vermelho, branco e verde. Onde estava o verde no símbolo dos Fenianos? A velha lucana respondeu entre irônica e romântica, fitando-me com tal pena que me arrependi da brincadeira:

— Ei, *figliuolo, stai scherzando* ou ficou burro de repente, ahn? Não falta nada. A Avenida tem árvore, não tem? E desde quando árvore é cor de abóbora, seu grandessíssimo *pezzo di minghia*? O verde está na árvore, não falta nada.

Impossível a coexistência pacífica entre o democratismo das empregadas e o fenianismo dos Lago-Croccia-Cancelli, uma verdadeira Santa Aliança, como se vê. As hostilidades começavam na terça-feira de manhã, quando os jornais publicavam os pufes. Ah, quem nunca viu um pufe nunca soube o que é delícia. Era uma descrição detalhada do que seriam os préstitos, sempre redigida em linguagem bombástica, autêntica árvore de Natal onde seus autores dependuravam os adjetivos mais estapafúrdios, mas ricos de criatividade: *esfuziáticos, arquimirabolantes, formidabulescos, efervilháticos*. Cada clube ocupava uma página inteira de jornal com seu pufe, e isso bastava para acender as paixões clubísticas lá em casa.

A partir desse momento, as reclamações quanto ao feijão mal temperado já se faziam aos gritos de que, só mesmo por injustiça que Deus não deixaria acontecer, os Fenianos não levariam a melhor naquele ano. Ou então se os jurados escolhidos pelo *Jornal do Brasil* já estivessem na gaveta, pois os Democráticos eram "useiros e vezeiros nessas manobras indecentes. Onde que um Jaime Silva, borrador de cenários, ou um Lazary, pode se comparar a um André Vento, professor da Escola de Belas-Artes! Onde?" Garantindo, em desafio e vingança ancestral, que naquele ano ninguém ia tirar farinha com o clube do preto e branco, as empregadas serviam o almoço de nariz torcido, olhando a patroada por cima dos ombros, como a dizerem: "Se quiserem, é isso aí, se não, vão pedir pros diretores dos Fenianos, clube nojento que só tem branco azedo, mondrongo que embarriga a gente e vai casar com uma Maria qualquer em Portugal."

Na Quarta-feira de Cinzas, o clima era de guerra franca e sem quartel, e na briga da onda com o rochedo, lógico, as empregadas faziam papel de marisco e levavam a pior. Apenas meu pai se mantinha afastado de tais discussões, acautelando-se para não lhe sobrarem algumas achegas da ebulição em crescendo. Tudo porque, quando nos tempos de solteiro, fora amante de uma mulata maravilhosa, a Risoleta, célebre maxixeira que desfilava nos Democráticos. Por causa dessa *mancha do passado*, se lá uma vez ou outra procurava evitar que o bate-boca virasse pasto para a vizinhança, minha mãe esquecia o orgulho que habitualmente lhe refreava as manifestações ciumentas e explodia:

— Lógico, meu caro, lógico que você só pode defender o lado do fundo da panela, do bodum. Saudades da Risoleta, não é?

A ANIMAÇÃO PARA OS quatro dias de Carnaval não era preparada pela infinidade de bailes que se realizam hoje em dia. As coisas tinham caráter mais íntimo, mais sala de visitas, digamos assim. Era na rua mesmo que quem gostava de brincar se preparava para o tríduo (como eu achava bonita essa palavra!). Ali estavam as batalhas de confete, divertimento morto, pouco a pouco, à medida que se perdia o gosto de cantar. Todos os sábados havia um sem-número delas nos mais diversos bairros da cidade.

Era simples realizar uma batalha de confete. O Rio apenas começava a se espalhar, as pessoas ainda se conheciam, pois a cada passo se encontravam sobreviventes. Os moradores mais festeiros de uma rua ou bairro se organizavam em comissão e corriam o livro de ouro pelas casas de família e de comércio, pedindo contribuições para enfrentar os gastos com armação de coretos, contratação das bandas de música, compra de prêmios para os blocos e fantasias, pois o verdadeiramente importante em todo esse esforço era tornar a festa o mais chamativa possível, centro de todos os comentários.

Ninguém punha em dúvida a honestidade dos portadores do livro de ouro. Entre os da comissão organizadora havia sempre um fulano, filho de um beltrano, amigo de infância ou funçanata do sicrano procurado para dar uma pequena contribuição. O difícil até era a gente conseguir sair logo depois de assinado o livro de ouro. Porque quando o velhinho de pijama cruzava a perna e começava a recordar como tinham sido os carnavais de seu tempo, não havia relógio capaz de detê-lo.

Houve batalhas de confete célebres, esperadas como grandes acontecimentos: as da rua Dona Zulmira e Bulevar 28 de Setembro, em Vila Isabel. Eram verdadeiros carnavais, tal o engarrafamento de animação e gente. Cada uma durava dois dias, sábado e domingo, e nas duas se encontrava a alegria de um corso igual ao da Avenida, desfile de ranchos e cordões. Valia a pena a gente se deslocar, fosse lá de que biboca fosse, para assistir àquela beleza.

Avós maternos de Mário Lago.
Maria Ponzio Croccia e Giuseppe Croccia.

Mãe de Mário Lago, dona Francisca.

No centro do grupo, o casal Francisca (com o buquê de flores) e Antônio (à esquerda dela), pais de Mário Lago.

Mário Lago em primeira foto, por volta dos seis meses, em 1912.

Os primeiros anos, por volta de 1913.

Passeio de família (local não identificado), provavelmente no início dos anos 1920. Mário Lago é o primeiro à esquerda, no alto. Sua mãe, Francisca (dona Chiquinha), aparece logo abaixo, sentada, de vestido branco e pernas cruzadas, deixando à mostra os sapatos.

Mário Lago forma-se em Direito pela Universidade Federal do Rio de Janeiro, em 1933.

Foto de divulgação da peça *O neto de Deus*, de Joracy Camargo. Mário Lago, ainda iniciante na profissão de ator, interpretava um médico. Anos 1930.

Década de 1940.

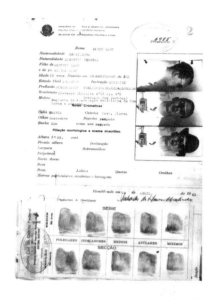
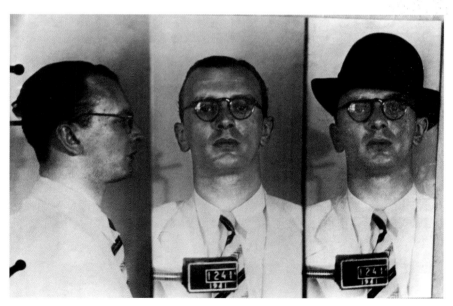

Registro das prisões, em 1932 e 1941.

Zeli e Mário passeiam com o primeiro filho, Antonio Henrique (Nal), em outubro de 1948, provavelmente no Campo de Santana, Rio de Janeiro.

Teleteatro *O velho e o mar*, baseado no romance de Ernest Hemingway. TV Tupi do Rio de Janeiro. Década de 1950.

Mário Lago com os filhos Nal (a cavalo), Graça e Luiz Carlos (Kakalo), em 1954.

Cena de radionovela por volta dos anos 1950/1960, na Rádio Nacional, Rio de Janeiro.

Teleteatro nos anos 1950/1960. Mário Lago interpreta o Pierrot.

Foto para o cartaz do show
A gaita que ri, década de 1960.

Aos 80 anos, Mário Lago aparece rodeado por Graça, Nal, Kakalo, Zeli, Mariozinho e Vanda (sentido horário), em 1991.

2

Ah, os carnavais dos meus distantes tempos meninos, sem preconceitos intelectuais achando a fina flor da cafonália a expressão "evoé, Momo", tão do gosto dos cronistas, que ainda avisavam ter chegado a hora de Baco, o deus do vinho, descer do Olimpo para endoidecer as filhas de Vênus desavisadas. Em nossa casa, a festa do Carnaval começava oficialmente na manhã de domingo. Oficialmente é a palavra justa, porque tudo entre os nossos atendia a pragmáticas e trâmites de repartição pública, só faltando estampilhas, carimbos e emolumentos. Mas, extraoficialmente, havia minha curiosidade de garoto se permitindo começá-lo na madrugada do dia resolvido pelos adultos.

Por mais carneirinhos que contasse, eu não conseguia dormir na véspera do "meu" dia. Pegar no sono não me interessava mesmo, atento que estava à alegria dos grupos passando para os primeiros bailes e já indo em pleno exercício: "Pemberê, pemberá./Criança que chora quer mamar,/menina que namora quer casar." Isso me deixava nas mais delirantes fantasias sobre o tempo em que também eu poderia começar a festa um dia antes. E passava o resto das horas numa insônia festiva, ouvidos alerta até de madrugada, quando aqueles mesmos grupos voltavam, alegria meio assim como trôpega e o porre conduzindo a desafinação: "Eu fui no mato, crioula/cortar cipó, crioula/eu vi um bicho, crioula, de um olho só."

NA MANHÃ DE DOMINGO, as cadeiras de lona que garantiam nosso conforto na beira da calçada da Avenida eram retiradas do armário, escovadas e postas ao sol, para perderem o bolor se acumulando desde a Quarta-feira de Cinzas do ano anterior, quando tinham sido guardadas. Minha mãe e minhas tias davam os últimos retoques na fantasia da criançada: um obrigatório pierrô vermelho com pompons brancos, ou vice-versa, pois devia ficar patente sermos uma família de Fenianos até as últimas consequências. Coisa que nunca me entrou muito na cachola foi essa fixação no pierrô. Por que não um arlequim, sugeri certa vez, com losangos vermelhos e brancos, já que havia toda uma tradição fenianística a ser respeitada? A resposta dada à minha pergunta não explicou nada:

— Arlequim é muito indecente.

Trabalhava-se na sala, transformada em *atelier* de costura, e ativamente se trabalhava na cozinha, no preparo de franguinhos assados, com farofa e demais requintes, empadinhas e sanduíches. Esse detalhe da comilança é dos mais curiosos em minhas recordações. Nossa gente não depositava grande confiança na higiene dos bares e achava mais prudente levar, já pronta, alguma coisinha para o mastigo. Íamos para a festa carregando um farnel de piquenique.

Nos dias de Carnaval, mesmo entre as famílias mais austeras, estando a nossa incluída na regra, determinados carrancismos de comportamento eram postos de lado. O velho Lago e meus tios permitiam às esposas se pintarem com alguma exuberância, e até mesmo fazerem um sinalzinho no canto da boca ou um pouco abaixo dos olhos, coisa que, nos restantes 362 dias, nem lhes podia passar pela cabeça, pois só era feita pelas mulheres da rua Vasco da Gama, desavergonhadas que usavam navalha na liga e sonhavam dormir uma noite com o Camisa Preta ou outro malandro qualquer. Mas um dia é um dia, bolas!, e Carnaval é mesmo uma invenção do diabo. Não era sequer com carmim que elas arroxeavam as faces. Faziam a maquiagem com papel de seda vermelho, molhado, o que lhes dava um certo ar canalha.

Nosso ponto, na Avenida, era em frente ao Teatro Trianon, hoje o edifício da Sociedade Sul Riograndense. Beira de calçada perigosa, como perigosas eram todas as beiras de calçada no tempo em que, abrindo caminho para os préstitos, vinham soldados da Polícia Montada. Certa vez esguicharam lança-perfume no saco de um cavalo, o bicho se enfureceu e quase morreu gente, tamanho foi o auê. Mas o fanatismo tem dessas cegueiras. Dali podíamos ver melhor os Fenianos, e ponto final.

Coitadinho de quem, ignorando que aquele reduto nos pertencia por uma espécie de usucapião, já se tivesse instalado ali! Estava armado o cocoré, um salseiro dos seiscentos diabos em defesa de direitos adquiridos através dos anos, e a coisa acabava sendo resolvida um pouco na marra. Minha avó abria as cadeiras de lona, aboletava-se e nos aboletava nelas, e vamos ver quem tem mais garrafas vazias pra vender.

O mais delicioso nessas lembranças é o carinho com que éramos recebidos por outras famílias, também frequentadoras daquele trecho todos os anos. Como se nos estivéssemos visitando. E lá vinham as novidades ocorridas nos 362 dias em que não nos tínhamos visto. A fulaninha tinha casado e ido morar em São Paulo; a sogra da sicraninha — lembram? a dona Ofélia, que era a única Tenente aqui na roda — morrera no mês passado, por isso naquele ano ela só viria na terça-feira, para ver os Fenianos. Ah, o Rio da década de 1920! Bastava esticar a mão e se encontrava um amigo solto no ar.

Na nossa beira de calçada ficávamos comodamente instalados nas cadeiras de lona, como se estivéssemos na porta de casa numa daquelas noites em que não há leque capaz de dominar a sufocação, gozando as delícias do Carnaval até meia-noite, quando a boa avó resolvia que já tínhamos visto muita coisa e era tempo de batermos em retirada. Eu e meus primos reclamávamos, nunca nos dando satisfeitos com o já visto, mas, no fundo, a velha lucana estava com a razão. Era muito o que se apreciava.

No asfalto, a alegria do corso. Diversão para muitas horas se ficar vendo a passagem dos carros conversíveis, onde os ocupantes se espremiam entre sacos de confete e caixas de serpentinas, numa distribuição que obedecia a determinadas regras de praxe, lembrando quase um desenho de Debret. As moças ficavam sentadas nas capotas, a marmanjada se acavalava nas portas ou fazia milagres de equilíbrio nos para-lamas, enquanto os pais iam escarrapachados no banco traseiro, entre vigilantes e alcoviteiros, pois era um namorar fora de qualquer conta. Algumas famílias, como se estivessem desfilando no Carnaval de Nice ou Veneza, enfeitavam as capotas com colchas rendadas. Quem sabe não seriam fotografadas pelo *Jornal do Brasil* ou a *Revista da Semana*, que, depois de passada a folia, costumavam publicar as fotos dos carros e blocos de melhor apresentação artística?

Formavam-se verdadeiras correntes de serpentinas atiradas de carro a carro, e isso constituía uma tragédia para quem pretendesse atravessar a Avenida. A turma do corso era até capaz de querer briga se essas correntes fossem arrebentadas. Quantas mensagens de amor e outras intenções menos líricas eram colocadas nesse vai-serpentina-pra-lá, vem-serpentina-pra-cá.

Tudo isso fazia o gostoso do corso no Carnaval do asfalto, que aproveitava também o pessoal da calçada, pois os automóveis andavam em passo de cágado, parando quase de metro em metro. E aí os ocupantes dos carros largavam um pouco seu cômodo e vinham tomar parte na alegria suarenta dos de a-pé, que a calçada — onde muitas vezes se chegava a pisar um tapete de serpentinas e confetes, baratíssimos naquela época — também tinha seu Carnaval. Talvez até mais divertido do que o corso no asfalto, porque mais quente, mais ombro a ombro, mais safadinho.

Carnaval dos duelos de lança-perfume, iniciadores de muitos namorinhos e até atividades mais consequentes, quando os almofadinhas eróticos, forçando os princípios de uma sociedade onde os mais velhos diziam que tudo era feio e podia provocar comentários, resolviam exercitar-se em fazer bico de seio de alvo com os esguichos de seus rodos metálicos. O jogo do lança-perfume era uma espécie de teste. Se a mocinha fizesse cara feia e recusasse ante o esguicho gelado e fino, já se sabia que daquele mato não saía coelho, e vamos pregar em outra freguesia.

Mas não faltavam as mais receptivas a essas experiências, e o risinho nervoso prenunciava vitórias surpreendentes.

Carnaval do "você me conhece?", trotes passados por grupos de caras escondidas, na melhor tradição do antigo entrudo, e cujo humor ia do dito de espírito à mais deslavada grossura. Esse era um dos divertimentos mais apreciados pela turma que vinha às ruas apenas para ver o Carnaval e representava o pavor daqueles que ouviam a sinistra pergunta feita por alguém de cara tapada. Geralmente, o passador de trote estava na intimidade das andanças ou desandanças do austero chefe de família que, zeloso, pastoreava o clã, cuidando o mesmo não se exceder ou tresmalhar. A revelação de suas fraquezas acabava se esparramando na calçada da Avenida, entre gargalhadas e constrangimentos.

Algumas esposas encaravam a brincadeira com espírito esportivo, outras deixavam para resolver o assunto em casa. Mas havia as de sangue esquentado, não sendo raras, então, as bolsadas na cara do atingido pela maledicência. Também não eram coisa de estranhar os chiliques das humilhadas pelas prevaricações maritais postas a nu. Certa vez quase tivemos nosso Carnaval estragado por uma brincadeira dessas. Um grupo de mascarados cercou meu pai, querendo saber quem era a morena que estava com ele no dia x, no restaurante y, e a coisa ferveu. Por sorte, minha mãe se lembrou que a morena em questão era ela mesma, num jantar comemorando aniversário de casamento.

Carnaval dos blocos do "Eu sozinho", foliões aproveitando os três dias em que nada é reparado para darem expansão aos seus pendores histriônicos, à sua vocação para a irreverência. Era o imitador de Carlitos, e desses havia às centenas pelas ruas, pois Chaplin já era gênio naquela época; os fantasiados de mulher grávida, que passavam o dia abordando todos os homens com escândalo, acusando-os de causadores de seu mau passo; o que se vestia sinistramente de preto e ia de um lado para outro da Avenida sem dizer uma única palavra, limitando-se a parar diante das pessoas, olhá-las interminavelmente, sem piscar de olhos nem ameaça de sorriso; o homem-jornal, esse talvez o que despertava maior interesse. Em frente ao nosso ponto cativo, todos os anos parava um velhote cuja graça se resumia em carregar um cartaz: "Abaixo este governo de ladrões!" Nunca vi um guarda aproximar-se dele para dar-lhe voz de prisão. Nem sequer mandar seguir caminho.

E, principalmente, Carnaval dos blocos nascidos da espontaneidade de alguns foliões que tomavam a iniciativa de sair cantando, sem qualquer chamamento ou esquema de organização. Para que a formalidade? O povo não estava apinhado mesmo, procurando um pretexto para se agitar, lavar o peito? Pois então? Era dar o primeiro grito, e o grupinho inicial virava bloco à medida que andava.

Os sambistas lançavam seus sucessos nas festas da Penha. Ali começava tudo. Depois vinham os pianistas contratados pelas casas de músicas. O freguês chegava querendo conhecer as novidades e eles apresentavam o repertório. Finalmente, os vendedores de jornais de modinhas, estações de rádio ambulantes, iam esgoelando pelas esquinas o cardápio musical para a grande festa. Ah, o gordo e sempre suarento Manduca, frequentador semanal do bairro de Santo Antônio! Voz meio tendente para o eunuco, não faltando mesmo quem dissesse que não podia ver um rapazinho sem lhe prometer o céu. Mas chegassem perto pra desacatá-lo. Era briga pra uma semana até ver quem caía primeiro. E que malandro! Quando a roda da garotada estava bem grande, vinha o desafio: "Um pirulito a quem cantar junto comigo! Agora!" E lá íamos todos nós, fazendo coro para o Manduca. Coro uma ova! No que via os garotos animados, cantando seu repertório, ele calava a boca e ia só dirigindo.

Já começavam a aparecer compositores e cantores mais espertos, com alto sentido de administração de empresa, preocupados em achar novas e melhores formas de divulgar o que haviam composto ou gravado. Desses recursos promocionais, dois se tornaram célebres, não faltando mais tarde os imitadores.

Chico Alves sempre fez das batalhas de confete, mesmo depois do aparecimento do rádio, o lugar preferido para suas caitituagens (com esse nome se chama, entre o pessoal da música, o trabalho feito por um intérprete ou compositor para sua música ser tocada e ficar conhecida). Vivo como sempre foi, concentrava seu esforço de preferência nas batalhas de Dona Zulmira e Bulevar 28 de Setembro. Colocava uma vitrola no carro, aparelhando-a de dois megafones, e se incorporava ao corso, tocando os discos que gravara. Quando não havia batalha, desfilava mesmo pelas ruas do Mangue, que aquele mulherio frequentava os clubes carnavalescos, e dos clubes saíam os sucessos.

Tuiú, compositor e trombonista, é tido como o inventor de um recurso promocional do mais garantido efeito, consagrado pelo tempo com o nome de *vira-bloco*. É uma obra-prima como observação de psicologia das multidões, e eu, que cheguei a conhecer o Tuiú, posso jurar por todos os santos e orixás mais credenciados nunca lhe ter passado pelo bestunto a ideia de que algum dia seriam criadas faculdades de Comunicação. Agia por puro instinto, o Tuiú, e dava sempre certo.

O truque era dos mais simples. A quase totalidade dos blocos irrompia na Avenida sem outro instrumental senão a voz e a disposição alegre de cantar. Como não estavam organizados, quando cansavam de uma música, ficavam meio perdidos, naquela de "eu quero esta", "eu prefiro aquela". Era a grande chave do Tuiú. Cabra atilado, picoplantava-se (gíria daqueles tempos: ficava na espera) numa esquina e ia seguindo um desses blocos improvisados. Quando os percebia hesitantes quanto ao que cantar, acionava o trombone, soprando com mil pulmões o samba ou a marcha de sua gravação, e ia como vaca-madrinha puxando o bloco. Lá pelas tantas, estava todo mundo na dele, e ele voltava para a esquina primeira, tocaiando outro bloco que titubeasse. Passava o dia inteiro nessa caitituagem, tornando sua música conhecida.

3

Ter música de sucesso no Carnaval era o grande sonho de todo compositor naquele tempo. E com razão. Durante o ano, os dedos das mãos davam e sobravam para contar o ganho com direito autoral. Não que o faturamento do Carnaval fosse coisa de satisfazer ou, pelo menos, animar. Mas sempre se via a cor de alguns tico-ticos, como se chamava ao dinheiro, melhorava-se o ragu no Restaurante Reis e se defendia o leite das crianças. No meio do ano, o que se ganhava mesmo era da venda de partes de piano e discos. Hoje em dia não se escuta ninguém tocando música popular em casas de família. E lembrar que, só de "Nada além", eu e Custódio Mesquita vendemos mais de vinte mil partes de piano.

Minha primeira tentativa de compositor foi com música de Carnaval, bem no início da década de 1930. Uma estação de rádio promoveu um concurso de sambas e marchas para o tríduo momesco, expressão ainda teimando em sobreviver naqueles anos. Getúlio Vargas vivia prometendo uma Constituição, mais difícil de sair do que obra de Santa Engrácia. Esse jogo de prometer e protelar me deu a ideia de uma marcha, da qual só recordo os versos do estribilho: "Pra que tanta barulheira,/tanta discussão?/Nosso amor vai endireitar/quando vier/a Constituição." O maestro encarregado de fazer a seleção das músicas, J. Aymberê, era amigo e protegido de meu pai, e isso me deixava esperançoso de conseguir, pelo menos, uma colocação entre as cinco primeiras. Depois de ouvir a música, ele exibiu um ar compungido:

— Olhe, meu filho, é melhor você desistir. Tem gente muito boa concorrendo, repertório de arromba. Você não tem chance.

Atendi ao conselho do grande amigo e protegido de meu pai e, por coincidência ou não, foi ele o vencedor do concurso. Mais tarde se descobriu que esse conselho ele tinha dado a todos os concorrentes, tornando fácil seu caminho para a vitória. Desde aí passei a não acreditar em concursos e festivais. Mas continuei tentando. Já como profissional, fiz uma parceria com o Custódio Mesquita, que não pegou. A experiência com o Nássara ficou no quase: "Na mão direita/você tem uma roseira/que dá rosa mas não cheira./Na mão esquerda/o que é que você tem?/Se quiser mostrar me mostre,/que eu não conto pra ninguém." Mas tudo ficava na esperança, no por pouco que não, hein?

Finalmente aconteceu a Quarta-feira de Cinzas de 1940, quando o Roberto Roberti surgiu à minha frente, animado como se ainda estivesse no baile do Bola Preta. "Já tenho o sucesso pro Carnaval do ano que vem. Topas entrar na parceria? Escuta só. É daquelas de bateu-valeu." E sem esperar resposta foi logo mostrando o estribilho, única coisa que existia, assim mesmo incompleto: "Se você fosse sincera,/ô-ô-ô, Aurora,/lá-lá-lá/ ô-ô-ô, Aurora".

O motivo de fato era fácil, e o Roberto Roberti estava tão animado que acabou me contagiando: como por encanto me ocorreu o "veja só que bom que era" para o lugar do lá-lá-lá. Naquela tarde mesmo, terminamos a marcha, e dias depois o Joel de Almeida, da dupla Joel e Gaúcho, se apoderava dela. "Aqui!, que vocês dão a outro pra gravar. Esta é do papai." A música foi lançada em setembro, num show em Santa Cruz, e o público saiu do teatro cantando. Naquele tempo, as estações de rádio compravam os suplementos das fábricas gravadoras, não havia ainda o mau hábito de os compositores darem discos aos programadores. O Xavier lançou "Aurora" pela Rádio Clube, e no fim da tarde ela já estava no assobio das ruas.

"Aurora" me recorda sempre três fatos curiosos. Um foi a ajuda do Roberto Martins, amigo e parceiro de "Dá-me tuas mãos". Ajuda desinteressada, muito comum entre os compositores naquele tempo.

Quanta letra de segunda parte Noel Rosa, Orestes Barbosa, Jorge Faraj, eu mesmo, fizemos para músicas que só tinham a primeira, sem reivindicar parceria por causa disso. Ou consertamos o já feito, para ficar mais apresentável. Quando mostrei a marcha ao Roberto Martins, a segunda parte dizia: "Madame antes do nome/você teria agora,/se você fosse sincera,/ô-ô-ô Aurora".

— Experimenta cortar esse "se você fosse sincera" da segunda parte. Do "você teria agora" vai logo ao final. Fica mais grudado. Pé-grande não sabe contar tempo de espera, vai atravessar.

O Roberto Martins estava certo. Outro episódio curioso foi a propósito da frase "veja só que bom que era". Os cultores da boa linguagem torciam o nariz, achando que autor popular é de fato irrecuperável. Aquilo era caso de condicional (na época não se dizia futuro do pretérito): *seria*. Certa tarde, encontrei Antenor Nascentes, meu professor de Português, no Pedro II — quando substituiu José Oiticica, preso na revolução de 1924 —, e o mestre me interpelou. Como é que eu, seu banco de honra, cometia um erro daqueles? Permiti-me falar — leigo querendo ensinar padre-nosso a vigário! — da tradição na linguagem oral, da força emprestada à frase pelo "que bom que era", dispensando o pedantismo da forma condicional. Tempos depois, tive a alegria de ler um trabalho de Antenor Nascentes sobre linguagem falada, e o bom mestre se referia à nossa conversa, aceitando meu ponto de vista.

"Aurora" teria sido a oportunidade para eu me compensar do concurso não ganho, nem sequer tentado, por causa do golpe baixo do grande amigo e protegido de meu pai. Mas me recusei a inscrevê-la no concurso organizado pelo Caribé da Rocha no *Correio da Noite*, e o parceiro me apoiou em toda a linha. Caribé insistia para inscrevermos a marcha, mas eu queria uma definição do critério de julgamento: prevaleceria a carreira feita por uma música durante todo o período pré-carnavalesco ou o sucesso que uma música estivesse fazendo no momento? "Aurora" vinha desde outubro, podia estar cansada. Caribé, por questão de ética, se recusava a revelar o que era um segredo de júri, e nossa música não foi inscrita.

"Ala-la-ô", do Nássara e Haroldo Lobo, vinha estourando. Mas o Nássara, profissional de vencer concursos, tinha a intuição do páreo duro, não queria inscrever sua música para perder. Toda noite, no Nice, insistia em perguntar se não íamos mesmo participar do concurso. Eu dizia que não, mas ele ficava meio pau, meio tijolo. No último dia de inscrição, faltando quinze minutos para o encerramento, veio mais uma vez a mim, querendo saber se nossa resolução era definitiva. Se fôssemos concorrer, ele ficava de fora.

— Pode inscrever "Ala-la-ô" descansado.

E "Ala-la-ô" ganhou o concurso. Não peguei a notinha do prêmio, notinha razoável para a época. Mas me veio às mãos uma parceria inesperada, provando que o que é do homem o bicho não come. Rubens Soares estava desesperado porque sua única música para o Carnaval daquele ano fora vetada pela censura na hora da gravação: "Ai, ai, ai/a vida do pobre é penar./Ai, ai, ai,/a vida do rico é gozar." Ele não se conformava com a história. Como é que uma música já liberada para o filme podia ser proibida para a cera?

Alma de pomba-rola, embora a força que fez dele campeão brasileiro e sul-americano de boxe, o Rubens não compreendia que um filme era visto por trinta, quarenta mil pessoas no máximo, enquanto um disco tocado no rádio atingia milhões. Mas não adiantava explicar essas coisas a quem estava desesperado. O principal era encontrar saída para o abacaxi. Ele tinha um estribilho com letra diferente da censurada: "Ai, ai, ai,/o galo é que está com a razão./Ai, ai, ai,/poleiro de pato é no chão." Os versos da segunda parte precisavam ser paridos a toque de caixa, pois Júlio Barata, responsável pelo serviço de censura do DIP, estava esperando pela nova letra. Gostei do estribilho, que espelhava a mesma contradição de *status* explorada na letra primitiva, e saíram os versos da segunda parte: "Mestre pato fez poleiro/no coqueiro do quintal,/mas o rei do galinheiro/achou isso desigual,/pois diz ele que o terreiro/é pro galo vadiar./Pato, se quiser poleiro,/peça à pata pra arranjar."

Estava salva a pátria para o Rubens, e defendido o leite das crianças. Não propriamente o leite das crianças, que o Rubens não tinha filhos, e sim a ração vitaminada de seus seis cachorros de raça. Mas Júlio Barata, antes de liberar a nova letra, fez questão de defender sua imagem de vigoroso intelectual de nossa praça:

— Eu vou aprovar esta letra porque não quero prejudicar você. Depois, a coisa está feita com habilidade. Mas o sentido é o mesmo da outra. Não pensem vocês que me enganaram, não.

Eu e Roberto Roberti ficamos animados com o sucesso de "Aurora", ainda mais depois das dezessete gravações que ela teve nos Estados Unidos, cantada em filme pelas Andrew Sisters, o diabo, e partimos com todo o embalo para o Carnaval de 1942. Acreditávamos de olhos fechados na marcha "Eu quero ver é a pé", gravada pelo Arnaldo Amaral, o Sapo, das rodas de rádio e samba. Baseávamos nossa esperança numa constatação da realidade ambiente. Os que não têm carro formam maioria a perder de vista. Quantos de nós, pobres pilotos de solas de sapato, já não vimos filhinhos de papai, ou papais de filhinhos, nos tirarem o pão da boca, carregando a mulher que vínhamos de paquera e conversa através de quarteirões e quarteirões, só porque dispunham de um rodante? A marcha era um grito de desabafo e vingança: "De automóvel todas elas fazem fé, não é vantagem ter Lalá e ter Lelé. Eu quero ver é a pé."

Mas nos enganamos nas esperanças. O disco foi lançado e, apesar de razoavelmente executado nas rádios, não teve pernas para corrida maior. Aquele Carnaval ia ficar na saudade, precisaríamos esperar 365 dias para nova tentativa. Paciência. Não é todo dia que se caça um leão. Eu tinha outro cavalo para disputar o páreo, mas parecia estar com bicheira. Ninguém queria saber de "Ai, que saudade da Amélia", feito em parceria com Ataulfo Alves. Orlando Silva tinha torcido o nariz quando o parceiro lhe mostrou a música, e o Ciro Monteiro não fizera cara melhor. A opinião de Moreira da Silva tinha sido mais cruel: "Marcha fúnebre não pega em Carnaval, isso é bonito, mas é muito triste." O Ataulfo, embora já tivesse sucessos gravados com suas Pastoras, se mantinha naquela de mineiro, preferindo não arriscar. Tanto insisti, no entanto, que ele se resolveu a mandar o samba para a cera. Naquele tempo as gravações não eram feitas em fita. O Nice até criou uma expressão de deboche para as músicas rejeitadas pelas gravadoras: "Vai ser gravada na cera do ouvido".

Saiu o disco e ficamos com cara de cachorro que entornou a panela. Passou semanas acumulando poeira nas prateleiras das estações de rádio. Era de deixar qualquer um maluco. Não tocavam por quê? Ruim o samba não era, disso tínhamos certeza. Não havia, no Nice, quem não gostasse. Onde o Ataulfo o apresentava, era sucesso garantido. Mas ficava tudo como um agradozinho de sala de visitas, só para o conhecimento dos mais íntimos. Foi quando aprendi que com mineiro não se deve brincar. O parceiro, mineiro de Miraí, pegou os dois programadores (ainda não se usava a expressão *disc jockey*) mais importantes da época, Xavier e Júlio Louzada, e armou um show de lacrimório mais impressionante do que os sermões de lágrimas feitos pelo cônego Henrique Magalhães na igreja de Santo Antônio, nos meus tempos de garoto. Injustiça o que estavam fazendo com nossa música. Positivamente, o pessoal de rádio não queria saber de coisa bonita, bem-feita, e por aí lá ia ele.

O Xavier e o Lousada se deixaram vencer pela argumentação carpideira e resolveram apadrinhar o samba enjeitado. Júlio Lousada, já nessa época se exercitando para o profeta que viria a ser às seis da tarde, com o programa *Pausa para meditação*, levou seu bom samaritanismo a ponto de dedicar uma tarde inteira de domingo à "Amélia".

Durante seu programa, nenhuma outra música teve vez. Só dava o nosso disco. De vez em quando o Ataulfo fazia uma audição com as Pastoras. De seis em seis intervalos, era eu que ocupava o microfone, lendo uma crônica de exaltação à mulher brasileira, simbolizada na letra do samba. A demagogia rolava solta, sem inspetor de trânsito que a detivesse. Tanto podia ser "Ai, que saudade da Amélia", como da Joaquina, da Conceição ou da Maria. Amélia era a mulher amada, a mãe, a filha. O que os outros compositores telefonaram, xingando nossas queridas mamãs, foge ao cálculo dos dedos. Foi uma indecência total, em termos de caitituagem, mas em 24 horas a música tinha virado sucesso.

Duro mesmo foi enfrentar o Herivelto Martins no concurso organizado pelo Fluminense. Embora minha prevenção contra concursos, não pude deixar de participar desse, pois não houve inscrições. A diretoria do clube é que fez a escolha das músicas consideradas as melhores, com intenção de apresentar um show. A classificação seria feita pelo público. Herivelto concorria com um samba valentíssimo e de grande atualidade, "Praça Onze", em parceria com o Grande Otelo. E dispunha de um conjunto de passistas e ritmistas, que sai de baixo.

A apresentação de "Praça Onze" foi de abalar as estruturas. O "Garnizé", esse o apelido do Herivelto nas rodas do samba (pequenino, atrevido e brigão), começou por uma demonstração de instrumento por instrumento, explicando a função de cada um deles no conjunto do ritmo. Depois dos ritmistas foi a vez das passistas, e aí então era de ninguém entender mais nada. A plateia elegante do Fluminense nunca tinha visto um espetáculo daqueles, pois escola de samba ainda não virara *hobby* de elite. Nunca havia passado pela cabeça daquela grã-finada que uma cabrocha pudesse desafivelar as cadeiras como fazia a Jupira, por exemplo, monumento em bronze de todas as mulatas já aparecidas no mundo do samba e outros mundos. Quando finalmente o conjunto cantou "Praça Onze", passada meia hora da mais linda exibição de ritmo e remelexos, a plateia estava aos urros.

Eu tremia na base e só desejava sumir dali o mais depressa possível, pois se há coisa que nunca me agradou foi passar vexame. Só tínhamos a nosso favor, dentro do Fluminense, cabalando com os associados mais amigos, Tim e Carreiro, a maravilhosa ala esquerda do meu time. O Ataulfo estava exasperantemente mineiro, de tão calmo. Que eu não me impressionasse. O negócio do Herivelto era só barulho, ele ia entrar com harmonia, uma cadência diferente. Eu não acreditava em condições favoráveis para nós. Aquele páreo já estava perdido. Que poderíamos arranjar depois do Carnaval feito pelo Herivelto? Nenhuma das Pastoras sacolejava como a Jupira. Cantavam com pureza de anjos, e o ambiente estava em clima de inferno. De repente me assustei, ouvindo urros iguais aos que haviam saudado a exibição do conjunto do Herivelto. Quereriam bis de seu samba? Nada disso. O Héber de Bôscoli, apresentador do espetáculo, tinha anunciado "Ai, que saudade da Amélia".

— Ainda tem medo depois disso, parceiro? Vai lá e manda o mesmo babado que mandou na rádio. Capricha na voz e deixa o resto com a gente.

A luta pela decisão foi tão acirrada que o então presidente do Fluminense, Marcos Carneiro de Mendonça, antigo goleiro da camisa de seda e fita roxa na cintura, incapaz de afirmar qual das duas músicas era a mais aplaudida, resolveu desdobrar o prêmio.

NÃO SEI DE NADA mais gostoso do que sucesso para quem cria, e quando algum autor vem com aquela conversa de que não dá nenhuma importância ao aplauso do público, tenho engulhos de estômago, porque é mentiroso, está querendo posar de diferente, despejando charme para entrevista. Eu nunca deixei de parar em porta de loja de disco onde uma vitrola estivesse tocando música feita por mim. Parava, sim, e ficava estudando as fisionomias da turma em escuta. Muitos blocos acompanhei de longe, ou mesmo a eles me incorporei, gozando a alegria com que cantavam "Aurora", "Ai, que saudade da Amélia". Mas há sucessos com um sabor todo especial, porque inesperados, como foi o de "Atire a primeira pedra", também feito em parceria com o Ataulfo.

Em 1944, eu estava em São Paulo, trabalhando nos preparativos para a estreia da Rádio Panamericana, não acreditando mais que meu novo samba pudesse fazer alguma coisa. Quando saíra do Rio, o disco andava sendo irradiado sem qualquer repercussão mais séria. Mais uma vez havia falhado o diabo da psicologia. Coisa que não podia ter castigo, para mim e o Ataulfo, e ia ser um gancho certo de agrado, era a frase "perdão foi feito pra gente pedir". Quem, no auge de um pileque por dor de corno, não está doido para esquecer o machismo e entregar os pontos? O samba ajudava, pombas!, aquelas palavras eram *habeas corpus* e salvo-conduto para a reconciliação. Então por que a quase indiferença para com a gravação do Orlando Silva? Não haveria mais gente sofrendo por amor nesse país? E parece que não havia mesmo, porque o samba estava indo muito maneiro. Tirei o Carnaval de minhas cogitações.

Mas na sexta-feira não aguentei. Não seria eu, carioca de quatro costados, antigo integrante do Bola Preta, que me sujeitaria a passar três dias em São Paulo. Com sucesso ou como anônimo, meu lugar era no Rio. E sexta-feira me acomodei como pude num trem que mais parecia prateleira de armazém, tanta a gente empilhada. Poucos dias antes tinha havido um deslizamento de barreiras, e os trens de São Paulo paravam na Francisco Sá, em São Cristóvão.

E se deu a surpresa. Quando o táxi passou pela praça da Bandeira, o povaréu estava todo lá, e a música que dominava era "Atire a primeira pedra". Foi um frio na espinha, vontade de chorar, de pular do carro e sair abraçando aquela gente toda, sei lá! Que teria acontecido durante o mês passado em São Paulo? Na Central do Brasil já era como a Rio Branco à noite. Gente pra desgraça. E da grande maioria das bocas um canto só: "Covarde sei que me podem chamar...". Era demais para um coração que tinha viajado doze horas (tempos aqueles, sem linhas retificadas), e contra meus hábitos fiquei tímido, perguntando ao motorista se o samba estava fazendo sucesso havia muito tempo.

— Estourou por esses dias. É o que está dominando.

O abraço de minha mãe foi falando no sucesso da música. Não me lembrei nem de tomar banho. Larguei a trouxa e parti como um alucinado para o Nice. Era meio-dia, mais ou menos, e na porta do nosso café, bêbado (coisa que só vi essa vez), o Ataulfo me recebeu com mais gestos do que napolitano: "Parceiro, estamos na rua de novo". Foi um porre só, até Quarta-feira de Cinzas. O mais glorioso de minha vida. Mas que me deu preocupações para uma tarde inteira, sem atinar com os acontecimentos da véspera, quando acordei numa sala nunca vista antes, entre pessoas cujas caras me eram desconhecidas.

Quase todos deitados pelo chão, homens e mulheres, rigorosamente vestidos, o que dava a entender não ter sido arrastado para lá por nenhuma bacanal. Garrafas de bebidas espalhadas por todos os cantos. Quem era aquela gente? Como tinha ido eu dar com os costados naquele apartamento? E havia um detalhe me deixando ainda mais preocupado. Que diabo estava fazendo em minha cabeça aquela peruca de Maria Antonieta, dourada e cheia de miçangas? Inútil estar fazendo tantas perguntas, pois os pensamentos não estavam em ordem para qualquer resposta. Fui saindo com o máximo de cuidado pela porta inteiramente escancarada. Não faltava mais nada um daqueles tipos acordar, já passado o pileque, e querer saber o que estava eu fazendo ali, como o capitalista de *Luzes da cidade*: quando bêbado, só falta beijar Carlitos na boca; passado o porre, bota-o para fora a pontapés. A explicação só me veio à noite, no High-Life, quando um dos desconhecidos se aproximou de mim, num abraço:

— Que porre, hein, Mário?

— É... nem vi quando fui pra sua casa...

— Nem nós vimos direito quando levamos você.

— Mas como foi que...

— Nós estávamos cantando teu samba... você passou, nós puxamos pra roda, e depois fomos acabar de beber em casa. Por falar nisso, essa peruca é da minha mulher.

— Desculpe.

— Nem fica bem um homem como você andar com esses troços, não é?

4

"Nosso ranchinho assim tava bom,/gente de fora entrô, trapaiô", assim dizia um velho batuque sempre lembrado por minha mãe quando alguém perturbava a tranquilidade de nossa família. E gente de fora atrapalhou mesmo. Atrapalhou de não ter mais cura, o doente melhorando às vezes, tendo um período de calma de quando em quando, temperatura normal, pressão aceitável, mas depois recomeça tudo. Aconteceu que, no melhor do batuque, desabou sobre nós o Estado Novo, e "adeus, ó coió", gíria de malandro quando a coisa ficava ruim a ponto de não dar mais pra consertar. Resolveram organizar o Carnaval. Os ditadores têm desses eufemismos: dizem que estão sempre indo ao encontro dos desejos do povo, quando, na verdade, estão indo de encontro a esses desejos, atropelando-os, tirando-os do caminho.

Começaram as subvenções para aqui, para ali. As grandes sociedades não precisavam mais ficar correndo o livro de ouro para fazer seus préstitos. Eram pagas para alegrar o povo. Mas isso tinha um preço. Os carros de crítica — talvez os mais esperados, pois extravasavam toda a irreverência contra os abusos e o mete-a-mão das autoridades — foram minguando, desaparecendo dos desfiles.

O povo já não podia ver o que tinha apreciado, por exemplo, quando o cardeal Arcoverde teve a infeliz ideia de condenar o maxixe. No Carnaval desse ano, Democráticos e Fenianos saíram com críticas terríveis a esse gesto do Príncipe da Igreja. No pufe, publicado no *Jornal do Brasil*, os Democráticos chegavam a avisar que "enquanto dois pares dançam voluptuosamente a grande dança brasileira... um príncipe egrégio lança a excomunhão maior aos pecadores coreográficos, por não poder entrar ele também no passo do jocotó e do urubu malandro. Ao príncipe serve de auréola um enorme *arco verde*".

Armava-se o grande circo, embora o pão cada vez mais escasso. Grandes gastos para enfeitar as ruas, o que não fazia muito sentido para meus olhos vindos de outros tempos, quando nenhum governo pensava em decorar a cidade, enchê-la de gambiarras e bonecos. As luzes só existiam em frente ao *Jornal do Brasil,* onde ficava a comissão julgadora dos préstitos, ranchos, e os fotógrafos ainda não dispunham dos *flashes* que substituem tudo. As casas de comércio espontaneamente conservavam suas vitrines acesas. O resto era povo esparramado onde lhe desse na cachola, não se precisando de mais.

Depois, ruas artisticamente enfeitadas para quê, se ninguém tinha sequer o direito de cantar o que queria ou achava mais bonito? A Avenida foi ocupada por alto-falantes que transmitiam os discos irradiados dos estúdios do Departamento de Imprensa e Propaganda, o DIP de famigerada memória. O povo que chegava ali, muitas vezes se deslocando das redondezas de deus me livre, cantando as músicas aprendidas nos programas de rádio, nas reminiscências da festa da Penha, esbarrava com o canto berrado por toda uma aparelhagem colocada nos pontos estratégicos de seu caminho. Ninguém se entendia mais, e estava feita a vontade do governo.

O Carnaval de meus tempos de rapaz, componente do Cordão do Bola Preta — e com que orgulho de *condottiere* renascentista, ou mesmo cruzado medieval, eu carregava a flâmula nas passeatas! —, já encontrou as ruas entristecidas e se esvaziando. Era muito "não pode" imposto pela ditadura estado-novista, e o dinheiro também ia ficando curto, cada vez mais macho, sem possibilidades de parir.

Além disso, o Rio começava a se expandir, o centro da cidade ia perdendo sentido como ponto de encontro e convergência dos que queriam brincar. Por que virem de tão longe, se o bairro tinha de tudo? O corso foi morrendo quando os conversíveis deram lugar aos carros de capotas fixas, logo chamados de "tomara que chova" pelo bom humor carioca. Quem podia, trocava o Rio pelas estações de águas ou ia divertir-se nos salões, pois bailes começaram a ser promovidos em penca, muitos deles se tornando pontos altos da festa.

Mas a rua, verdadeiro salão para as alegrias do povo, essa ia ficando cada vez mais às moscas. Os préstitos traziam cada vez menos o lava-a-alma das críticas, que nem sempre sabiam fazer. Cantar o que realmente desejava não podia, pois mesmo o quadradíssimo "quebra-quebra, gabiroba" se sentia perturbado com a berraria dos alto-falantes do DIP. Divertir-se como se queria, não deixavam. O povo, com razão, acabou de abandonar as ruas de onde já vinha e continua sendo expulso.

Com a graça de Deus e Ogum, pois desde garoto me ensinaram que é mais fácil bater com os dez jogando para duas pontas, sempre fui mais participante da festa do que seu espectador. Digerido o almoço de sábado, despedia-me da família e deixava o porre guiar-me os passos até Quarta-feira de Cinzas, quando voltava, não em busca de perdão, mas de bicarbonato de sódio, tão precisado estava dele.

Alegrei-me no vaivém do corso e fui até as últimas consequências nos esguichos mal-intencionados do rodo metálico. Promovi não sei quantos escândalos em ruas e bares, só não acabando entre grades até Quarta-feira de Cinzas, para engrossar o bloco "Que é que eu vou dizer em casa?" que costumava sair das delegacias na manhã desse dia, porque sempre contava com uma alma caridosa e admiradora informando aos guardas que eu não podia ser preso como um vagabundo qualquer, pois de mim nascera a música berrada na boca do povo, como "Aurora", "Amélia", "Atire a primeira pedra", não sendo raro os guardas praticarem sambas. Teimei em ficar na rua ainda algum tempo, para poder contar aos netos que tinha testemunhado o grande êxodo. Que tinha visto o povo ser pouco a pouco transformado em figurante de um espetáculo onde antes era ator, mas agora montado para alegria de turistas, com hora marcada para começo e fim, sem sequer espaço para ver a escola de samba de sua paixão, pois tem a visão proibida pelas arquibancadas feitas para quem pode pagar ou chegar de fora, nada entendendo do que vê.

Mas, de tantos carnavais a povoarem minha vida, a memória insiste em guardar somente um fato. O destino colocou não sei quantas fantasias em meus passos. Para meus olhos, no entanto, nada capaz de se comparar àquela baiana vista aos treze anos. Baiana de cabelos afogueados e traços eslavos, pele inimiga ferrenha do sol e passos lembrando dança cossaca, sem nem vestígio de remelexo.

Nessa época morávamos na rua Dídimo, sempre na Vila Rui Barbosa, onde parecíamos ter enterrado o umbigo. Eram nossos vizinhos de paredes-meias Villa-Lobos e Lopes Trovão, constituinte de 1890, já então praticamente contando tempo para morrer. Villa não dispensava o bloco de sujos na segunda-feira de Carnaval. Reunia os amigos mais da intimidade e rumavam para a praça Onze. Uma vez, garoto ainda, me incorporei a esse bloco, e graças a isso assisti a uma batucada ainda das antigas. O tempo levou da memória letra e música do que cantavam. Ficou o espetáculo.

Uma roda imensa, onde todos cantavam o estribilho. Para o centro, ia um dos batuqueiros, improvisando versos, exibindo passos. Findo seu recado, chegava-se a um outro, figurava uma coreografia de capoeira terminada em reverência, convite para o outro mostrar do que era capaz. E os assistentes aplaudiam, vivavam, provocando baba em Villa-Lobos, sempre atento às manifestações de nossa cultura popular. De repente, um dos que puxavam o batuque lançou, despreocupado de ritmo e melodia, uns versos que davam arrepio:

> É ordem do rei,
> é ordem do rei
> pra matar.

Dona Lucília me arrastou pela mão, às carreiras, e quando olhei para trás só havia os da batucada. A roda como que se fechara, e o clima não tinha mais nada da festa de há pouco. Quando o batuqueiro terminava sua parte, o passo de capoeira não era faz de conta, e o outro que se defendesse. Quem era do riscado se safava. Quem tinha ficado ali de otário acabava se arrebentando de bunda e costas no chão. Muitas vezes havia antigas rixas a serem acertadas, e junto com o passo ia uma navalhada, com final no Necrotério ou Assistência.

No ano que me deixou uma baiana grudada nos olhos para sempre, Artur Rubinstein terminara sua temporada de concertos já nas proximidades do Carnaval. Grande amigo de Villa-Lobos, tendo emprestado a autoridade de seu nome para torná-lo conhecido na Europa, aceitou o convite do compositor para ficar mais uns dias no Rio e ver nossa festa maior. A saída do bloco do maestro se dava sempre no maior estardalhaço, o que provocava inevitáveis protestos de Lopes Trovão, pois lhe perturbava a espera sossegada do último carro.

É como se o tivesse ainda diante dos olhos, nessas ocasiões, revivendo a teimosa figura de metingueiro republicano que lhe dera nomeada, pouco lhe importando se não davam ouvidos à sua voz, e não ouvindo as súplicas da francesa com quem vivia desde a mocidade. Naqueles momentos talvez se sentisse o jovem da época dos bondes puxados a burro, quando quixotescamente investia de guarda-chuva contra os condutores que maltratavam os bichos, lançado de corpo e alma numa campanha em defesa dos pobres animais.

O bloco saiu barulhento como era de seus hábitos, o barítono Nascimento Filho já trocando as pernas, pois àquela altura da vida nunca estava de porre, era de porre permanente. E liderando o bloco no auge da alegria, como também de uma total falta de jeito e cadeiras convenientemente moles para o remelexo, lá ia Artur Rubinstein metido na pele da única fantasia que tinha sido possível arranjar-lhe à última hora: uma baiana deslumbrante, com torso de seda e tudo.

Interlúdio enquanto a casaca ainda está no cabide

O mar que vem traz espuma,
o mar que vai leva areia,
por mais que o horizonte suma
mais o meu sol se incendeia.
Maré baixa, maré cheia,
pescador sempre se arruma.
Em toda estrada há um desvio
que vai pra onde eu quiser.
O mar que mata navio
chega um dia que dá pé.

1

A prisão aconteceu não muito distante da América Fabril, onde se realizara o comício. Tudo tinha corrido como Deus manda e é servido. Três oradores falaram sem maiores preocupações, não houve qualquer contratempo na distribuição de manifestos. Na hora da retirada, esquecido de que prudência e caldo de galinha nunca fizeram mal a ninguém, separei-me do pessoal, enveredando sozinho por uma rua. Não cheguei a andar muito tempo. Ao dobrar uma esquina, fui agarrado por três policiais que praticamente voaram sobre mim, não me deixando tempo de estabelecer o pequeno tumulto sempre recomendável nessas circunstâncias, para alertar os transeuntes que alguém estava sendo preso, quem era e onde devia ser avisada a prisão desse alguém.

Quando me recuperei dos trompaços e da surpresa, estava diante da porta escancarada do tintureiro, um dos policiais me empurrando e gritando que entrasse de uma vez, evidentemente interessado em que a ocorrência se passasse com o menor número possível de testemunhas.

Hesitei uns segundos, sentindo crescer a pergunta em minha angústia de preso estreante: "E agora, que é que pode acontecer?"

— Não está querendo entrar, não, seu mazorqueiro de merda?

Esmagado pelas piores dúvidas, eu hesitava diante da porta escancarada do Teatro Recreio. Que poderia acontecer no final de tudo aquilo? Não havia nenhum cassetete me cutucando as costelas, isso é verdade, nem era empurrado por qualquer grito de arrogância, como tinha acontecido naquele 21 de janeiro de 1932. As pernas, no entanto, se recusavam ao passo, e as perguntas faziam barulho na cabeça. Tudo aquilo escrito com tanto carinho e desvelo — macho criando mil formas de excitação para satisfazer a fêmea do primeiro encontro até o cansaço — provocaria risos em todo aquele público alongado em filas? Naquele tempo, os frequentadores de teatro disputavam o privilégio das estreias, e essa expectativa de casa lotada aumentava mais ainda meu apavoramento, pois diante da multidão o homem está sempre nu.

E ao pavor começava a se misturar uma desagradável sensação de arrependimento, de revolta contra mim mesmo. Besta, pronta e acabada besta quadrada tinha sido eu quando respondi afirmativamente à pergunta da turma da madrugada boêmia. Porque a verdade é que as angústias daquela noite de março de 1933 começaram numa pergunta.

Meu pai — e que os desencantos de meu caminho não o atormentem onde está, se de fato está — fez o possível e impossível para me manter afastado de teatro, embora tenha sido esse seu único e permanente ganha-pão. Levava a tal cúmulo de exagero esse cuidado, que nunca me permitiu assistir a ensaios. Nas vezes em que eu precisava ir procurá-lo no teatro, vinha receber-me na porta da caixa, fazendo de seu corpaço de antigo ginasta uma muralha que me impedia aos olhos os segredos daquele mundo. Ou então me arrastava apressadamente para o café mais próximo, pois sempre havia o perigo de eu ficar na ponta dos pés e perceber o que me interessava.

Quando eu e minha mãe íamos ver os espetáculos onde ele era o maestro, e isso não lhe seria possível evitar, tínhamos ordens terminantes de esperá-lo no *hall* do teatro, depois de a peça acabar. Ele nos apanharia ali. Tempos depois, vendo minha mãe chorar, e quantas vezes!, porque algum mexeriqueiro lhe vinha contar as aventuras do marido com atrizes e coristas, eu pensava ser esse o motivo de ele nos querer manter afastados de seu campo de batalha. Só tive a verdadeira explicação de todos esses cuidados quando manifestei meus primeiros fascínios por uma atividade que ele conhecia desde a adolescência.

— Um dia você vai constituir família, meu filho, e eu não quero para ela as incertezas e dificuldades que tenho dado a você e sua mãe. Isso é vida para masoquista.

Mas o teatro era realmente minha ideia fixa, e tudo me atraía para onde houvesse gente de teatro. Foram as rodas mais procuradas e frequentadas, mal me tornei rapaz, acreditando-me dono e senhor de meu nariz. O prestígio de meu pai, maestro dos mais conceituados em seu tempo, convidado sempre para as melhores companhias que se organizavam, garantia-me lugar em qualquer mesa de artistas, abrindo-me espaço e atenção para opinar. Afinal, eu era o filho do maestro Lago! E foi inevitável, tanta a minha presença, a pergunta de certa noite:

— Você gosta tanto de teatro, tem tantas ideias aproveitáveis, parece tão enfronhado no assunto... Por que não escreve logo uma peça? Mas uma peça pra valer, com sua assinatura, e não esses quadros que anda escrevendo para o gênero livre.

No Rio daqueles tempos tinha se alastrado, como epidemia, o teatro do vale-tudo. A rigor, as revistas escritas para esse gênero não diferiam muito das encenadas nos teatros frequentados por famílias, pois a censura aos textos, por incrível que pareça, não era muito menos rigorosa. Mas havia a tapeação do nu artístico, e nisso estava a sensação do espetáculo.

Ah, as poluções concretas e de imaginação provocadas pela Margarita del Castillo, lá elétrica, quando ficava de costas para a plateia e imprimia 120 rotações por minuto aos seus bem-fornidos 38 quilos de nádegas, aos urros histéricos da plateia: "Tira! Tira!" Tira, porque havia um fiapo de pano impedindo a revelação das reentrâncias mais interessantes. E o público voltava todas as noites, às golfadas, na esperança de, um dia, ver aquela muralha de Jericó ser atirada à plateia como troféu de guerra. O número de maior sensação nos teatros do gênero. E era baseado nisso que Pepe, marido e administrador de Margarita, argumentava cada vez que terminava seu contrato: *"Hay que mejorar el sueldo. El público viene al teatro solamente por el culo de mi mujer. Es una cosa que nadie puede poner en duda".*

Animado por Carlos Machado, não o conhecido *rey de la noche* de nossos dias, mas um velho ator e diretor de teatro celebrizado por um crônico monóculo, comecei a fazer os primeiros exercícios e tentativas de autor teatral, escrevendo quadros de fantasia e esquetes para espetáculos de gênero livre. Isso era vendido a 30 mil-réis e não levava assinatura, pois os direitos autorais engordavam o bolso do dono da companhia. Mas eu era jovem e encontrava minhas compensações. Exercitava-me nos segredos de fazer rir, vantagem inicial, e recebia quase sempre como pagamento suplementar uma rumbeira, furor daquela época, procurando um fulcro onde firmasse seus indisciplinados parafusos de quadris.

Aquela pergunta era a possibilidade de escrever a sério, sem precisão de esconder da família o que vinha fazendo, pois os meus morreriam de vergonha se me soubessem autor de teatro indecente. Empolguei-me com a ideia. Álvaro Pinto me convidou para trabalharmos de parceria. E lá estava eu diante da porta escancarada do Teatro Recreio, vivendo as horas mais aflitivas de minha vida, apavorado com o passo no escuro, já agora sem possibilidade de marcha a ré: minha estreia como autor teatral pra valer. Meu nome estava ali no cartaz com todas as letras. Toda a imprensa saudara o aparecimento de um novo autor, o filho seguia as pegadas do pai etc. Não era só meu nome que estava em jogo, nome que, a bem dizer, não representava absolutamente nada. O prestígio paterno iria na enxurrada se tudo aquilo desse em água de barrela.

O ensaio geral tinha sido um desastre do primeiro ao último minuto, fazendo-me desejar que o mundo desabasse para acabar com tudo de uma vez. Pouco antes de seu início, Juvenal Fontes, o célebre Jeca Tatu, primeiro ator cômico da companhia, achou de abandonar o espetáculo, alegando que seus papéis não davam margem para arrancar grandes gargalhadas. Foi um corre-corre para encontrar substituto. Modesto de Souza teve de pegar o bonde andando, praticamente sem tempo sequer para ler sua parte. Um quadro precisou ser todo refeito, porque a censura mandou tesoura. E logo um quadro musicado. Enfim, seria o que Deus quisesse, se quisesse! Não adiantava quererem consolar-me invocando a velha crendice teatral de que, quando o ensaio geral não vai bem, a peça é um sucesso. As palavras do Luís Iglésias, quando fomos jantar, ganhavam agora dimensão de mau presságio:

— Teatro é como melancia: só sabemos se está madura mesmo depois de abrir. Escrever romance é o mesmo que brigar por carta. Você recebe uma esculhambação da crítica, tem tempo para respirar fundo, refazer-se, escolher argumentos e contra-atacar. Escrever para teatro é briga de rua, sem ninguém que separe. O público te diz na hora, nas bochechas, se gosta ou não. Se rir, ótimo. Mas se bocejar...

Nesse pequenino detalhe estava toda a razão de minha angústia. E se aquela gente bocejasse? Se fosse saindo do teatro no fim do primeiro ato, não escondendo seu arrependimento por ter gastado tempo e dinheiro para ver semelhante pachuchada? Eu já tinha presenciado reações desse tipo, mesmo em peças de autores consagrados como Marques Porto, Luís Peixoto, Freire Júnior, o próprio Luís Iglésias, verdadeiros papas das revistas da praça Tiradentes.

Meu acovardamento era tanto, e tanto não parava de crescer, que resolvi passar o resto da noite encostado àquele poste, recebendo uma ou outra informação dos porteiros sobre o andamento do espetáculo. Eles têm uma percepção infalível, apurada pelo tempo. Ouvem comentários, no intervalo, e basta uma contração de rosto dos espectadores para saberem se a peça está interessando ou não. Estava resolvido, e pronto. Ninguém me obrigaria a atravessar aquela porta escancarada. Em janeiro de 1932, eu não pudera reagir. Mas agora a vontade era minha. Se o público achasse que a melancia estava madura, aí sim, apareceria para a tradicional chamada do autor à cena. Caso contrário, enfiaria a viola no saco e ninguém ficaria sabendo de minha presença ali.

— Não vai querer entrar, não, seu mazorqueiro de...
Não, as palavras não eram essas, e não havia ninguém me cutucando as costelas com um cassetete. Muito pelo contrário. Um braço amigo me envolvia o ombro e ia me conduzindo para o teatro, enquanto falava num tom estudado, para me animar:

— Não vai entrar, não, seu Mário? Vamos lá para dentro. Não fique preocupado, a peça vai agradar em cheio. Tem o que o público gosta. Os remelexos da Aracy Cortes, umas piadas de safadeza... A rapaziada já está toda nas torrinhas, com ordem de aplaudir até a mão virar sangue.

Era o Baúza, chefe da claque. Não deixava de ser uma figura interessante, infalível na gravata de laço borboleta e chapéu de pano, dando sempre a impressão de que uma fotografia 3x4, daquelas para documento de identidade, estava andando solta pela cidade. Tentara várias atividades na ânsia de se fazer visto ou, pelo menos, notado. *Compromisor* — assim chamávamos nas rodas de samba os que compravam músicas —, mas compromisor sem sucesso, pois, à falta de inspiração para criar, se aliava o mau gosto para escolher a mercadoria que prestasse. Cantor, aventura posta logo de lado, já que as cordas vocais não ajudavam, e voz não lhe seria possível comprar. Realmente bom mesmo ele era como chefe de claque, dirigindo uma equipe selecionada e cumpridora.

Diversas piadas lhe foram atribuídas no anedotário de esquina, caracterizando sua simplicidade ou inteligência não muito brilhante. Certa noite foi entrando no Teatro Recreio com sua turma do aplauso encomendado. Um dos da claque não tinha a mão direita, e o empresário deu o chio. Como é que um maneta podia bater palmas?

— Tem razão, tem razão. Palmas ele não pode bater.

— Então qual é a utilidade desse estafermo?

— Mas tem uma gargalhada que faz rir até surdo de nascença. Se o público não rir da peça, garanto que vai rir dele. É só a gente mandar, e ele ri. O importante é a gargalhada, não é mesmo?

Vá lá que às vezes se tornava untuoso e rasteiro de dar raiva, mas, na noite de minha estreia como autor, o Baúza me foi de bastante valia, dizendo as palavras que eu precisava ouvir. Depois me entregou ao cuidado de Ari Viana. O teatro não era coisa de mistério nem surpresa para esse velho ator, com tudo para ter sido um grande nome, não fossem os papéis ingratos, tão abaixo de seu talento, que a cachaça o obrigava a representar de vez em quando. A conversa com o Ari Viana acabou me dando a impressão de que tudo iria bem, não me chocando sequer suas palavras quando encerrou a sessão de estímulo:

— Depois há uma coisa, menino, que eu aprendi com o velho Cristiano de Souza. O aplauso e a vaia têm a mesma duração. Nem um minuto mais, nem um segundo menos.

Mas toda a animação que o Ari Viana e o Baúza procuraram incutir-me desapareceu num abrir e fechar de olhos, quando o contrarregra deu a primeira das três tradicionais pancadas de Molière. O espetáculo ia começar.

> Aquela aventura representava o máximo de realização para meus dezessete anos. Não se tratava de uma profissional de bordel, tipo esse já tão dos meus hábitos, e sim de uma mulher casada, para quem todos, na rua, olhavam com o maior respeito. O marido trabalhava à noite, só voltando nas primeiras horas da manhã. Durara algumas semanas o namoro janela-janela, até que tudo ficou acertado.
>
> Quando empurrei a porta de sua casa, apenas encostada, ela já estava à minha espera. Pela sua mão fui através de um corredor escuro, ela sem dizer

uma palavra e não deixando que eu falasse. Por fim paramos e não pude conter a surpresa, os olhos já habituados ao escuro e começando a perceber.

— Mas... aqui é a cozinha.

— Tem que ser aqui. Meu marido não se sentiu bem no distrito e veio embora mais cedo.

— Seu marido?!

— Mas não precisa ter medo. Ele tem sono pesado.

Ensaiei a fuga. Não faltava mais nada: o do sono pesado acordar de repente e... Mas as unhas da mulher subiam rapidamente pelas minhas costas, e eu, mais do que ouvir, apenas adivinhava o que dizia a boca que me mordiscava o pescoço enquanto falava:

— Agora você já está aqui, não há mais nada a fazer.

DE FATO, o contrarregra estava caprichando na terceira pancada de Molière, como se, naquela pomposidade e violência, quisesse avisar ao mundo que ia começar uma peça de minha autoria. Já se faziam ouvir as primeiras notas da abertura. Começava a subir o pano. Na coxia, *girls* e *boys* se preparavam para entrar, desfazendo-se em sinais da cruz. Os artistas passavam por mim e me batiam carinhosamente no ombro, repetindo a frase-amuleto das estreias, herança da tradição teatral francesa: "Merda pra você".

É, não havia mais nada a fazer.

NÃO NASCEU FILHO MEU, e foram quatro, sem que eu não me lembrasse daquela noite de março de 1933. Um filho, afinal, não deixa de ser uma peça a ser apresentada ao mundo, com todas as incertezas de uma estreia. Uma peça também é o mesmo que um filho caprichosamente feito e esperado com ansiedade durante muito tempo. Berço e cartaz se confundem em angústia igual no momento de passarem a ser.

Filho e peça foram acompanhados, trecho a trecho, enquanto ganhavam forma e dimensão. Cada pontapé dado pelo feto no ventre materno é como a conclusão de uma cena, porque é prova de vida, a coisa está começando a andar. Finalmente chega o momento de subir o pano, a companheira entra na sala de parto, e já não é possível interferir. Não dá mais jeito rever o texto a ser dito dali a segundos. Absurdo pretender radiografias no auge das convulsões, para saber se tudo está como se desejou. Ao pai-autor e ao autor-pai só resta o passeio agoniado no fundo da caixa do teatro, no corredor da maternidade, esperando o primeiro choro ou a primeira gargalhada. Se eu precisasse recomeçar, escolheria a profissão de fotógrafo, só para registrar esses momentos de autores e pais. Seria um papador de prêmios em todos os concursos.

Há o tipo que finge não perceber as entradas e saídas das enfermeiras na sala de parto, fingimento escondendo o medo de uma resposta desfavorável a qualquer pergunta. Outros são todos sorrisos sempre que as moças de branco passam a seu lado, como se essa demonstração de cordialidade e simpatia pudesse modificar o rumo natural das coisas. Uns terceiros não olham, não falam, mas basta reparar os pés para ver seu nervosismo através do couro do sapato: os dedos não param no contrai-relaxa. Quando estava para nascer meu terceiro filho, éramos três angustiados no corredor, e entre nós havia um tipo engraçadíssimo. Ia de um lado para outro sem dizer palavra. De repente parava, ia buscar um suspiro lá no fundo e descarregava seu comício contra os homens. Que somos uns egoístas, só pensamos naquela gozadinha de alguns minutos, jogando pra cima da mulher todo sofrimento que vem depois.

— Eu gosto de minha velha pra burro, e me dói saber o que ela está padecendo lá dentro. Dói, palavra de Deus. Se pudesse tomar o lugar dela, juro que tomava. Deixava me tirarem o filho pelo buraco que quisessem, mas que a coitadinha não passasse esses meus maus bocados.

Viriato Corrêa tinha um modo curiosíssimo de disfarçar o nervosismo nas noites de estreia: consumia quantidades incalculáveis de sanduíches. Custódio Mesquita escolhia o camarim mais afastado do palco, e ali dormia a sono solto durante o espetáculo. José Wanderley era um verdadeiro limpador de para-brisa, tanto se agitava. Ficava cinco minutos na plateia, ia apreciar o espetáculo dos balcões, passava para os camarotes, e, antes da primeira gargalhada, não gostava de qualquer comentário a respeito da reação do público: "Não fale, pelo amor de Deus, não fale que dá azar". Depois da estreia de *Rumo ao Catete,* fui obrigado a procurar o pronto-socorro, intoxicado por não sei quantas xícaras de café. O tique nervoso de Eurico Silva, autor de *Pense alto,* talvez fosse o mais curioso. Apanhava duas ripas e ia para o fundo da caixa do teatro. Durante todo o tempo do espetáculo ficava esfregando uma ripa na outra. Tanto o vi fazer isso, que, certa vez, indaguei por que o fazia, pensando tratar-se de um jabaculê.

— Talvez no fim de uma estreia eu ainda crie coragem para fazer o mesmo que fez aquele autor chinês.

— ...

— Quando o pano baixou, entrou em cena e matou os atores a porrada.

A estreia de *Flores à cunha* foi de encher as medidas de qualquer autor, quanto mais as de um principiante. Mas, à alegria do sucesso, juntou-se uma nota melancólica, causando-me um tremendo desencanto com criaturas julgadas formidáveis. Parte desse sucesso se deveu a Modesto de Souza, apanhado no bofete e susto para substituir Lourival Fontes, mas verdadeiro leão na defesa da parte cômica. Foi além de qualquer expectativa, desdobrando-se mais do que papel higiênico para manter a plateia em constantes barrigadas de riso.

Quando terminou o espetáculo, voei para a caixa, sentindo-me obrigado a pegá-lo ao colo em sinal de gratidão. Da caixa vinha saindo um dos empresários, e não interessa recordar seu nome. Eram dois e ambos morreram. Ao perceber meu entusiasmo, disse uma frase que me deixou sem ação:

— Não convém você dizer tudo isso ao Modesto. Nós estamos com vontade de contratá-lo. Se ele se sentir muito cartaz, vai querer um bocado de dinheiro. E é preciso aproveitar enquanto ele está na baixa, desempregado.

2

Animados com o sucesso de *Flores à cunha* — Carlos Bittencourt, um dos nossos maiores revistógrafos, escreveu a seu respeito que "... tem o seu cartaz garantido por muito tempo no Recreio" —, eu e Álvaro partimos para uma segunda experiência, e, em dezembro do mesmo ano, apresentamos *A grande estreia*. Não foi um espetáculo dos mais felizes. A bem dizer, foi um pequeno fracasso de bilheteria. Mas a crítica falou maravilhas, e dele me ficaram duas recordações pitorescas.

Naquele mês de dezembro nos visitava pela primeira vez o grande violinista Jascha Heifetz. O dólar custava bem mais barato, naquela época, e as temporadas de concertos eram ricas de cartazes. O Teatro Municipal estava ocupado por Fritz Kreisler. No Instituto Nacional de Música, que assim se chamava o atual Conservatório, a temporada era de Mischa Elmann. Dois grandes violinistas ao mesmo tempo. E ainda vinha Heifetz. Seus recitais tiveram que ser realizados no João Caetano, justamente onde estava em cena *A grande estreia*.

Na tarde de sua primeira apresentação, ele chegou mais cedo ao teatro, trancando-se no camarim para exercitar-se. Já era provocação excessiva para quem, como eu, sempre foi fascinado por ensaios. Aproveitando o livre trânsito que tinha naquela caixa, não resisti à tentação de fazer uma sondagem de fechadura. Que exercícios praticaria um artista de tamanho gabarito para se manter sempre em forma? Não iria perder a oportunidade que o destino me oferecia em bandeja nem à mão de Deus-Padre, mesmo se me aguardasse a decepção experimentada por aquele admirador fanático de Pablo Casals. O homenzinho levou oito anos em perseguição ao grande violoncelista, por todos os países e hotéis, na ânsia de vê-lo estudando, longe do público. No dia em que conseguiu um quarto ao lado do seu, com uma porta de comunicação que alguns dólares fizeram o camareiro entreabrir, teve de suportar Casals, durante três horas, indo e vindo com o arco sobre a nota lá, exercício fundamental dos violoncelistas, para manterem o equilíbrio e firmeza da arcada.

Aproximei-me com cuidados de assaltante do camarim onde escalas e arpejos eram realizados com fúria de Pantagruel. Benditos os deuses que me haviam soprado o "sim" àquela pergunta de uma noite boêmia (por que você não escreve uma peça?)! Ali estava eu, por desfrutar das regalias de autor e poder andar na caixa do teatro como se o fizesse em minha casa, gozando o privilégio que ninguém mais teria. Mas, na preocupação de não ser pilhado em flagrante, desastradamente fui de cabeça no trinco da porta do camarim, que se abriu num repelão, aparecendo uma carantonha — pela primeira vez, juro, me ocorreu essa palavra, desculpem — capaz de fazer inveja a um tigre, tão ferozmente o seu dono indagou:

— *Et quoi? On ne peut pas travailler tranquillement ici?*

"*Et quoi?*" Nunca tinha lido semelhante expressão nos livros de ginásio, mas devia ser qualquer coisa mais ou menos parecida com "*qu'est-ce que vous voulez?*" dos ensinamentos de Adrien Delpèch e Gaston Rusch, pois a situação não comportaria outra pergunta. E, pelo tom em que era feita, senti logo a necessidade de dar qualquer desculpa, antes de ser posto para fora dali a pontapés. Saltava aos olhos que o homem com cara de tigre seria capaz disso e muito mais.

Embaralhei o que havia aprendido no Pedro II com o ouvido das francesas do Mangue e da velha Raymonde, alinhavando uma explicação o menos pior possível. Que era antigo admirador de sua arte — o homem da cara de tigre não era outro senão o próprio Jascha Heifetz —, e possuía todas as suas gravações, mesmo se fosse preciso mandar buscá-las no estrangeiro, porque, como ele devia saber, éramos um país ainda não muito desenvolvido, tudo nos chegava sempre com algum atraso... Eu falava francês como uma vaca espanhola, e peço mil perdões ao professor Nascentes por usar uma expressão que ele várias vezes explicou ser uma forma deturpada do castiço "como um vasco (fala) o espanhol".

Meus argumentos não pareciam causar a mínima impressão no espírito de Heifetz, com a agravante de, já agora, nervosamente riscar o ar com o arco do violino, sinal de que, a qualquer momento, podia transformá-lo em chicote para meu pobre lombo. Foi quando me ocorreu a ideia luminosa, prova de que o estalo de Vieira, embora venha sendo considerado milagre, já anda sendo fabricado em série como qualquer mercadoria de consumo.

Além de tudo que já tinha dito, *monsieur*, eu era *l'auteur* da peça em cena naquele teatro. Talvez, ao entrar, ele tivesse visto o cartaz na porta. *L'affiche*, ahn? Pois é, *monsieur, moi, l'auteur...* Mário Lago. *Vous avez vu, je le crois... C'est moi.* Acredito que meu sorriso, naquele momento, fosse dos mais cretinos e desprezíveis, mas eu precisava sair da enrascada em que me havia metido, não interessando os meios. E, apesar de meu francês macarrônico, o argumento pegou. A fúria inicial se fez sorriso largo, e ele falou de colega para colega:

— Ah, *vous êtes auteur théatrale! Mes compliments. Eh, bien, vous pouvez entrer. Mais pas de bruit,* ahn?

A porta se abriu, finalmente e, diante de meus olhos deslumbrados, apareceu um homem de peito nu, cuecas beirando os joelhos. Recostada ao divã do camarim, uma mulher lindíssima, elegante como um cachorro galgo ou uma piteira longa, daquelas tão em moda nos tempos do cinema mudo: a atriz Florence Vidor, então esposa de Jascha Heifetz. Foi o grande apelo da temporada, distribuindo sorrisos que considerava indispensáveis à sua condição de esposa de uma celebridade mundial. Só ia para o camarote depois de ser dado o terceiro sinal, o público já todo acomodado e em condições de apreciá-la sob os mais variados ângulos. Tão diferente de Simone Signoret, quando acompanhou Yves Montand em sua temporada no Copacabana Palace. Tinha tanto cartaz quanto Florence, mas fazia questão de dizer a todos que viera apenas como esposa, recusando-se a dar entrevistas. Com que humildade ficava na coxia, pó de arroz e toalha de prontidão, para enxugar o suor de Yves de quatro em quatro números. Uma camareira não seria tão solícita.

Já lá se vão quarenta anos desse episódio, mas até hoje, sempre que ouço uma gravação de Jascha Heifetz, é como se o revisse em cuecas, andando de um lado para outro, do camarim, na maior exibição de sensibilidade e técnica, ao mesmo tempo que bronqueava sem parar contra o calor que asfixiava. "*C'est le Senegal!*"

POUCO DEPOIS DO lançamento de *A grande estreia*, minha turma da Faculdade de Direito fez sua colação de grau no Teatro João Caetano. A cerimônia estava marcada para as cinco da tarde, e tudo deveria processar-se dentro do horário, sem qualquer atraso, já que o espetáculo começava às oito. Eram duas sessões, qualquer demora representaria prejuízo para a companhia. Mas houve atraso, evidentemente. E alguém pode conter um discursador quando ele se destrambelha deitando sabença?

No que o palanfrório ia em meio e auge, começaram a chegar as bailarinas. Os colegas de turma ficaram assanhadíssimos diante de tanto mulherio. Eu, figura de todos os dias na caixa daquele teatro, me prestei um pouco ao papel de gerente de randevu. Apresentei-os às de minha intimidade maior, que, por sua vez, os aproximaram das outras com quem eu convivia menos, e o divertimento foi bom. Tão bom que, ao se iniciar a chamada dos senhores bacharelandos, para a entrega dos respeitáveis canudos, foi um deus nos acuda, quase ficando interrompida a cerimônia. Cada nome precisava ser repetido até cinco vezes, porque a rapaziada havia escolhido uma solenidade muito mais interessante nos cantos e recantos do teatro.

Anos mais tarde, encontrei o professor Ari Franco numa noitada de Fiorentins. Lembramos a solenidade da colação de grau, e ele não conseguiu disfarçar sua emoção, frisando para os amigos de mesa que nós, a primeira turma que ele lecionara na faculdade, o havíamos eleito paraninfo por unanimidade. Nas suas lembranças, ganhávamos condição de joia de rapaziada.

— Só não perdoo a vocês a molecagem. Safadeza, vá lá, de não me terem chamado para aquele ato variado nos bastidores. Havia uma moreninha, estava até de agarramento com o Frota Moreira, se não me engano... eu estava suportando a xaropada, mas não perdia nada do que acontecia lá dentro... bem merecendo se mandar às favas toda aquela cocorocagem.

3

Nos primeiros momentos em que me apresentaram ao Custódio Mesquita, a impressão não foi das mais agradáveis. Aconteceu no Bar Nacional, na Galeria Cruzeiro, um dos pontos preferidos da turma boêmia, onde anos antes me haviam apresentado a uma das figuras mais maravilhosas que já encontrei: o desenhista mexicano Enrique Figueroa.

Baixo e atarracado, traços rebeldes de índio que não se deixou dominar pelo conquistador espanhol, Figueroa era um permanente aviso de investida. Essa primeira impressão, aliás, foi comprovada nos primeiros minutos de nossa conversa. Um mendigo nos estendeu a mão pedindo uma esmolinha pelo amor de Deus. Muito brasileiramente, Orestes Barbosa levou a mão ao bolso procurando um níquel. Não foi bem o Figueroa que lhe pulou em cima, impedindo o gesto da caridade. Foi mais uma pantera, tão feroz se tornou seu rosto. Depois de contido o Orestes, segurou o mendigo pela gola do casaco, sacudindo-o como se visse nele o responsável por todas as culpas do mundo, enquanto gritava, espumando:

— *No pida limosna. Haga su protesta, hijo de un perro sinverguenza y sin cojones.*

Quando começava a beber, deixava as cabras a perder de vista, o diabo do descendente de Montezuma, mas seu vício tinha fases. Era o primeiro a sentir o momento em que o organismo atingira o ponto de saturação, desaparecendo do jornal e dos pontos diários. Os amigos já sabiam que, por suas próprias pernas e vontade, procurara o hospício, onde o atendiam a ciência e o zelo do professor Juliano Moreira, tantas vezes o medicara. Quando a bebedeira alcançava o auge, todo o seu ódio de anarquista nato se voltava contra a polícia, não encontrando sossego enquanto não armava uma briga com os da farda.

Morreu por causa disso, o pobre coitado. Num de seus porres, saiu no braço com um bando de meganhas. A surra foi homérica, embora forte como um touro, pois era um só contra muitos homens e muitos chanfalhos. Levaram-no apressadamente para um hospital, antes de a notícia se transformar em escândalo, pois ele trabalhava na *A Crítica*, do Mário Rodrigues, e *A Crítica* não fazia graça pra ninguém. Foi medicado às carreiras por um plantonista inexperiente. Às carreiras e em segredo, sem sequer registro da ocorrência, como se fosse um caso sem importância, que assim convinha aos espancadores. Morreu de tétano, tão precário foi o atendimento, só se vindo a saber de sua morte dias depois.

Custódio Mesquita estava em companhia de Mário de Azevedo, pianista com tudo para vir a ser um grande nome aqui e além-terras, mas que se deixou levar pela displicência e acabou atirando pérolas a porcos, como batedor de teclas em cabarés de terceira. Depois das apresentações, Custódio continuou a conversa interrompida pela minha chegada, e que girava em torno de sua própria pessoa, de seus sucessos como compositor e garanhão, pouco sobrando de outros valores no dito e contado. De repente, se aproximou da mesa o secretário de Francisco Alves. O cantor, já célebre nessa época, mandava pedir ao Custódio que desse um pulo até sua casa para mostrar as novidades acabadas de sair do forno. Estava preparando um disco e gostaria de incluir alguma coisa do autor de "Se a lua contasse..."

— O Chico sabe muito bem onde eu moro. Se está querendo músicas, é só me procurar na Ipiranga, 32, o elefante cor-de-rosa. A distância é a mesma, diga isso pra ele.

O pobrezinho do secretário do Francisco Alves saiu que dava pena, quase a ponto de pedir desculpas por haver nascido, enquanto o Custódio comentava, mal contendo a irritação:

— Viu só, seu Mário de Azevedo, como essa gente está ficando abusada? Era só o que faltava, eu... EU sair de minha casa pra ir mostrar música a um cantor. Eu sou o Custódio Mesquita, pomba!

Para mim, a conversa estava encerrada, não havia mais qualquer razão para eu continuar naquela mesa. Essas exteriorizações de superego sempre me provocaram um certo cansaço, e não compreendo agredir quem veio apenas trazer um recado. Quando eu ia saindo, ele me segurou pelo braço, já agora num gesto cordial, nada parecido com o tom de arrogância de há pouco. Como se fosse outra pessoa.

— Você tem alguma letra disponível, que ainda não esteja com ninguém para musicar?

Eu já andava metido no ambiente de samba, meu entusiasmo desde os tempos de aluno de dona Lucília Villa-Lobos. Mantinha amizade com diversos compositores, que me procuravam para colocar suas músicas nas revistas escritas com Álvaro Pinto. Numa delas, Carlos Galhardo estreou em teatro. Mas não considerava essa atividade uma coisa regular. Até aquela época só gravara a marchinha "Bate, bate, coração", de parceria com Roberto Martins, na voz de Aracy de Almeida. Fiz ver isso ao Custódio Mesquita.

— É, mas você faz letras num estilo que me agrada. Já viu que minha tendência é toda para o romântico, não é? Podíamos fazer uma parceria fixa, tipo marca de fábrica, assim como o Braguinha tem com o Alberto Ribeiro, o George com o Ira Gershwin. Eu gosto de trabalhar com parceiro permanente, a gente vai se conhecendo melhor. Vamos dar um pulo lá em casa, eu tenho umas coisas novas. Talvez você se anime a botar letra numa delas.

Naquele momento estava nascendo uma parceria em música e teatro, duradoura de dois anos, e uma amizade que continuou, mesmo depois de eu enveredar pela comédia com José Wanderley, até a noite em que chegou a notícia ao Café Nice:

— O Custódio está internado na Beneficência Portuguesa. Parece que não tem mais jeito.

Eu, Sílvio Caldas e Ataulfo Alves fomos correndo para lá. Já não dava acordo de si. A boa velha Camila, mãe chamada por ele de "minha namoradinha", contou que o médico havia recomendado meio comprimido de Luminal antes de deitar. Completamente destrambelhado dos nervos, como andava nos últimos tempos, Custódio estava ingerindo um tubo por dia. Na manhã seguinte, quando telefonei para saber notícias, a informação foi gelada como um comunicado oficial: a família já tinha levado o corpo para a capela do São João Batista.

Figura curiosa, o Custódio, possivelmente desenhado a bico de pena por Gustavo Doré para uma edição de *Dom Quixote*. Cabelo cuidadosamente despenteado, os olhos em constante agitação, como se não quisessem perder o mínimo detalhe do que se passava num raio de 180 graus, e talvez por isso vivesse repetindo que não tinha tempo para se preocupar com fracassos, como George Gershwin. Quando se aproximava de uma roda, dava sempre a impressão de estar chegando para um desafio.

Poucas pessoas conheci com tanta capacidade de orgulho. Uma vez, no início de nossa parceria em teatro, quase chegamos ao atrito por causa disso. Ele dizia sempre "as minhas peças". Um dia, a paciência saiu pelo ladrão e eu usei a mesma linguagem:

— Espera aí, as nossas peças.

— Exato. Mas você diz sempre "as minhas peças". Se eu disser "as nossas peças", elas ficam sendo mais suas do que minhas. Eu dizendo "as minhas peças", aí a parceria fica equilibrada, elas são nossas em igualdade de condições.

Mas o tempo de intimidade acabou me mostrando serem essas explosões mais certeza do próprio valor do que vaidade sem sentido. Não podia compreender, por exemplo, que alguém dissesse não conhecê-lo. Nesses momentos, estufava mais do que sapo querendo virar estrela. Dava uma banana capaz de sacudir o bondinho do Pão de Açúcar e o Cristo do Corcovado!

— É só pra não dar o braço a torcer, seu Mário, só pra não dar o braço a torcer. Porra, eu sou atração número um em qualquer ato variado — e você é testemunha disso —, nos cartazes meu nome figura lá no alto, junto com os maiorais. Você viu o caso do Francisco Alves me pedindo música. Ninguém assina contratos ganhando mais do que eu. Que conversa é essa, agora, de dizer que não me conhece? São uns invejosos de merda, pode contar. Se é homem que diz isso, é porque a mulher dele tem ideia de jerico comigo. Se é mulher, é porque eu é que não quis trato com ela. Pode jurar que é isso.

Essa tendência para a autoadmiração fez com que certa noite quase se atracasse com o Sardinha, chefe dos porteiros do Teatro Recreio. Nome bastante conhecido nos meios de música e rádio ele já era, mas estava dando os primeiros passos como autor teatral. Rádio não mostrava a cara de ninguém. O artista ficava atrás do microfone, só se mostrava em revistas, às vezes num filme. E acontece que o Sardinha, além de não se deter muito em leituras nem ser frequentador de cinema, era a personificação da intransigência e do bom cumprimento de ordens. Se o velho Manuel Pinto determinasse que ninguém podia entrar no teatro, seria muito homem para barrar o próprio Pinto, pois a ordem dizia ninguém, e ninguém é ninguém, fim de papo, seja lá quem for. Eu entrei sem problemas, rato que era daquele teatro. Quando Custódio pretendeu acompanhar-me, teve os passos barrados pelo Sardinha.

— O senhor...?

— Eu sou o Custódio Mesquita.

— Desculpe, mas eu não conheço o senhor. Quer fazer a fineza de me mostrar sua identidade?

Se lhe fosse permitido, Custódio teria assassinado o Sardinha ali mesmo, sem a menor contemplação, pois se havia coisa capaz de lhe estragar o resto da noite era levar desaforo para casa. Dizer que não o conhecia! Mas se conteve, preferindo deixar o Quixote, sempre em cócegas dentro dele, fazer das suas. Tirando um cartão do bolso, colocou-o na mão do perplexo Sardinha e foi entrando sem esperar resposta:

— Quem usa carteira de identidade é ladrão. Cavalheiro usa cartão de visita.

Quando achava que tinham pisado nos calos de seu orgulho, não lhe interessava se quem o havia feito era importante ou joão-ninguém, nem se sua explosão poderia trazer-lhe prejuízos. Naquele tempo, Aracy Cortes era o maior nome da revista, e o arranca-rabo entre os dois foi de sair de perto. Aliás, uma briga de duro com duro, que não faz bom muro. Aracy também defendia como fera o cartaz alcançado com muito suor e dificuldade. A pendenga era porque a grande sambista estava de má vontade com um número do Custódio. "A música vai ser o maior estouro", garantia ele. Ela fincava o pé. Era a Aracy Cortes, bolas!, tinha um nome a defender, não podia apresentar números fracos, pois o público só queria ouvi-la cantando coisa que prestasse.

— Ora, minha senhora, eu sou o Custódio Mesquita, cartaz com *k*, que é muito mais cartaz. E do alto desse cartaz não vejo ninguém, está ouvindo? Ninguém!

Mas ao lado dessa elefantíase de vaidade havia um coração. Quando o Jorge Faraj teve uma fraqueza pulmonar e precisou ir para Campos de Jordão, mensalmente o Custódio lhe mandava um dinheirinho sem fazer nenhum alarde do gesto. Só eu é que sabia disso, e ele sempre me pedia que não saísse comentando com os outros.

— Senão vão pensar que eu sou como o Paganini, que quando resolveu ajudar o Berlioz a sair do miserê, fez isso mandando uma carta aberta aos jornais, para todos ficarem sabendo que ele tinha salvado o colega.

Essa segunda faceta do Custódio eu pude conhecer certo fim de madrugada, quando íamos saindo do Assírio, cabaré existente no térreo do Municipal, onde hoje funciona o Museu do Teatro. Quem o explorava naquela época era Antônio Fontanilla, argentino estradeiro a mais não poder, com curso de aperfeiçoamento nos cais de Marselha e vielas de Casablanca, havendo ainda quem garantisse ter sido ele apache em

Paris, antes de os apaches serem pacatos funcionários dos serviços de turismo da França. Esses boatos ganhavam alguns foros de verdade por causa da marca de navalhada que lhe decorava o lado esquerdo do rosto, e em torno de cuja origem ele mantinha tremendo charme de mistério, alegando que, "*en la vida hay cosas que es mejor olvidar, viejito.*"

Esse muito andar pelo mundo lhe deu uma filosofia boêmia para encarar as coisas, as pessoas e a vida, sempre disposto a chutar para o alto o que visse de ruim. Adorava, por exemplo, quando saía um cu de boi no cabaré, mesmo se disso resultasse alguém ferido ou se partissem alguns dos espelhos bisotados que o Assírio tinha, às dezenas, forrando as paredes de cima a baixo.

—- *Después de la pelea la muchachada siempre pide más cerveza, y es de eso que yo vivo, coño.*

Custódio tinha vindo de um festival. Quando se apresentava em público, não dispensava a corrente toda de ouro, com *châtelaine* também de ouro e cravejada de brilhantes, presente de sua velha mãe. Mesmo que o espetáculo fosse num circo do subúrbio mais distante e pé de chinelo, e que os amigos o prevenissem contra um possível assalto, a corrente o acompanhava como um amuleto. Não estávamos muito seguros nas pernas quando saímos do Assírio. Ao chegarmos à calçada, fomos abordados por uma figura apavorante de pau de arara. As bochechas do homenzinho deviam encontrar-se no centro da boca, tanto a miséria já lhe havia descarnado o rosto. Segurou Custódio pelo braço e falou num arquejar que transparecia ameaça:

— Moço, faz mais de seis dias que eu tô no Rio e até agora não senti gosto de sal na boca. Eu posso passar fome, já acostumei. Mas minha gente não.

Olhamos o que estava por trás do pau de arara, e que constituía aquele tão dimensionado *minha gente*. Uma mulher mais parecida feita de gravetos, tendo ao colo alguma coisa, talvez até uma criança. Grudados à sua saia, dois meninos nos olhando com mal disfarçado pavor de dizermos não. Abraçada aos dois meninos, uma garota de cara suja e vestido rasgado. Depois de eu lhe dizer que mal me sobrava o da coalhada na Leiteria Bol, Custódio arrancou a corrente com todos os pertences.

— Toma, meu irmão, bota esse troço no prego. Vai dar pra vocês comerem pelo menos um ano.

Eu estava um pouco mais sóbrio do que o Custódio. Quando a família se afastou, com agradecimentos que iam da Virgem Santíssima ao Padre Cícero, tive um momento de reflexão, perguntando ao parceiro se ele imaginava qual poderia ser o fim de tudo aquilo.

— Vou matar a fome dessa gente, merda de vida. Ainda bem que arranjei um tempinho de sossego pra eles.

— Arranjou foi cadeia.

— Cadeia, por quê?

— E alguém vai acreditar que um sujeito como aquele tem alguma joia de ouro e brilhante? Vão pensar que roubou.

— Nem pensei nisso, puxa. A vida é ou não é uma merda? Mas não tem nada, não, eu dou um jeito. Vamos acordar o Albino. Ele safa essa onça.

Albino era irmão mais velho do Custódio. Delegado de Polícia na época, depois de ter sido craque de futebol (e como vibrei com ele, nos seus tempos de becão do Fluminense, levando no chute bola, adversário, juiz e o assistente mais próximo do campo!); pai do Albino Pinheiro, da Banda de Ipanema, carnavalesco heroico e teimoso.

O irmão do Custódio nunca foi homem de noitadas, a não ser nas vigílias de plantão, por isso desencadeou uma torrente de palavrões quando se viu acordado aos trancos. Mas, depois de ouvir a história e fazer as clássicas censuras de irmão mais velho, concordou em telefonar para todas as delegacias, relatando o acontecido e pedindo: se telefonassem de alguma agência de penhores, no dia seguinte, comunicando que um sujeito, assim e assado, estava querendo empenhar uma joia, assado e assim, comunicassem imediatamente ao Custódio e esperassem sua chegada. Não fossem exemplando o coitado, pelo amor de Deus!, que ele não era ladrão.

Às nove da manhã telefonaram de uma delegacia do centro. O pau de arara tinha ido empenhar a corrente na agência da rua Sete de Setembro. Fomos disparados para lá. A choradeira da família era geral, em dimensão sinfônica. O pobre coitado jurava nunca ter passado um vexame daqueles, a mulher amaldiçoava a hora em que tinham vindo para o Rio, as crianças talvez não compreendessem o porquê de tanto choro, mas choravam também. A história acabou numa pensão da rua do Lavradio, Custódio pagando hospedagem e comida para toda a família durante seis meses. E, mais tarde, ainda arranjou um emprego para o pau de arara.

FELIZMENTE, NOSSA primeira parceria musical passou em branca nuvem. Era uma marchinha, a fina flor da calhordagem, gravada pelo Mário Reis em 1936. A letra me deve ter sido soprada pelos espíritos de Daniel Lago e Basílio Malheiros do Lago, antepassados de tão safada memória: "Menina, eu sei de uma coisa/que pode sua vida encrencar./Se você não quer fazer camaradagem,/me desculpe mas eu vou espalhar".

O dinheiro começou a entrar realmente, e aos potes, quando escrevemos "Sambista da Cinelândia" para a Casa de Caboclo. Era uma cartada perigosa que o Duque ia arriscar. Seu teatro nascera na praça Tiradentes, funcionando no *hall* do Cinema São José. Teatro eminentemente caipira, onde alcançaram nome Jararaca e Ratinho, Alvarenga e Ranchinho, os cômicos Matinhos e Apolo Correia, Antônia Marzulo — avó de Marília Pera —, Jurema Magalhães e seu marido Fred Veloso (por esse também muito gritei na arquibancada das Laranjeiras, quando goleiro do Fluminense), Zé-Com-Fome, que mais tarde seria o Zé da Zilda, dupla de sucesso em tantos carnavais. Ema D'Ávila...

Com a mudança para o Teatro Fênix, na esquina de Almirante Barroso com México, uma casa de espetáculo que engolia quase dois mil espectadores, o Duque achou que a proposta de um teatro regional precisava levar uma sacudida. Alguns duvidaram do êxito quando foi anunciado que a peça em preparo se passava no ambiente de uma estação de rádio. O próprio Humberto Miranda, ensaiador da Companhia — conhecido nas rodas de teatro como Herói da Rotunda, pois tomara parte nesse combate que definiu a República em Portugal —, vivia se lamentando pelos cantos que o público da Casa de Caboclo já estava acostumado com as caipiradas. "O Custódio e o Mário têm piada, lá isso têm, mas... por minha mãe que não sei em que dará tudo isso. Nossos espectadores gostam de embolada, coco, cateretê. Será que vai aceitar o samba?"

Felizmente aceitaram — a peça rendeu duzentas representações! —, e isso firmou a parceria.

4

O teatro de revista que encontrei em minhas primeiras tentativas nada tinha a ver com o teatro que hoje em dia chamam de rebolado. Rebolar se rebolava, mais do que lógico, pois, se não existe mentira ou erro nas informações deixadas pela história, essa é uma prática usada desde que os homens e as mulheres das cavernas descobriram a necessidade e alegria de um pequeno exercício. Mas lá pelos fins da década de 1930, princípios da de 1940, a crítica teatral ainda tinha grande prevenção contra o picante, o *sal grosso,* como chamavam. Relendo recortes de 1937, encontro diversos reparos a peças minhas com Custódio, predominando em todos eles a tecla do moralismo. Por isso, as transcrições vão sem indicação dos autores. Devem ter ganhado o reino do céu, coitados, e não conheço nada mais promovido do que o céu.

> Ressalvo duas passagens, talvez um tanto ou quanto pesadas, e que, justamente por isso, destoam berrantemente de todo o resto da revista. São duplos sentidos que, por mal velados, tangem com a licenciosidade"... "Os autores abusaram, porém, das piadas escabrosas, tornando dessa maneira a peça imprópria para famílias"... "Nair Farias, além disso, esquecendo-se de que está num teatro familiar, exagerou lascivamente os requebros e remelexos dos quadris no samba do 2º ato.

Os requebros lascivos e exagerados dos quadris de uma sambista faziam tremendo sucesso, é claro, e coitadinhos de nós, como povo, se não déssemos o devido apreço a esse maravilhoso tipo de *invitation à la valse.* Principalmente se os quadris eram de Nair Farias, mulata de um metro e oitenta, um aguado nos olhos que endoidava qualquer um, e de quem o José Lira, crítico teatral do *Diário Carioca,* dizia em babas: "Isso é um banquete pra se saborear com guardanapo de seda, talheres de ouro e preparo físico pra dar a volta ao mundo". Mas, tanto interesse quanto esses requebros lascivos, despertavam também os quadros políticos, uma das sensações das revistas. Os espectadores não saíam do teatro satisfeitos se não vissem críticas à situação, aos homens públicos que se metiam em escândalos e desmandos. Na opinião de um cronista teatral,

> *Rumo ao Catete* se garante logo no número de abertura. Ítala Ferreira recita uns versos políticos envolvendo os figurões de maior evidência, com a vantagem de, aos bois, serem dados os nomes. O público fica satisfeito com a irreverência das estrofes, que são verdadeiras catilinárias, e se dispõe a gostar do espetáculo.

Era o gênero de maior empatia popular, a revista. Seus frequentadores, fossem da plateia ou das torrinhas, se viam a cada instante retratados nos tipos colocados no palco, vibrando como se vissem suas próprias imagens num espelho. E, levados sempre num tom para fazer rir, alcançavam facilmente o objetivo do autor, pois não casualmente os antigos inventaram a história do *ridendo mores castigat.*

Mesquitinha foi de nunca mais se esquecer na encarnação do funcionário público jamais desesperançado da tão prometida reclassificação, ou do pingente sofredor, esmagado e se desfazendo em suor e vertigem nos trens da Central, sempre atrasados, sempre se engavetando uns nos outros, mortos e feridos às centenas, promessas de medidas drásticas para segurança dos que viajavam, promessas que, já naquela época, acabavam se resumindo na demissão de um pobre maquinista.

Ah, os fuzileiros vividos pelo Pedro Dias, tipo quase obrigatório em nossas revistas, sem isso provocar melindres corporativos, a não ser uma vez, na estreia de *Mamãe, eu quero,* minha segunda parceria com Custódio Mesquita. Num dos quadros, o personagem criado pelo Oscarito — já desempregado bota tempo nisso, e não tendo como arranjar nem o da boia no china — lançava mão de um recurso extremo: disfarçava-se de baiana e ia para a rua vender bolinhos e quitutes. Um fuzileiro que ia passando, Pedro Dias, ficava tarado com o que pensava ser realmente uma filha da terra do vatapá. E começava a paquera. A baiana não podia revelar sua verdadeira identidade porque isso ia estragar a venda dos bolinhos, comidos às dúzias pelo fuzileiro, que fazia dessa generosidade um estratagema para arrastá-la.

O teatro vinha abaixo, tantas eram as gargalhadas, pois o Oscarito e o Pedro Dias sabiam explorar essas situações equívocas como ninguém. Os autores nem precisavam queimar as pestanas fabricando graça. Bastava esboçarem a situação, que eles faziam o resto. E como sabiam fazer! Que *gags* inventavam!

Mas, de repente, surgiu o tumulto no meio da plateia. Da caixa do teatro não dava para se calcular com exatidão o motivo de tudo aquilo. Uma ou outra palavra, dita em tom mais apoplético, dava a entender que estava havendo protestos contra o quadro, que alguém o achava ofensivo a uma das mais dignas corporações de nossas Forças Armadas. Foi quando chegou a informação do Bananeira, faz-tudo que tanto ia buscar café como arranjar homens para as coristas, sempre mascando um charuto fedido de não se suportar:

— Tem duas mulheres lá na plateia batendo num cara.

Aí o tumulto ficou sério mesmo, e a Polícia interrompeu o espetáculo. Serenados os ânimos, veio a explicação. Na plateia estava um sargento dos Fuzileiros Navais. Talvez porque não tivesse ouvido direito o solilóquio em que Oscarito explicava sua situação de desespero e o recurso usado para não morrer de fome, talvez por não ter entendido direito essa explicação, a verdade é que o bom sargento imaginou no Oscarito um travesti muito do sem-vergonha, e ofendia a toda a corporação um fuzileiro se interessar por essa espécie de gente.

Mas estava em dia de pouca sorte o pobre coitado. Sua cadeira ficava rigorosamente embaixo da frisa ocupada por dona Camila Mesquita e dona Francisca Maria Vicência Croccia Lago. Quando ele se levantou para lavrar seu protesto, as duas lhe caíram em cima de bolsas e unhas. Se Rômulo e Remo tivessem encontrado essas duas lobas para amamentá-los, teriam fundado toda a Europa e não apenas Roma. Foi necessária muita habilidade para as duas não irem dormir no distrito. Para azar delas, o protestador estava fardado, com divisas e tudo, e bater em farda é fogo, quanto mais em símbolos de patente.

Quem não delirava com as mulatas sestrosas e irreverentes da Aracy Cortes? Tinha prestígio bastante para espinafrar a plateia quando se mostrava desatenciosa enquanto ela estava cantando. Sambava sem precisar atirar as cadeiras norte-sul-leste-oeste. Mais do que um bailado, era um verdadeiro bordado que ela fazia com as pontas dos pés, deslizando em todas as direções do palco. E os malandros criados pelo Oscarito? Cansei de ver casas lotadas durante noites e noites nos teatros onde seu nome era anunciado. E tantos outros, hoje escondidos na memória, que lembravam ao público seu cotidiano de sofrimentos, dificuldades.

Por isso mesmo, a revista foi o gênero mais atingido pelas limitações, pelo arrocho cada vez maior, quando foi preciso construir uma linda imagem de país e povo. O entendimento das torrinhas sempre foi considerado mais perigoso, porque custa barato.

5

Não poucas pedras me atiraram na caminhada, mas nunca por ter sido aluno, pelo menos sofrível, em qualquer matéria que dependesse de operações matemáticas, mesmo as mais simples. Para não perder a aprovação já conseguida no vestibular para a Faculdade de Direito, precisei levar o certificado ao presidente da banca de Geometria — preparatório do qual eu ainda estava dependendo e no qual vinha sendo reprovado dois anos seguidos —, e pedir-lhe, vergonhosamente quase de joelhos, que me deixasse passar, pois nunca mais, na vida prática escolhida, ninguém ia mandar-me demonstrar que o quadrado da hipotenusa é igual à soma do quadrado dos catetos.

No 1º ano do Pedro II só consegui passar em Aritmética (naquele tempo, primeiro se estudava Aritmética, depois Álgebra, e por fim Geometria), graças a uma bem-armada demagogia sentimental. O professor da turma era Arthur Thiré, falecido pouco depois de iniciadas as aulas. Veio substituí-lo seu filho Cecil, "espanador da lua", assim o chamavam os alunos à boca pequena, pois, de tão alto, dava a impressão de poder furar qualquer teto, se lhe desse na veneta. Quanto tinha o pai de afável, tipo do bom velhinho de contos infantis, tinha o filho de secarrão, como se nada fosse capaz de atravessar-lhe a pele, nunca tendo sido pilhado em flagrante de sequer sorriso.

No último dia de aula de cada matéria, era praxe os alunos oferecerem *corbeilles* aos professores, cerimônia com discurseira e o diabo. Essa rotina tinha sua utilidade: finda a homenagem, e no embalo da emoção, geralmente o professor aumentava um ponto na média final dos alunos. Estávamos quase todos pendurados em Aritmética, por isso escolhemos o colega mais brilhante para entregar as flores ao Thiré, e ele foi realmente genial. Não usou as tradicionais palavras da bajulação nem disse da saudade que íamos sentir do mestre durante as férias, chavão utilizado por quase todos. Nada disso. Apenas pediu permissão para depositar aquelas flores no túmulo de Arthur Thiré, convidando o filho a incorporar-se à turma na "singela e merecida homenagem". O secarrão vacilou, aumentando um ponto na média de cada aluno, e nessa vacilada passei em Aritmética, gloriosamente sem saber demonstrar o teorema tão do agrado do "espanador da lua", com o qual me azucrinara a paciência e me enchera de zeros o ano inteiro: a série dos números primos é ilimitada.

Minha aprovação em Álgebra, no terceiro ano, foi outra mão de obra. Oito meses de turras com o professor Roxo. Ser convidado a me retirar da sala virara hábito. Não poucas vezes ele já entrava dizendo: "Seu Mário Lago, pode sair". Os zeros, de tantos, poderiam ser vendidos como pedras para colar. E, durante o ano inteiro, aquela ameaça: "Na hora do exame você me paga". Mas tive um explicador maravilhoso, que trocava em níqueis de tostão todas as complicações inventadas pelos árabes. E fui para a prova oral precisando de sete. Mas seguro morreu de velho, e eu precisava defender-me de quem estava me tocaiando.

Pouco antes do início da prova oral, o professor Roxo estava conversando com os colegas de banca. Como se não o visse, fiquei junto dele com o Rocha Freire, e no bate-papo deixei escapar, muito preocupado, uma confissão que deve tê-lo deixado com cócegas para entrarmos logo em sala e ele poder examinar-me: "Se me perguntarem alguma coisa sobre o problema dos correios estou roubado. Aquilo não me entra na cabeça de jeito nenhum". Estava preparada a armadilha, e o professor Roxo entrou nela *con botas y todo*, como dizem os espanhóis. Na hora do exame, não quis que eu tirasse ponto. "Vou lhe fazer apenas uma pergunta: problema dos correios". Era o que eu mais sabia da matéria e me permiti oferecer um pequenino espetáculo.

Sem nunca ter compreendido dez réis de mel coado das demonstrações teóricas do princípio de Faraday, guardei, no entanto, seu enunciado: as eletricidades de nomes contrários se atraem, e as do mesmo nome se repelem. E só vim a compreender sua aplicação depois de me tornar amigo de José Wanderley. Conhecemo-nos em rodas de café, ele saboreando o sucesso de *Compra-se um marido,* comédia montada por Procópio Ferreira. Da intimidade de todos os dias, morando juntos durante algum tempo, nasceu a peça *O beijo que era meu,* mais tarde reescrita para Palmeirim Silva com o nome de *Canário,* título que não tinha nada a ver com a peça, visava apenas aproveitar o sucesso alcançado por um burro com esse nome, participante até, como vedete, do show do Cassino da Urca.

Em termos de bilheteria, fizemos uma parceria feliz. Algumas de nossas comédias digestivas nos deram até prêmios. Diversas delas se transformaram em roteiros de filmes, chegando uma a ser traduzida no exterior. Havia entre nós dois um denominador comum extraordinário: a invencível preguiça na hora em que era preciso começar a escrever. Craneávamos o assunto da peça, definíamos os personagens, esquematizávamos os três atos, cena por cena, diálogo por diálogo. Mas tudo isso apenas na cabeça, fruto de um trabalho feito durante caminhadas intermináveis, madrugadas de boêmios e vagotônicos.

O diabo era quando esbarrávamos na inevitabilidade de escrever. Aí começava um jogo de empurra de não acabar nunca. Hoje, o Wanderley estava morrendo de dor de cabeça, incapaz de alinhavar dois pensamentos. Amanhã, era eu que tinha passado a noite da véspera em claro e não me aguentava nos olhos. No terceiro dia, por sorte de nossa preguiça, havia o jogo do Fluminense, e nós, tricolores fanáticos, não teríamos serenidade de espírito para enfrentar uma máquina. Por causa dessa preguiça, fomos obrigados a escrever o terceiro ato de *Pertinho do céu* em quatro horas, trancados a sete chaves num camarim do Teatro Carlos Gomes.

Foi em 1942. Delorges Caminha estava procurando uma peça para estrear sua temporada. Nós tínhamos dois atos prontos. Clementino Dotti, secretário da Companhia, leu esses dois atos e achou que seria a peça ideal para a estreia, pois tinha papéis para todo o elenco. Os dois atos entraram em ensaios imediatamente, foi lançada a propaganda marcando data para o início da temporada... e nada de nos dispormos a concluir a peça. Assistíamos a todos os ensaios, contávamos para todo mundo o que iria acontecer, reproduzindo até diálogos. Mas hoje o Wanderley estava morrendo de dor de cabeça, amanhã era eu que tinha passado a noite da véspera em claro etc. etc.

Uma noite — faltando dez dias para a estreia, a censura exigindo o terceiro ato para poder liberar o espetáculo —, quando entramos no teatro, o Clementino nos chamou ao camarim do Delorges com uma desculpa qualquer. Depois de estarmos lá dentro, pediu que esperássemos um instante, alegando providências a serem tomadas quanto ao cenário, e saiu. No que nos demos conta, a porta estava sendo fechada a chave, enquanto ele berrava às gargalhadas:

— Só abro a porta depois que vocês acabarem o terceiro ato. Nem que seja amanhã de manhã. Em cima da banqueta vocês têm máquina, papel, cigarros e garrafa térmica. Divirtam-se.

O terceiro ato foi de um agrado além de qualquer expectativa, e, a partir desse dia, havia mais um elemento para justificar nossa preguiça: escrever em cima da hora dava sorte.

MAS FORA ESSA PREGUIÇA, propriedade comunitária, sempre fomos as criaturas mais opostas que se possa imaginar. Wanderley passava semanas inteiras mal-humorado se algum crítico fizesse restrições a uma de nossas peças, mesmo sendo uma questão de detalhes, e não se conformava com minha fleuma: "Cada um ganha a vida como pode ou sabe. Nós escrevemos, eles criticam. É a chamada divisão de trabalho". Eu estava sempre propenso a discordar dos enxertos feitos pelos atores, e então o calmo era ele: "Por que você há de estar fazendo mau sangue? A peça não é pra fazer rir? O público não está rindo? Acho que o errado é você".

Eu, materialista; ele, católico fervoroso, embora nos dias de estreia não se recusasse a umas incursões pelo espiritismo e macumba. Moramos juntos durante algum tempo. Todas as noites ele rezava antes de se deitar. Mas de minha cama, fingindo já estar dormindo, reparava que ele rezava escondido. Talvez encabulamento de ser pilhado fazendo o sinal da cruz. Ou, o que é bem mais provável, extremo de delicadeza, evitando chocar meus princípios.

O trabalho gerou uma amizade de 45 anos. Mas nunca me foi possível trazê-lo para o lado da corda onde eu puxava o cabo de guerra. Era sensível demais para que eu o forçasse. E pode ser também que eu me deixasse iludir pelo sucesso que nossa próxima peça iria alcançar.

Histórias do não-pode realmente não pode

Quem corre para na estrada,
quem voa se desarvora,
devagarando na andada
leva jeito de demora,
mas dá pra chegar na hora
sem canso, suor nem nada.
Aguento o tranco e não falo,
que a vida me ensina assim:
quem passa e pisa meu calo
na volta passa por mim.

1

Isto já faz bem pra lá de tempo — na verdade, talvez, nem tanto assim, mas acontece que as coisas boas sempre deixam a impressão de terem acontecido ainda nos dias das caleças e anquinhas. Oduvaldo Vianna Filho, o Vianninha da inesquecível querência de todos nós, andou de cabeça voltada para a ideia de montar um espetáculo tendo como personagem principal a censura através dos tempos. Cada quadro focalizaria uma das mil e ene formas de castração do pensamento, exploradas as diversas gamas do arbítrio, do grotesco ao revoltante, com passagem pelo que entristece ou espanta ou enoja. Com que entusiasmo, ele dizia "o negócio entre nós é antigo, hein?", mostrando uma crônica de janeiro de 1855, publicada no *Jornal do Comércio*:

> Um rasgo de sublimidade burlesca foi a pesada clava de um ilustríssimo, excelentíssimo, senhoríssimo subdelegadíssimo, que quis obrigar os artistas a cortar o tango da *Corte na roça;* mostrando esses que a peça não podia acabar de outro modo... o ilustre sr. subdelegado cedeu, mas impôs, como condição, que não se havia de repetir nenhum dos trechos da opereta. Indo os artistas repetir o tango a pedido do público, o subdelegado mandou baixar o pano. Que tal achas o da rabeca? Não parece caçoada? Pois que, depois de a *Corte na roça* ter passado pelas santas mãos da polícia, é a mesma polícia que proíbe uma coisa licenciada por ela, polícia, na polícia? Mas por que motivo? Sim, deve haver um motivo, ou então vivemos num país de bárbaros, onde a força pode mais do que a razão.

Pena que a ideia não tenha podido ser levada adiante, pois seria um espetáculo daqueles de esgotar lotações todas as noites, embora os porteiros, pobres coitados, tivessem que se desdobrar recebendo as entradas e, ao mesmo tempo, fornecendo uma caixinha de bicarbonato aos espectadores, para conter os permanentes engulhos de estômago e as vomitações generalizadas, porque ia ser dose pra leão.

Pena, também, por se perder excelente oportunidade de rever certos conceitos errados às vezes ouvidos a respeito do que o Estado Novo representou, de fato, como freio ao desenvolvimento da inteligência, realidade tão bem-espelhada num apólogo de Osório Borba, quando Getúlio presenteou todos os jornalistas credenciados junto ao Catete com uma caneta de ouro. Um homem atravessava o Saara havia já três dias, desesperado de sede. Vê à sua frente uma região arborizada. A esperança de encontrar um pouco de água lhe dá novo ânimo, e ele se põe a cavar a terra. De água nem uma gota, mas no fundo do buraco, brilhando de levar à cegueira, uma arca cheinha de moedas de ouro.

"Mas naquele tempo se permitia a sátira política, até se podia colocar a figura do presidente em cena", são comuns afirmações dessa natureza. Não era bem assim, ou melhor, não era nada disso. É preciso ter-se uma ideia da imagem que a ditadura estado-novista queria fazer de si mesma junto ao público, para se compreender por que certas situações podiam ser exploradas em teatro.

Vivíamos tempos de paternalismo, muito típico dos regimes totalitários. Hitler aparecia, em retratos e filmes, acariciando criancinhas como se apascentasse ovelhas para o futuro rebanho. Mussolini se deixava fotografar de peito nu, machado em punho, derrubando árvores gigantescas. Os órgãos de promoção do fascismo se interessavam até em passar adiante os boatos de suas aventuras amorosas, atividade sempre conveniente a um ditador latino.

Getúlio não fora dotado de um físico que levasse a acreditar em muitas façanhas campestres, embora elas fossem cochichadas às dezenas. Acariciar cabeças de criancinhas ainda pegava bem. Afinal de contas, somos um povo sentimental. Não sem razão, o grande ator Paulo Gracindo costuma dizer que nada o deixa mais apavorado do que ter de contracenar com aleijado, criança, velhinha e bicho. Não importava se os colégios tinham sido obrigados a colocar toda aquela meninada na rua, sacudindo pinelescamente a bandeirinha. Eram crianças, e a mão do ditador acariciava suas inocentes cabecinhas. Era um bom.

Mas machadear frondosos jequitibás já podia parecer cascata, coisa preparada. Irreverente como sempre foi, o povo bem seria capaz de dizer que a árvore era de papelão. Mas isso não constituía problema. Sacudiu-se a poeira e se deu a volta por cima, dentro da mentalidade de sermos a terra do "dá-se um jeitinho". Acariocaram a imagem de Getúlio, e ele passou a ser apresentado como o grande malandro, o que ia passando todo mundo pra trás, o que sempre tinha um golpe escondido no bolso do colete para derrotar a inimigalhada. Era o Velho, o boa-praça, tudo podia ficar por conta dele, que no fim dava certo.

E realmente tinha espírito esportivo, o diabo do fronteiriço. Não perdia espetáculo do Recreio, onde Pedro Dias e Armando Nascimento o imitavam às mil maravilhas, e se esbandalhava de rir. O radialista Paulo Roberto escreveu *Um sorriso na história,* onde reunia todas as anedotas que corriam pelo país a seu respeito, e ele, de próprio punho, autorizou a publicação do livro. Silvino Neto não fazia programa em que não dissesse a frase tornada célebre, "trabalhadores do Brasilll", frisando os eles característicos dos sulinos, e acrescentando o dobro deles, para valorizar a imitação. E nunca ninguém viu nisso um deboche ao governante gaúcho.

Eu e Custódio forçamos a mão o mais que pudemos. Em *Mamãe, eu quero,* por exemplo, havia um quadro bastante elogiado pela crítica, onde Getúlio aparecia jogando pôquer com Flores da Cunha (interventor no Rio Grande do Sul), o cônego Olímpio de Melo (prefeito do Distrito Federal) e o presidente da Câmara, cujo nome me escapa. No final do quadro, e nisso estava o grande estouro, ficava constatado que todos garfavam, e Getúlio era o ganhador porque garfava mais do que os outros.

Em *Rumo ao Catete* fomos ainda mais longe, havendo até apostas sobre se o quadro passaria ou não. Todos achavam impossível o quadro passar, só eu e Custódio acreditávamos em sua liberação. A cena era um bate-papo entre Getúlio e um malandro que queria aconselhá-lo sobre a melhor maneira de livrar-se dos inimigos. Linguagem na base do "te picoplanta de fininho", "deixa a barba crescer enquanto o arroz seca", "catiripapo" e toda a espécie de gíria marginal da época. Getúlio apenas o ouvia, estimulando-o com uma gargalhada que as imitações de Pedro Dias e Armando Nascimento tornaram célebre. A certa altura, o malandro, pensando já ser o dono da enchente, avisava que ia ensinar o golpe definitivo para acabar com as mumunhas da turma do contra. Getúlio, aparentando a maior inocência, perguntava "será este?", e lhe mandava uma valente pernada, deixando-o estatelado no chão.

— Vossa incelência entende dessas coisas? — dizia o malandro no auge do pasmo.

— Faço isso desde que nasci, velhinho

Nessa mesma revista, no entanto, nos cortaram um quadro no qual satirizávamos a morosidade das leis trabalhistas, que deixam ao patrão a possibilidade de apelar, apelar sempre, apelar mais, até que o trabalhador, sem dinheiro para a espera, se cansa e acaba aceitando qualquer acordo. "A legislação trabalhista é a menina dos olhos do presidente, que diabo!, os senhores aqui foram longe demais", com essas palavras o censor explicou a tesourada. Havia interesse em criar uma imagem popularesca do ditador do Estado Novo, e, nessa condição, os autores podiam colocá-lo em cena quantas vezes quisessem. Mas nada de referências às torturas e mortes tão de rotina na Polícia Especial.

Nada de assanhamentos para denunciarem a Lei de Segurança Nacional ou, mesmo de leve, falarem de vida cara e fome. Aí era inevitável "os senhores aqui foram longe demais" dos zelosos funcionários da censura.

Guardei um mundo de comentários que circulavam nos cafés da turma de teatro, infinidade de histórias sabendo a anedotas. Afinal de contas, quem trabalha no palco tem precisão de divertir-se, não é só passar a vida divertindo os outros. Escolhi umas poucas em descanso no fundo da memória. Se fosse repetir todas as outras, nem espaço de enciclopédia me seria suficiente.

2

Viriato Corrêa nunca perdoou totalmente a Getúlio Vargas o lhe haver cassado o mandato de deputado federal pelo Maranhão, depois de vitorioso o movimento de 1930, com uma prisão de lambujem. O passar dos anos apagou o rancor dos primeiros tempos, mas ficou uma ojeriza que se descarregava não apenas contra a figura de Getúlio. Era todo um povo pagando o pato pelas dificuldades de que ele tinha sido vítima. De minhas primeiras frequências à Sociedade Brasileira de Autores Teatrais, ainda recordo a irreverência de seus comentários aos costumes gauchescos.

"Vocês sabem como é que aquela gente come churrasco? Incrível! Prendendo o pedaço de carne entre os dentes e dando um golpe de faca de baixo para cima, que tanto pode cortar a carne como o nariz. Dizem que isso é coisa de *hombre* macho." Esmiuçava, exagerando na mímica adequada, o hábito guasca de o peão colocar a manta de charque entre sua bunda e o lombo do animal. "Fazem isso para a carne ir ficando assadinha pelo movimento da cavalgada e o suor do bicho. Em qualquer parada, agarram aquela nojeira e devoram como arroz de carreteiro." Perdia-se em deboche e argumentação científica quando comentava o passeio da cuia de chimarrão pela boca da peonada, durante a charla. E fosse alguém dizer que o calor da bomba mata qualquer germe! Aí estava armado o comício. "Porcaria, é o que é! Nossos botocudos faziam isso com o cachimbo da paz, mas era lá por 1500." Não poupava nada ao povo cujo filho lhe roubara o *status* de deputado. Talvez tenham sido esses rancores primeiros que lhe inspiraram a figura central de uma peça estreada por Procópio Ferreira em São Paulo, mais um tremendo rebu do que propriamente uma estreia, com acontecimentos que poderiam ter acabado em tragédia.

O personagem criado pelo Procópio era um homem doente do estômago e intestinos, por isso, condenado a se alimentar exclusivamente de chuchu. Sugeria, pedia, suplicava que lhe permitissem transgredir essa dieta insuportável ao menos uma vez e pelo amor de Deus. Inúteis seus argumentos. A família se mantinha irredutível nos cuidados com sua saúde. O médico tinha receitado chuchu? Pois comesse chuchu ou não comeria mais nada. Tanta intransigência acabava por levar o pobre coitado a uma explosão de nervos, no final do segundo ato. Em verdadeiro comício, investia contra o chuchu, acusando-o de ser um legume sem gosto nem cheiro, sem personalidade e até sem caráter, pois assimilava as características gustativas do tempero que lhe dessem.

Nesse monólogo, Viriato lavava a alma e se vingava da perda do mandato de deputado. Chuchu era um dos apelidos do chamado presidente da República. Não dito tão publicamente como Gegê, mais adequado à imagem de homem do povo que ele queria dar-se, servindo até para motivo de sambas e marchas de Carnaval: "Tenha calma, Gegê,/tenha calma, Gegê,/vou ver se faço/alguma coisa por você".

A peça estreou pouco depois de sufocado o Movimento Constitucionalista, último arranco dos barões do café, que, na ânsia de recuperarem a situação perdida, jogaram quase toda uma população na aventura que os órgãos do governo apresentaram como separatismo, traição ao Brasil, unidade nacional etc. etc. Nunca pude esquecer o ódio sincero com que um soldado nordestino me disse ter vindo da Paraíba para acabar com a raça dos carcamanos e outros gringos que estavam querendo tomar conta do país.

São Paulo, na prática, era uma cidade militarmente ocupada pelas tropas vitoriosas, e isso acirrava ainda mais o ódio do povo contra o homem já ensaiando os primeiros passos do ditador que viria a ser durante longos quinze anos. O clima para receber esse monólogo parecia feito de encomenda e sob medida. À proporção que Procópio falava, a excitação ia tomando conta do público que abarrotava o teatro. A frustração pela derrota recente insinuou os primeiros sussurros de aprovação e as primeiras gargalhadas de deboche, dando a entender que o sugerido no subtexto havia passado inteiramente para todos. As gargalhadas e os sussurros logo se transformaram em vozes mais audaciosas. Procópio, como não podia deixar de acontecer a qualquer artista, acabou se deixando contagiar pela reação da plateia. A última frase do monólogo, "chuchu não tem caráter", já foi aos berros, na ponta dos pés, cara a cara com a plateia, como se quisesse dizer aquelas palavras aos ouvidos do mundo.

O teatro veio abaixo, numa ovação que parecia não querer mais acabar. Minutos depois, a sala era invadida por um choque do II Exército, e daí para a frente foi o rebu. Espetáculo suspenso, teatro evacuado e as violências características dessas situações. Viriato passou algumas horas detido, e o censor que liberou a peça, Ariovaldo, pena não me recorde mais de quê, foi chamado às carreiras para dar as devidas explicações. As autoridades militares queriam saber por que razão a peça fora liberada. A autoridade civil ponderava tratar-se de uma comédia de costumes, igual a tantas outras, não tendo visto, por isso, nenhuma razão para proibi-la. O argumento não satisfazia às autoridades de ocupação, para quem o texto era ofensivo à pessoa do presidente da República. O censor alegava não ver onde estaria a ofensa.

— Como não? No chuchu! Quem não sabe que chuchu é um dos apelidos do presidente? Quem?

— Eu — respondeu habilidosamente o censor imprensado contra a parede, e é por causa dessa habilidade que eu tenho pena de não recordar seu sobrenome. — E, como bom brasileiro, não dou a ninguém o direito de dizer que meu país é governado por um chuchu. Posso até perder o cargo, mas não passo recibo na ofensa.

3

Outro episódio em que Viriato Corrêa teve as honras de vedete foi quando a companhia de Delorges Caminha montou *Tiradentes*, no Teatro Municipal, em plenos dias asfixiantes do Estado Novo. O original voltou da censura praticamente virgem de qualquer corte. Ninguém estava querendo acreditar no que saltava à evidência debaixo dos olhos, pois a peça era um canto de liberdade da primeira à última sílaba, e liberdade, naquele tempo, era coisa só existente em letra de hino escolar. Fora disso, não abria as asas sobre ninguém.

Praticamente imaculado o original voltara da censura. Mas não imaculado por inteiro, com privilégios de véu, grinalda e flor de laranjeira. O texto precisaria sofrer uma pequena alteração — "coisinha de nada, que não vai modificar a essência da peça", argumentavam os censores —, e nisso estava o grotesco da história. Num dos diálogos, Tomás Antônio Gonzaga se referia ao Barbacena usando a expressão "a azêmola do governador", palavras, aliás, constantes de uma carta de época. Azêmola não poderia ser dito, e, como seguro morreu de velho, era até melhor não dizerem governador. Barbacena. Justo! Deveria ser dito apenas Barbacena.

Começou o corre-corre de Herodes para Pilatos. Inúmeras gestões foram feitas junto a pessoas influentes nas esferas superiores, visando a ser mantida a integridade do texto do Viriato, uma vez que não havia nenhuma inverdade ou distorção histórica. O fato fora pesquisado durante muitos anos, e tudo que estava na peça constava de documentos inteiramente à disposição de quem exigia a mudança. As autoridades da censura se mantinham irredutíveis: a ordem era para cortar a expressão azêmola, e já agora também governador. Inúteis quaisquer pendengas.

Não era aconselhável chegar perto de Viriato naqueles dias, pois, cansado de correr seca e meca, seus nervos estavam à flor da pele, prontos para explodir. Quem chegou a conhecê-lo mais de perto sabe do seu ciúme doentio por tudo que escrevia. Foi dele um dos primeiros conselhos ouvidos, quando comecei minhas aventuras como autor:

— Defenda com unhas e dentes o seu texto, meu filho, mesmo sendo uma tremenda bobajada. Não deixe ninguém meter a mão no que você escreveu, a pretexto de cortar ou modificar, por mais habilidoso e brilhante que seja o diretor. De jeito nenhum, seja qual for a razão. A frase literária é como uma melodia musical, e você, compositor, pode entender isso como ninguém. As palavras figuram como notas e ritmo. O corte de qualquer uma delas desequilibra tudo, desfigura o canto, reduz o compasso a uma coisa manca.

Chegou a tornar-se célebre nas rodas teatrais a discussão que ele teve com o empresário Pascoal Segreto, depois da estreia da opereta *Juriti*, com partitura de Chiquinha Gonzaga. A peça durava quase três horas, longa demais para ser levada em duas sessões. No dia seguinte ao da estreia, Pascoal Segreto chamou Viriato ao seu escritório. Havia necessidade de se fazerem alguns cortes no texto, do contrário a segunda sessão iria terminar lá pelas tantas, correndo o risco de não ter público. Mas desejava que ele mesmo, Viriato, fizesse esses cortes. O empresário conhecia o maranhense, e isso era uma forma habilidosa de evitar um conflito maior.

A sugestão de Pascoal Segreto fez Viriato saltar mais do que perereca. Quando sentia os calos pisados — e pretenderem cortar um texto seu era como se lhe pisassem não um calo, mas a alma —, Viriato transbordava de seu físico nanico, tornando-se capaz de falar de igual para igual até com o Cristo do Corcovado, dedo no nariz e tudo. Passou a expor sua célebre teoria sobre o valor de fusas e semifusas que tinham as palavras, o encadeamento (era-lhe supremamente agradável usar o francês *enchâinement*) de umas com as outras, formando um todo harmônico que qualquer mutilação de frase ou simples palavra que fosse... e lá ia ele no seu trololó. Vendo o empresário impermeável a toda sua argumentação, apelou para um quadro existente na sala, representando uma bailarina espanhola:

— Veja aquela bailarina, Pascoal. Vem mesmo a calhar para o que estamos discutindo. Se você lhe tirar a mantilha, os brincos, as castanholas, a rosa no cabelo, o pente, será tudo que você quiser, menos uma bailarina espanhola.

Pascoal Segreto não era homem de se perturbar com um primeiro argumento, uma primeira dificuldade. Meu pai recordava sempre que, depois de inaugurado, o High-Life levou bem uns três meses inteiramente às moscas. Ninguém nas mesas, apenas um ou outro viciado na roleta, campista, bacará, possivelmente até faróis da casa. Mas o italiano teimoso não dava confiança ao azar. Todas as noites estava firme naquele deserto, obrigando a orquestra a tocar, como se a pista regurgitasse de pares dançando, e os artistas de variedades a fazerem seus números, exigindo, inclusive, que semanalmente o repertório fosse mudado. Às quatro da madrugada pagava a todos com um sorriso otimista: "Amanhã vai ser melhor. Ou depois. Há sempre um depois para quem está esperando".

Ficou célebre, também, a fleuma com que certa vez recebeu um oficial de justiça encarregado de apreender um leão que estava sendo exposto na Maison Moderne, havia já três meses, sem ser pago um único centavo do preço estipulado. Pascoal Segreto não se perturbou diante do mandado de busca. "Pode levar o leão, doutor. O senhor tem um mandado, e eu não quero complicações com a lei." Quando os soldados se dispunham a transportar a jaula, no entanto, ele interveio: "Mas a jaula fica, doutor, porque é minha. Leve o leão, mas sem a jaula".

E com essa calma de quem sabe escolher a hora certa para dar o bote ainda mais certo, ele ouviu todas as explicações do Viriato. Depois de o maranhense se acalmar, na crença de que seus argumentos tinham sido definitivos, foi sua vez de falar:

— Doutor Viriato, eu não quero que o senhor tire a mantilha, nem os brincos, nem a rosa nos cabelos... nada disso. Eu só quero que o senhor emagreça a espanhola.

Viriato Corrêa nunca via motivos para que lhe alterassem os textos. Mas no caso de *Tiradentes* eles existiam e eram fortíssimos para quem está cumprindo ordens. Acontece que, naquele negro período que nos deram para viver, somente Minas Gerais gozava do privilégio de ter um governador. Não porque fossem realizadas eleições para o cargo, pois os homens do Estado Novo não eram ingênuos de se aventurarem a permitir essas liberalidades. Afinal de contas, as urnas às vezes são uma caixinha de surpresas incríveis.

Ninguém sabe por que, mas a verdade é que nas Minas Gerais o executivo, nomeado pelo poder central, conservava a denominação de governador. Os outros estados eram dirigidos mesmo por interventores. E bem podia acontecer que o público das Alterosas visse na expressão "a azêmola do governador" qualquer indireta a Benedito Valadares, chefe do executivo mineiro. Censor, em última análise, é um simples cumpridor de ordens, e quem está nessa situação acaba adquirindo a experiência do macaco velho: não mete a mão em cumbuca.

Não sei até que ponto o conceito desfrutado pelo representante do executivo mineiro junto a seus governados justificaria tanto receio dos rapazes da censura. No andar tempo e conhecer gente não faltou mesmo quem me falasse dele com as melhores palavras. Mas o fato é que, quando de sua nomeação para o posto, corria de ouvido em ouvido uma piada nascida em seu próprio estado, e que não era passada à boca pequena, como coisa de perigoso segredo, mas à bocarra.

Segundo o dizem-que-quem-me-contou-foi das turmas de café — e aí deixo que o peixe se vá como me foi vendido, não desejoso de que venha a provocar futuras intoxicações —, ele teria recebido a notícia numa pensão alegre muito da preferência dos políticos da época, situada nas vizinhanças do Palácio do Catete, o que representava comodidade e prudência: ficava pertinho, os trêfegos ainda chegavam lá com suficiente fôlego. Parte do que diziam haver acontecido naquela pensão me foi confirmado pela mulher que a explorava, não sei se por ser verdade ou se, por conhecer, em cuecas, alma e corpo os homens então nossos dirigentes, acabou se tornando fanática antigetulista. Conta sua versão que, eufórico, ele resolveu telefonar de lá mesmo para a família, dando conta da distinção que recebera. Depois de ouvi-lo, pacientemente, a esposa teria respondido:

— Meu bem, você não tinha me prometido que ia deixar de beber?

4

Armando Gonzaga foi um dos nossos maiores autores de comédias de equívocos, situações falsas. Sabia, como poucos, manter o público às gargalhadas durante três atos, partindo de um pequeno incidente, praticamente do nada. Muitas vezes, o que se lia dava a impressão de ser a coisa mais chocha do mundo. Mas quando os personagens começavam a se movimentar, os quiproquós se sucedendo, a plateia ia à urina, de tanto rir. Um teatro inconsequente, diria mais tarde o preconceito intelectual. Nem essa inconsequência, no entanto, deixou de criar problemas nos tempos que se vai recordando.

A peça que deu origem a esses problemas tem uma trama para se contar enquanto se saboreia uma xícara de café. Um austero chefe de família, daqueles que todos consideram incontestável reserva moral da sociedade, combina uma farra com os amigos. Seriam três dias trancados numa *garçonnière*. Assim os da alta chamavam os seus apartamentos para repousos ofegantes com criaturas que não podiam ser vistas entrando num hotel. Os da baixa resolviam seus alívios era mesmo numa casa de cômodos, quartos divididos por tabiques, os outros moradores ouvindo tudo e às vezes fazendo até coro com os acordes finais. Haveria lindas mulheres, muita bebida e outros ingredientes sempre úteis nessa espécie de assembleias gerais. Para justificar sua ausência, ele comunica à esposa que é obrigado a viajar para São Paulo, onde haverá uma convenção de diretores da empresa. "Uma tremenda maçada, mas que se pode fazer?"

O avião em que ele deveria viajar sofre uma pane e leva o diabo, não sobrando ninguém para contar a história. Evidentemente, a notícia do desastre não atravessou as paredes da *garçonnière* onde estava o herói. Passados os três dias que deveria durar a convenção, ei-lo de volta para casa, trazendo bem-decorada a farsa do chefe de família saudoso do recesso do lar. Ao vê-lo, mulher e filhos pensam tratar-se do fantasma do morto, por alma de quem já começavam a programar a missa de sétimo dia.

A comédia foi liberada sem qualquer corte ou restrição, e Procópio a estreou com sucesso total, pois nesse gênero era peixe ao sabor das ondas. Entregassem-lhe um papel em que pudesse utilizar a malícia dos olhos, as mil gamas de inflexões, e o autor nem precisava ficar se preocupando muito com o texto. Mas cada tempo tem suas marcas, e naquele tempo tudo podia acontecer, como de fato aconteceu. Alguns dias após a estreia, Procópio foi convidado a comparecer ao Ministério da Aeronáutica, recentemente criado e sob o comando do civil Salgado Filho.

Não era feita nenhuma exigência. Apenas sugeriam que o desastre de aviação fosse cortado. Mas como, se a peça existia justamente por causa daquele desastre? Compreendesse, senhor Procópio, isso poderia abalar a imagem do novo ministério. Ora, senhores, aviões caem quase todos os dias, em todos os países do mundo. Realmente, mas o desastre da peça era inoportuno. E as despesas com montagem, lançamento...? Não era intenção do ministério causar prejuízos, principalmente a uma verdadeira glória do nosso teatro, tanto que tinham pensado numa solução.

A sugestão apresentada até que não deixava de ser engenhosa. A tal convenção poderia realizar-se numa barca... como a *Mocanguê*, que naquela época era alugada para passeios, bailes e até mesmo para convenções. Seu afundamento não iria alterar a essência da peça, que precisava de um desastre para existir.

— Apenas tenho uma dúvida. Não sei se a Polícia Marítima vai concordar com essa solução.

— E por que não havia de concordar?

— Se um avião não pode cair porque existe o Ministério da Aeronáutica, existindo a Polícia Marítima as barcas também não podem ir ao fundo, parece-me.

De café em café tirei diploma de Henry Murger

Barulho me dá cansaço,
choradeira me ingresia,
quanto menos chão pro passo
mais meu passo desafia,
se um nó me aperta e agonia,
tanto mais logo o desfaço.
Perder não dói nem me importa,
o meu pra mim voltará,
que a vida tem ida e volta
nas voltas que o mundo dá.

1

Pai, mãe e eu: a isso se resumia nossa parcela de clã dos Lago, talvez nem merecendo a responsabilidade da classificação de clã. Não somávamos o suficiente para preencher os quatro lados de uma mesa de refeições. Inesperado fila-boia não dava problemas de chega pra lá de desconforto. E já nos sabíamos de cor, bastando-nos simples ensaio de gesto, rápido levantar ou baixar de olhos, para tudo, dali por diante, perder angústia de mistério ou excitação de surpresa, dispensa feita também à necessidade de responder, pois a resposta estava sempre dentro do que se esperava. Como se um arquivista cheio de paciência, há muito tempo nos ouvindo e vendo e observando, tivesse disposto em fichas por assunto as conversas possíveis. Vivíamos tão dentro uns dos outros que, mesmo quando surgia uma novidade, pairava um rotineiro "como íamos dizendo ontem..." antes da primeira palavra do assunto inédito. O que dizíamos e pensávamos nunca tinha começo ou fim. Estávamos sempre continuando, refazendo, recompondo.

Por causa disso, talvez, muito cedo senti ânsia de rua. Não que o mesmismo caseiro provocasse monotonia predispondo à fuga. Carinho demais nos identificava a esse cúmulo de perfeição, e o vindo por carinho é vindo por bem. Tanto que o motivo de meu fascínio maior nunca foi a rua da calçada como ponto fixo, embora nada convide tanto à formação da roda quanto um lampião, reminiscência das velhas boticas, berços de machadianas cavaqueiras. Mas calçada é sempre de passagem. Quem nos esbarra ou pisa, passado um metro já é apenas pé sem rosto, ombro-ninguém, e o fórcipe que me arrancou do mundo das hipóteses fez sérios estragos no nervo ótico, deixando-me sem reflexos para acompanhar a vertigem das frações de segundos. A rua sempre ponto de minha atração foi a dos cafés, da conversa fiada em torno de uma mesa, quase como na casa da gente depois do almoço ou jantar. Tudo se passa devagar no café, deixando recordações de coisas, frases, pessoas, o ideal para mim, sempre amante das contemplações lentas, olho no olho, pupilas num primeiro plano que chega a agredir.

E as pupilas estavam em primeiro plano. Primeiríssimo. Imobilizadas em minha direção, pouco depois de entrarmos no Café Angrense. Mal nos acomodamos, o Modesto cochichou, meio canalha, que eu já tinha para aquela noite. "A morena da mesa em frente está te comendo com os olhos." De fato. Para onde me voltasse, lá estavam os olhos da mulher anotando minha presença. Acabei me aproximando de sua mesa, como já se fazia obrigação, e começou um papear maneiro, apenas jogo até encontrar a palavra-chave que torna menos grosseiro o convite para o cansaço de algumas horas.

Quanto mais a conversa se esticava, no entanto, mais me convencia de haver alguma coisa fora dos eixos em tudo aquilo. Ela continuava olhando para mim com uma insistência de transtornar, isso continuava. Mas como se não me visse. Como se, através de mim, se fixasse em algo nada tendo a ver comigo. Situação vexatória, vá lá, mas a noite tem disso, e aos 27 anos era pegar ou largar.

Como um autômato, a mulher me ouvia ou dava a impressão de ouvir, e assim me acompanhou ao hotel e assim se entregou a uma prática de amor. Sem qualquer participação, nem pelo menos a do fingimento profissional, sempre servindo de ajuda, embora não satisfaça. Inútil perguntar o que havia com ela, se estava passando mal, se preferia sair. Só muito de vez em quando as palavras repetidas, como se quisesse provar que ao meu lado estava alguém de carne e osso:

— Dorme um pouco, você deve estar cansado.

Diabo de noite perdida, aquela! E de cansaço também, pois nada tão desgastante quanto monólogo sexual. Começou a me irritar a monotonia do "dorme um pouco, você deve estar cansado". Melhor, mesmo, fingir pegar no sono e ver o que ela pretendia com tanta insistência para eu dormir. Se desejava ir embora, como quem foge, *Deo gratias*! Boa vela já me custara aquele péssimo defunto.

Depois de um tempo, julgando-me dormido a sono solto, ela se levantou com excessos de cuidado, apanhou a bolsa e se dirigiu para um canto do quarto, ali ficando ajoelhada e perdida em preces sem conta. Tudo me parecia extremamente cômico. Com certeza era daquele tipo de mulher, e dele há tantas!, que, depois de, se dilacera em remorsos e implora ao Santo Pai perdão pela loucura cometida. Inesperadamente, tirou da bolsa uma navalha, abrindo-a com lenta determinação.

Epa! Não faltava mais nada: uma mulher dar cabo do canastro num hotel da Lapa, tendo-me como companheiro de quarto. Se ao menos fosse no Continental, qualquer um daqueles da avenida Niemeyer. Mas hotel da Lapa! Visualizei, no medo, a fotografia estampada na primeira página de um jornal de escândalo. Ela degolada, sem mais nada a cobrir-lhe o corpo senão os pelos que Deus lhe dera. E as manchetes: "O teatrólogo e compositor Mário Lago detido como suspeito..." E a lenga-lenga materna: "Eu sempre digo a você, meu filho, pra ver com quem se mete." O voo foi rápido, tomando-lhe a navalha sem deixar tempo para qualquer reação.

— Quer me meter no fogo, merda!

Ela não encontrou resposta, limitando-se a olhar para a arma como se a visse pela primeira vez. E começou a chorar um choro doído, puxa!, porque não era de soluços nem desespero. As lágrimas escorriam de uns olhos sem expressão para um rosto rigorosamente parado. Chorou durante não sei quanto tempo e não encontrei coragem para perguntar nada. Já estávamos na Leiteria Bol, manhã começando, quando ela resolveu contar sua história. Havia cinco meses fora abandonada pelo marido, Badeco, ficando com a carga de seis filhos pequenos. Sem sucesso, andara procurando emprego decente. Não sabia fazer nada além das tarefas rotineiras de dona de casa, e isso não dá camisa a ninguém.

— Melhor as crianças ficarem com mamãe. Ela recebe um dinheirinho do montepio do velho. Pra mim as coisas nunca dão certo mesmo.

Ah, meu bom samaritano, como deixei você a muitos corpos de distância naquele dia, apesar de seu *pedigree* de *sprinter*! O que gastei de tempo e saliva, procurando convencer a desesperada de que o gesto pretendido não representava solução, atingiu índices olímpicos. Pensasse com mais calma, que diabo. A mãe já não era mais moça, amanhã ou depois estaria batendo asas para a terra dos pés juntos, e os filhinhos iam ficar ao deus-dará do mesmo jeito.

— Eu não tenho muito dinheiro comigo, mas posso te arranjar aí uns cem mangotes pras despesas mais urgentes.

Só me dei por satisfeito, missão cumprida!, quando a deixei na porta de casa, meio-dia passado, prometendo não repetir a maluquice. Morava num fim de mundo chamado Honório Gurgel, onde, na época, só se chegava de trem. A mãe a esperava com uma novidade: Badeco estava arrependido e queria pazes. Foi a mais estranha reação que já vi.

— E eu lá quero saber daquela porcaria pra alguma coisa, velha? Mulher bonita e boa que nem eu não precisa de emprego nem de homem esquenta-cama. Não falta é macho nas águas dela. Esse moço aqui... o senhor teve má impressão de mim porque eu não estava de atenção no que estava fazendo, mas outro dia eu lhe mostro que sou da pá virada... ele me deu 100 mil-réis, mamãe. Vou é fazer a vida, que num instante a gente sai daqui desta merda e vai morar na cidade.

Coisas de café...

2

Dois cafés fazem pano de fundo da adolescência. Um deles, frequência da noite, nem tinha nome de café. Era leiteria, Leiteria Loanda, rua Carlos Sampaio, 106-C, perto da Praça da Cruz Vermelha. Ainda está lá, com o mesmo nome, embaixo do Hotel Aimoré, também ainda intocado. O outro, das manhãs, não existe mais. Era na esquina da avenida Passos com a Marechal Floriano, ao lado do Cineminha Popular, o poeira dos três filmes por sessão, em frente ao Pedro II. Seu nome sumiu da memória, só ficando o remanchear de tempo ali passado, até ouvirmos o penúltimo sinal para se entrar no colégio.

Um dos embaixadores do buraco — que assim nos chamávamos na Loanda — mais tarde seria comentado sob os cinco céus da terra, tantos anos presidiu a Organização Mundial de Saúde, e, sorte sua!, não quis ser ministro de Jânio Quadros: Marcolino José das Chagas Gomes Candau. Não fez muita vantagem, diga-se a bem da verdade. Carregando tanto nome tinha que dar em importância.

No café em frente ao Pedro II treinávamos as badernas com que iríamos enlouquecer os inspetores de turma. Manuel Anacleto da Silva, não sei se ainda assistente jurídico da Mangueira, e João Batista da Costa, médico que se celebrizou em abortos, partideiros de sangue e pele, mostravam aos menos entendidos no riscado as delícias do samba. O Barcelos, que chegou a general, e o Gargaglione, funcionário da Assembleia, na última vez de nosso encontro, respondiam pelo time que representava o ginásio, craques famosos no campeonato colegial.

Na parte da tarde, quando acabavam as aulas, esse café tinha outro recanto. Ali vinham fazer ponto a Nair Gostosinha e a Laurita de Ouro, do mulherio da rua Vasco da Gama. Nascidas de famílias pobres, não tinham podido fazer curso na Escola Normal, mas satisfaziam sua vocação para o magistério ensinando cama à garotada inexperiente. E eram fiéis ao nosso colégio, não incluindo em suas preferências nem os alunos do Instituto Lafayette e muito menos os do Colégio Militar, embora também usassem fardamento.

O Pedro II assustava um pouco, conservando quase intacta alguma austeridade dos tempos de sua fundação. Havia o professor Adrien Delpèche, que o imperador foi buscar pessoalmente na Sorbonne para vir dar aulas de francês no colégio. Papai Ferreira, professor de Desenho, também conhecera o antigo monarca e às vezes recordava aqueles dias. E Said Ali e Arthur Thiré... Mesmo alguns professores novos se deixavam dominar por aquela atmosfera criada pelos mais velhos, como Antenor Nascentes, Raja Gabaglia. Três figuras bagunçavam um pouco esse coreto sisudo, tendo sempre, por isso, uma roda de alunos à sua volta: Pedro do Couto, José Oiticica e Mendes de Aguiar.

Oiticica, já merecedor de certa desconfiança por sua posição confessadamente anarquista, escandalizava os outros professores com a intimidade permitida ao Manuel, servente que vendia sanduíches na hora do recreio. Iniciado nos segredos da capoeira, várias vezes foi surpreendido em treinamentos com o inferior. Mas havia outro detalhe enchendo de pasmo o corpo docente mais do que tudo isso. O Manuel tinha o apelido de Piroca. Todos os professores timbravam em chamá-lo de senhor Manuel. Só o Oiticica encostava no balcão e gritava como qualquer um de nós: "Vê logo esse sanduíche, Piroca". Isso o identificava demais conosco, para desespero de Carlos de Laet, ainda diretor do colégio quando ali entrei.

Mendes de Aguiar, professor de Latim, membro da Arcádia Romana, era o tipo do professor boa-praça. Aos ensinamentos sobre César e Cícero, juntava um mundo de palavrões, se algum barulho na rua vinha perturbar a aula. No último dia do ano letivo, não comparecia ao colégio para receber a *corbeille* da praxe. Convidava a turma para ir à sua casa, onde nos esperava com uma valentíssima chopada.

— Não comprei chope pra ficar no barril. Quem não colaborar com um pileque vai comer fogo em minhas mãos no dia da prova. Carraspana, meus meninos, carraspana!

De Pedro do Couto não cheguei a ser aluno, pois História do Brasil se estudava no 5º ano, e eu deixei o colégio no 4º. Lusófobo incorrigível, não podia tropeçar num paralelepípedo sem exclamar, com ódio incontido: "Ah, esses portugueses, sempre querendo impedir que a gente vá para a frente!" Foi dele que ouvi, pela primeira vez, numa aula assistida por prazer, a defesa de Calabar. "Traidor por quê? De quem, se o Brasil não era independente, e até Portugal estava dominado pela Espanha?" Dele era uma frase que Orestes Barbosa gostava muito de citar: "Português bota água no leite da criança brasileira para ela crescer fraca". Naquele tempo, as leiterias eram quase todas de propriedade dos portugueses, e ele não perdia oportunidade de descarregar sua lusofobia quando se dava um escândalo por adulteração do produto.

A entrada da primeira aluna, em 1924, não deu perturbações. Menina feinha, esmirrada e sempre escondida dentro de si mesma, não animava a qualquer falta de respeito. Além disso, meia hora antes da saída, o pai já estava na porta do colégio, dentes à mostra como qualquer mastim. Rebuliço mesmo foi quando contrataram a professora Maria da Glória Moss para ensinar Química. Bonita não era, nem muito moça. Mas tinha um sorriso e uma voz, que Virgem Santa! Nunca foi gasta tanta vaselina para os cabelos impressionarem como os de Rodolfo Valentino, e, pela primeira vez, um colégio inteiro caprichava no apuro da farda, pois naquele tempo as mulheres reparavam no cuidado com que os homens se vestiam.

A aula de Química era dada num anfiteatro, e quem disse que alguém chegava atrasado? Pois sim. Como os alunos disputavam um lugar na primeira fila, segunda no máximo!, pois dali era possível ver as pernas da professora, e, num descuido maior, talvez se pudesse descobrir qualquer segredo além da Trapobana. Gentil de Castro confessava, entre cínico e romântico, que era formidável em ambas as facetas:

— Das explicações sobre metais e metaloides não guardei uma só palavra, mas juro que a calça tinha renda azul natiê. Quando ela mostrou as reações da prata, estava com roupa de baixo cor-de-rosa.

Um belo dia, o Leal — chefe de disciplina, sempre envergando um fraque que parecia dar mais força à sua autoridade — resolveu baixar portaria obrigando os alunos a levarem canecas. Só assim poderiam servir-se dos bebedouros. Aquilo era de um ridículo acima de qualquer tamanho. Já tínhamos tantos livros a carregar, e ainda aquela obrigação da caneca, bolas. Além disso, não éramos mais crianças, a Nair Gostosinha e a Laurita de Ouro podiam provar. Os mais velhos decidiram que aquilo só se podia resolver com uma greve. Eu não entendia bem o sentido da palavra, mas me dispus a ser um dos porta-vozes do movimento em minha turma. Tanto se agitou e se foi de sala em sala, que um dia fomos chamados ao gabinete de Carlos de Laet. O velhinho era imponente em seu fraque e sua barbicha, embora pouco passasse de metro e meio. Recebeu-nos com o sorriso paternal de sempre.

O mesmo sorriso paternal com que certa vez havia frustrado minha ideia, e de outros primeiranistas, de formar um grêmio literário. Precisávamos de uma sala para as reuniões, e só ele poderia autorizar. Achou maravilhosa a ideia do grêmio, ofereceu-se para apresentar o jornalzinho projetado. "E que desejam mais os meninos?" Aí botei tudo a perder. Talvez pelo nervosismo de estar conversando com o diretor, ou porque as facilidades eram demais, esqueci todos os ensinamentos de José Oiticica e dei a grande mancada:

— Nós viemos falar consigo...

— Besteira, meu filho, calinada da grossa. Quem pretender fundar um grêmio literário não pode dizer *viemos falar consigo*. Esse grêmio já nasceu morto, porque seus membros não conhecem português. Não cedo sala nenhuma.

Pacientemente, Carlos de Laet deixou que o chefe de disciplina falasse. Depois pediu nossas razões, ouvindo-as com mal disfarçado sorriso. "Professor Leal, já ouvi as duas partes. Se não se incomoda, eu gostaria de conversar com os rapazes." E, depois de sozinhos, nos disse palavras que me ficaram como perspectiva de vida:

— Vocês compreendem, eu não posso tirar a autoridade do professor Leal. É o chefe de disciplina. Mas também não sei se é justo desencorajar vocês nessa luta. Mesmo que acabem derrotados nessa greve, que eu seja obrigado a suspender os cabeças, não desanimem. Quem toma medidas absurdas passa. Amanhã ninguém mais vai lembrar o nome de um inspetor ranheta ou um chefe de disciplina que pretendeu um absurdo. Mas o colégio é eterno, esse ninguém poderá destruir. Depois de proclamada a República, o novo regime mudou o nome de Colégio Pedro II para Ginásio Nacional. Não recordo mais quantos artigos escrevi, defendendo o antigo nome. Acabei vencendo, o ginásio voltou a chamar-se Pedro II. Tenham isso sempre em mente. E agora podem ir.

3

Em 1930, quando entrei para a Faculdade de Direito, começou uma virada de 180 graus nos pensamentos, e três cafés se enfileiram nos caminhos mudados. O Acadêmico ainda está lá, esquina do Catete com Artur Bernardes, conservado o nome, mas com apresentação tirante a lanchonete. Os outros dois se perderam no derruba hoje para levantar amanhã. Um deles ficava na rua Senador Dantas, perto da Evaristo da Veiga, e deixou um monte de lembranças, embora o nome tenha sumido da memória. O outro era o café do Veiga, na avenida Mem de Sá, chegando à praça dos Governadores.

Grande parte do tempo era gasto nas mesas do Acadêmico, sabendo-se de tudo que acontecia na faculdade, sem a obrigação de estar suportando aulas não muito animadoras à frequência. Dali se podia ver o desvelo do Carmona com os "senhores doitores", tratamento que nos dispensava desde quando calouros. Era um bedel português formado na velha escola dos bedéis de Coimbra antes de Salazar. Não lhe interessava se os alunos tinham feito um comício ou explodido cabeças de negro embaixo de um carro, diversão muito ao sabor do Meira Lima. Se vinham refugiar-se na faculdade, ponto de honra para ele era não permitir à polícia ir lá dentro fazer prisões. Fechava o portão e o mantinha intransponível, as mãos descomunais tornando ainda mais forte o ferro que seguravam. "Aqui ninguém entra pra agarrar os senhores doitores."

E lá vinha o bigodão do Pinto da Rocha, plagiário do nariz de Cyrano de Bergerac, anunciando sua chegada muito antes de o dono aparecer. Esse bigode já tinha merecido uma piada de Raul Pederneiras ("o Pinto da Rocha engoliu a bicicleta e deixou os guidões de fora"), e até Emílio de Menezes lhe dedicou uma quintilha:

> O Pinto chega à janela
> para ver surgir a aurora.
> Sai bigode, sai bigode,
> bigode, e o Pinto não pode
> botar a cara de fora.

Cumplido Santana, correto e empertigado como uma encadernação de luxo. **Haroldo Valadão**, já nervoso naquele tempo de moço, bronqueando até com a própria sombra porque o seguia. **Leônidas de Resende**, figura querida, dava aulas sempre com boa concorrência, mesmo de alunos de outras turmas, todos interessados em ouvi-lo defender a tese de que a fidelidade do homem às suas ideias se pode determinar por sua fidelidade no amor. "Marx se manteve comunista toda a vida porque só teve uma mulher. Uma só mulher teve Augusto Comte, e por isso defendeu o positivismo até o fim de seus dias."

Castro Rebelo talvez fosse o professor que mais reunia alunos à sua volta. Figura maravilhosa. Paraninfo da turma de 1937, antes da colação de grau foi preso pelo golpe que instalou o Estado Novo. Com muito empenho e cartucho, o pessoal conseguiu autorização para ele comparecer à cerimônia. Quem o visse, antes de iniciada a sessão, não diria que ali estava um homem com mais de seis policiais grudados aos calcanhares, para impedir-lhe qualquer tentativa de fuga. Calma absoluta. A mesma com que tirou do bolso três ou quatro laudas de papel, lidas com total serenidade. Finda a leitura, atirou-as ao chão e encarou a plateia do Municipal:

— Até aqui pude escrever. Foi quando as forças do obscurantismo me arrancaram de casa.

O improviso feito tinha muito mais força e beleza do que o lido nas laudas atiradas ao chão. Denunciou o fascismo instalado no país, lembrando aos formandos seu compromisso assumido com a lei e o direito. Os policiais, na coxia do teatro, não encontravam saída para a situação.

Invadir o palco, para calar o velho mestre, seria violência cínica demais. O público aplaudia, aplaudia. Era essa a grande e única defesa de Castro Rebelo.

Havia os alunos mais amantes do Lamas, logo ali adiante, no largo do Machado. Outros embarafustavam pelo Catete, 26, pensão de mulheres em cujos porões muito escravo tinha sido escondido durante a campanha pela Abolição. Lá estava a Letícia, com conversa para qualquer gabarito: de marinheiro a desembargador. Eu, cristão-novo, preferia ficar no Acadêmico, porque ali ouvia os assuntos que representavam a grande guinada.

Benigno Rodrigues Fernandez, filho de espanhóis misturados com sangue árabe, sempre no ponto de explodir. Como naquela vez de eleições para o Centro Acadêmico Cândido de Oliveira — o CACO de tantas lutas —, em que um aluno, policial, puxou o revólver em ameaça: "E daí? Se me matar, tem que me comer; se me comer, tem que me cagar." Francisco de Carvalho, morrido de tanta cachaça, sempre preocupado em sistematizar tudo que se discutia ou planejava. Francisco Mangabeira, filho de João Mangabeira, permanente ar distante, como se nada daquelas conversas lhe dissesse respeito, mas de opinião sempre acatada quando se dispunha a falar. Era meu fascínio. Como falava fácil sobre Marx, Engels, Lenin, leituras que andavam colocando meus pensamentos em polvorosa. Planejou-se muito nas conversas do Acadêmico, e dois desses planos chegaram a ensaiar os primeiros passos: Federação Vermelha de Estudantes e Círculo dos Estudantes Ateus.

A grande reivindicação naqueles tempos, como deve ser hoje, era tornar a universidade menos elitista, por isso o nome cogitado foi Federação Democrática de Estudantes. E aí foram aparecendo os equívocos. A primeira assembleia, para decidir o nome da organização, realizou-se no escritório de Castro Rebelo e foi uma boa surpresa: mais de oitenta estudantes representando diversas faculdades. O ambiente estava irrespirável, e esse clima de muito suor e desconforto talvez tenha concorrido para a primeira manifestação de radicalismo. A comissão organizadora propôs o nome Federação Democrática de Estudantes. A assembleia o rejeitou por unanimidade e impôs Federação Vermelha de Estudantes. Não adiantou nada a argumentação sobre o quanto isso afastaria gente disposta à luta por reivindicações estudantis, mas não querendo tomar uma posição que parecesse compromisso político. Tudo inútil.

Os outros radicalismos foram apenas consequência do primeiro. A comissão encarregada de redigir o manifesto de lançamento da Federação se reuniu na casa de um militante operário, em Bonsucesso, o mais lúcido, aliás, quando dava alguma opinião, fazendo-nos ver que o processo revolucionário não seria desencadeado pelos estudantes, tivéssemos bom senso na colocação dos problemas e, principalmente, na linguagem. Favas para o militante operário, que a revolução era nossa! Imprimiu-se o manifesto em tiras longas, como os programas de circo colocados embaixo das portas, e onde ele menos se distribuiu foi nas faculdades. Eu, por exemplo, mais eufórico do que a violeteira da canção, joguei-o às centenas na porta do Curtume Carioca, na Gávea.

A Federação sobreviveu em algumas notícias em jornal, pois estava sempre atenta, lá isso é verdade. Qualquer violência cometida, e no dia seguinte comparecia com uma nota de protesto. De ações houve apenas uma, quixotesca e quase suicida. A maioria de seus componentes achava necessário fazer alguma coisa capaz de demonstrar ao mundo estudantil sua existência como organização, e foi resolvido desencadear uma greve no Instituto de Educação — o lugar menos indicado para isso, numa época em que as mulheres pouco participavam do processo político no Brasil —, dirigido então por Lourenço Filho.

No meio da manifestação, o diretor do Instituto chegou junto da oradora e lhe segredou que acabasse logo, pois a polícia já fora avisada e estava indo para lá. Ela não conversou. Fez do pau da bandeira vermelha uma clava e lhe acertou valentíssima porrada na testa, obrigando-o a procurar a Assistência. E era um homem liberal, o Lourenço Filho, educador honesto que muito contribuiu para a implantação de uma pedagogia mais aberta.

Outra realização planejada no Acadêmico foi o Círculo de Estudantes Ateus, destinado a ser um centro de estudos e debates científicos, independente de política, tanto que o nome primeiramente pensado era Círculo Universitário de Estudos Científicos. Mas a comissão organizadora foi mais uma vez derrotada na assembleia de instalação, e lá veio o nome que dividia. Para o ato inaugural foi convidado um cientista recém-chegado da Europa, onde fizera sucesso com uma tese sobre a filtrabilidade do bacilo de Koch, e, depois de muitas tentativas para tirar o corpo fora, Eusébio de Queiroz Lima, tio da escritora Rachel de Queiroz e então diretor da faculdade, acabou cedendo uma sala.

Horas antes do início da conferência, o ambiente estava para lá de tenso. Os seguidores de Jacques Maritain, comandados pelo San Tiago Dantas, se dispunham a acabar no peito e na raça com o que consideravam miserável provocação. Para evitar conflitos maiores, decidimos fechar a sala depois de o pessoal estar todo acomodado. Mas os do contra queriam ver o circo pegar fogo. O negócio mesmo era uma guerra santa. E começaram a forçar a porta, decididos a invadir a sala. Fundamental a destruição de Constantinopla!

Francisco de Carvalho tinha grande orgulho de ser do Estácio, achando-se, por isso, valente e bom de perna. Reuniu o pessoal e passou a ordem: formássemos uma barreira pronta para dar um soco nos cornos dos primeiros que se aventurassem a entrar, porque ele ia abrir a porta de surpresa. Se bem ele disse, melhor nós executamos, modéstia à parte. Formamos uma linha Maginot, que, aquela sim, teria resistido ao ataque de qualquer panzer hitlerista.

Quando o forcejar estava no auge, o Chico abriu a porta de um jato. A cara que veio na minha mão foi a de San Tiago Dantas. E o soco não deve ter sido de brincadeira, porque, muitos anos depois, ele ministro do Trabalho de João Goulart, quando fomos apresentados lembrou aquele incidente: "Ainda bem que você não é da bateria de nenhuma escola de samba. Não sobraria surdo inteiro".

Eram tempos românticos, aqueles, ou possivelmente loucos. Nunca pude esquecer que certa vez me convidaram para uma manifestação de 1º de Maio, na praça XV. Manifestação na praça XV? Dia 1º de Maio era feriado, a manifestação ia ser para o asfalto, para as figurinhas do chafariz? Quem me convidou garantiu que havia grande mobilização de trabalhadores. Não se deve discutir com quem sabe, e lá fui eu.

Seríamos uns trinta, feita a conta com muito boa vontade, mais escondidos do que concentrados na rua da Assembleia, todos muito preocupados em disfarçar a bandeira vermelha a ser desfraldada quando entrássemos na praça cantando a "Internacional". O local estava coalhado de cavalarianos. Não tive coragem de perguntar se aqueles eram os trabalhadores mobilizados para a manifestação. E parti de cambulhada junto com os outros, bandeira ao vento, dando vivas e mais vivas, enquanto a cavalaria nos punha abaixo, prendendo gente que não era brincadeira.

O café da rua Senador Dantas refletia bem essa maneira anárquica de encarar as coisas sérias. Quem se detivesse no que era nossa conversa, e, principalmente, na maneira despreocupada de se conversar, juraria ter sido liberado o funcionamento de todos os partidos políticos. Discutia-se sem cuidado de voz baixa. Metia-se o cacete no governo e no sistema, pouco ligando que uma das frequências permanentes do café era de soldados do quartel de polícia existente logo ali perto, na Evaristo da Veiga.

Mas algumas figuras sempre de plantão naquelas mesas se tornaram lembranças. Papo muito da minha preferência era o do Domingos, garçom, dirigente do Centro Cosmopolita, mais tarde transformado em sindicato da classe. Falava devagar e baixo, procurando conter meus impulsos de jovem, e só não fiz uma das grandes burradas a que estava disposto justamente por causa dele.

Depois de minha primeira prisão, em 1932, eu só pensava em sair de casa. Não me era possível, vivia repetindo, viver sob o mesmo teto daquele bando de reacionários irrecuperáveis. Toda vez que eu enveredava por esse comício, o Domingos sorria, sem pressa na resposta. Esperava até eu me acalmar, procurando então convencer-me da bobagem de tudo aquilo. Eu não podia pretender que pessoas já de idade, educadas em outros princípios, fossem modificar-se de uma hora para outra.

— Quando estava preso na Sibéria, Lenin escrevia sempre pra mãe, perguntando pelos seus santinhos, se tinha ganhado mais alguns para o oratório. Sabia disso, rapaz? E era o Lenin.

Apesar de tanta lucidez, o Domingos me meteu numa fria, que nem sei como não se transformou em gelada. O Gustavo, gráfico, estava preso por causa de uma greve. Não tinha ninguém da família aqui no Rio, e era preciso alguém ir visitá-lo. No dia seguinte, lá fui eu para a Detenção todo satisfeito, levando biscoitos, doces, cigarros. Ia fazer alguma coisa por uma pessoa, puxa vida!, atrás das grades porque estava lutando por um mundo melhor.

O funcionário da portaria quis saber o que eu era do preso, e respondi que era primo, de acordo com as instruções. Ele arregalou os olhos, espantadíssimo: "Pri-mo? O senhor é pri-mo do Gustavo?" Respondi, como quem se sente ofendido, que sim, claro que era, por que a insistência? Só fui compreender a razão de todo aquele espanto quando, na sala das visitas, me vi diante do crioulo mais crioulo já parido sobre a face da terra. Ele já devia ter sido avisado e, percebendo meu espanto, partiu em minha direção de braços abertos, piscando os olhos malandramente:

— Primo, pensei que você não vinha me ver!

Outra figura de boa memória foi o Gumercindo, padeiro português, sempre muito preocupado em recomendar que as paredes têm ouvidos mesmo se falando baixo, ainda mais quando se fala para ser ouvido no canto oposto da cidade. Certa vez comentávamos a campanha de Gandhi, que vinha empolgando o mundo com sua teoria de não violência, o melhor caminho, no seu entender, para libertar a Índia do domínio inglês. Depois de muito ouvir, o bom padeiro teve uma frase antológica:

— Só queria ver como acabava um domador que entrasse na jaula de leão, daqueles bem com fome, levando um pé de alface e querendo convencer o bicho a ser vegetariano.

Um dia, o café da Senador Dantas viveu seu momento de grotesco. Naquela época estava em moda a palavra proletarização. Só podia ser considerado verdadeiramente revolucionário quem tivesse a mão cheia de calo. Os estudantes deviam mandar as faculdades para o inferno e levar vida de operários, basquete duro numa fábrica. Foi para morrer de rir quando um terceiranista de Medicina entrou no café metido numa roupa de motorneiro da Light, seu novo caminho em busca da proletarização. O Gumercindo não se conteve:

— Em que bloco você vai sair no Carnaval?

O Café do Veiga — para nós nunca teve outro nome senão esse — era outra zorra, tremenda mescla de gente e assuntos sem consequência ao lado de alguns momentos de conversa séria, mas atirada aos quatro ventos. Uma discussão sobre a necessidade da ditadura do proletariado era interrompida, no mais aceso, para se comentar a carona dada na noite da véspera na pobre Marta, polaca que fazia vida clandestinamente na rua Paulo de Frontin, e por isso tinha medo de botar a boca no mundo quando lhe aprontavam uma dessas. Um dos da roda, arrotando de marxista como nenhum outro, chegava a justificar o ato com a argumentação de que, se a prostituição é um cancro da sociedade burguesa, todos os meios para extirpá-lo eram válidos. Um dia ela se amigou com um detetive, permanente cão de fila à sua porta, e perdemos a descarga de graça.

O Café do Veiga era o ponto do Djalma Maciel, mais tarde redator do LIP; do João Calazans, também estudante de Direito, dono de um dedo indicador que mais parecia um florete, tão comprido e pontiagudo; do Mateus da Fontoura, sempre armado de uma vela para queimar os traques, tradutor de peças alemãs, e para quem a solução dos problemas sociais se resumia a um aumento de seu salário na Light, onde trabalhava como um cão. Nada se conversou nem se ouviu de concreto nas noitadas do Veiga, a não ser o grito de glória do Djalma e do Calazans quando encontraram jeito de burlar nossas determinações, assim vencendo a agonia de mais de uma semana.

Os dois andavam bebendo de deixar a gente preocupada, e, nas bebedeiras, às vezes se tornavam perigosos. Éramos levianos nos papos, bem que o éramos, mas ainda nos sobrava algum senso de responsabilidade. Não interessava ficar proclamando pelas esquinas as nossas conversas. E os dois, quando o porre atingia o auge, destrambelhavam a língua e se tornavam o melhor livro de informações que se possa imaginar. Além disso, armavam encrencas sobre encrencas. Várias vezes precisamos ir buscá-los no xadrez. Como na noite em que resolveram desmoralizar o padre Assis Memória, figura tida como de respeito, colaborador acatado do *Jornal do Brasil*. Isso não o impedia de, lá uma vez por outra, dar suas escapulidas num bordel da avenida Mem de Sá, à paisana, para não ser reconhecido por algum piedoso irmão.

E aconteceu que o Djalma Maciel e o Calazans flagraram o padre quando ia saindo da tal casa. Estavam de porríssimo, e aquilo lhes pareceu uma diversão maravilhosa. Foram perseguindo o pobre religioso por todas as ruas e aos berros: "Foi botar a escrita em dia, padre Assis Memória? Não disfarce, não, é você mesmo que está de terno cinzento". O homem tido como de respeito embarafustava por tudo que era rua, e os dois se mantinham implacavelmente em seus calcanhares. Acabaram indo parar no xilindró, porque as famílias das ruas por onde eles passavam acabaram achando tremendo desaforo tudo aquilo. Fomos obrigados a uma atitude drástica com os dois espíritos de porco: só poderiam beber quando houvesse um fato muito importante a ser comemorado.

Os dias foram se passando, e nada de aparecer o tão desejado fato. Dava um pouco de pena ver os dois, murchos e lamentosos por não poderem estar ninando uma criança, expressão carinhosa com que se referiam a uma garrafa de cachaça, coisa digna de ser embalada com "sapo-cururu" e tudo. Mas nos mantínhamos vigilantes, impedindo qualquer transgressão da ordem: bebida só quando houvesse um fato importante. Até que, naquela noite, o Calazans precisou ir ao banheiro. Djalma aproveitou a oportunidade para, mais uma vez, pedir a revogação da maldade. Não por ele, que já tinha deixado de beber diversas vezes. Mas o Calazans, coitadinho, estava sumindo, já nem sabia coordenar as ideias. Falta de álcool, falta de álcool, podíamos acreditar.

De repente, o dedo do Calazans se intrometeu na roda, brandido com mais ferocidade do que o normal:

— Achei, Maciel. Achei o fato para comemorarmos.

Em suas mãos estava um papel cheio de merda, agitado por ele como se fosse um tesouro.

— Está aqui. Ahn... o cocô não deixa ler direito... não sei quantos anos Paul Verlaine caiu bêbado de absinto no Quartier Latin. Cada povo tem o Quartier Latin que merece. Vamos nos chafurdar mesmo nas sarjetas do Mangue. O principal é que esse porre ninguém segura.

4

Lugar que sempre sonhei conhecer de perto era o Café Nice, promovido pela necessidade de não se desmanchar o mito, coisa tão importante num país sem memória, o quartel-general do samba. Quem primeiro me falou nele foi J. Aymberê, o tal maestro que conchavou o concurso de músicas de Carnaval para sobrar ele como único concorrente. Se eu estava com vontade de entrar para o meio mesmo, precisava baixar naquele terreiro e pedir a bênção aos mais velhos. Ali se reunia a fina flor do samba.

Possivelmente, aquela resistência primeira, o retardo com que resolvi abandonar a comodidade do ventre materno, me tenham feito pela vida afora um descompassado em tempo e oportunidade. Nunca cheguei no momento certo de ver o que desejava do jeito que me contavam ter sido. Por volta de 1932, 1933, por exemplo, Orestes Barbosa mantinha, não recordo em que jornal, uma coluna chamada "Mesa do Nice", onde falava constantemente da turma de música frequentadora daquele terreiro, citando muito Ari Barroso, Lamartine, Noel, Nássara...

Mais ou menos na mesma época, quando andei experimentando reportagem, me dispus a encher algumas laudas com o delicioso título "Doze horas na Cidade-Mulher", que assim Álvaro Moreyra chamava o Rio. E não vi nada do que o Aymberê proclamava tão a sério. A começar pelo nome. Nunca se chamou do jeito como ficou na história do samba. Café Nice foi o café que não houve, plagiando o que Torelly (barão de Itararé) dizia da batalha de igual nome, na Revolução Constitucionalista de 1932. As letras douradas sobre vidro preto estavam — e ali ficaram até sua demolição — bem à vista de quem passava: Casa Nice, destinada inicialmente a ser casa de chá. A velha reportagem, descontado tudo aquilo capaz de envergonhar um bom par de gerações, mostra bem o que marcou meus olhos e atenção no tempo em que a coluna de Orestes Barbosa foi ajudando a criação do mito.

> Galeria Cruzeiro movimentada. Trianon transbordando gente. Mas a "Casa Nice" tem sempre qualquer coisa de novo. É a alma de cada país que se abanca no conforto das cadeiras de vime da calçada, fazendo recordar outras terrasses... de outros países, como Di Cavalcanti definiu o cosmopolitismo da Casa Nice. Dez horas da noite. Todo mundo. Na ponta da calçada, tostão encompridando o fundo do bolso como teta murcha de mulher velha, o brasileiro espia a alegria dos outros.

Terei chegado com atraso para ver o que estava nas crônicas dos outros, vá lá!, pois durante os anos de frequência, em que quase virei móveis e utensílios do Nice, com direito a carona nos dois primeiros cafés, porque os garçons eram boas-praças e metidos a mecenas da música popular brasileira, nunca vi ser feito um samba naquelas mesas, embora o Alberto Ribeiro vivesse dizendo que, depois do vigésimo café tomado ali, qualquer um virava sambista. A roda era boa — ai, Deus, que bem que o era! —, tudo gente de primeira água em formação. Roberto Martins, Ataulfo, Rubens Soares, Frazão... O Frazão não se destacava somente como um compositor de sucesso. Talvez fosse um dos papos mais esperados por todos nós, na certeza de que havia sempre uma vantagem a ser contada, principalmente quando o assunto era sexo.

Certa noite, recordando como tudo é fácil quando se é moço, disse que naquele tempo ia à batalha cinco ou seis vezes sem sentir o mínimo de cansaço. Alberto Ribeiro — Padre à Paisana, como o apelidara Orestes Barbosa, por sua vez apelidado de Corcunda de Notre Nice pelo Wilson Batista por causa de uma pequena saliência que tinha no cangote — aproveitou a oportunidade para uma de suas irreverências: "Não é que você não tivesse juízo, Frazão. Tinha era potência, daquelas que atendem a um estalar de dedos".

Outra vantagem sempre muito proclamada pelo Frazão, de prenome Eratóstenes, era a terapêutica camestre empregada para curar uma mulher gaga. Em tom de gozação, pois ninguém se divertia mais com seus exageros que ele mesmo, afirmava estar disposto a fazer uma comunicação à Academia de Medicina, porque a façanha merecia estudos, e somente ele, macho-doador-universal, capaz de satisfazer a todas as mulheres, seria capaz de tanto. E lá vinha o caso. Depois de um longo namoro, ele e a tal mulher foram para a cama. Tantas foram as habilidades demonstradas pelo Vovô Índio do nosso apelido carinhoso, tantas e tantas vezes pôs à prova sua virilidade inesgotável, que, a certa altura, a gaguinha explodiu num grito para toda a vizinhança, sílaba por sílaba, letra a letra, e de um jato só: "Eratóstenes!"

Alberto Ribeiro, coautor de João de Barro em "Yes, nós temos bananas", "Pirulito que bate-bate", "Touradas em Madri" e tantos outros sucessos, era o grande irreverente. Não perdia oportunidade para um comentário ferino, depois levado de café em café. Não poupava sequer o João de Barro, seu parceiro e amigo tão do peito.

Nessa época, o Braguinha ainda não tinha a posição conquistada mais tarde: diretor de uma gravadora. Vivia pulando mais do que bola de pingue-pongue para se manter. Estava em todas, tendo músicas para mil cantores, se mil cantores houvesse. De todos os gêneros, para todos os gostos. E sempre coisa boa, que nasceu sabendo fazer música de qualidade. Um dínamo, o pequenino. Foi quando veio a obrigatoriedade dos complementos nacionais em todos os cinemas. Filmes curtos e geralmente enfadonhos, pois a tônica era a louvação às realizações do Estado Novo. Alberto Ribeiro não deixou passar a chance: "O Braguinha é como o complemento nacional: pequenino, chato e obrigatório".

Outra das suas irreverências quase lhe valeu o rompimento com Jorge Faraj, letrista dos melhores que tivemos naquele tempo, fã ardoroso do

Orestes Barbosa, de quem não desgrudava um só instante, e por isso ganhou o apelido de bacalhau da Emulsão de Scott, sempre dependurado nas costas do pescador. Certa vez, o Faraj mostrou ao Alberto uma letra dizendo que a amada tinha olhos aurorais. O Alberto elogiou bastante a letra, mas, incapaz de controlar a irreverência quando ela aflorava, fez um reparo:

— Você fala aqui em olhos aurorais. Auroral é adjetivo relativo da aurora: da cor da aurora, que tem o aspecto da aurora. A aurora é vermelha, os poetas até usam a palavra rosicler para definir essa cor. Então a sua amada tem os olhos vermelhos. Ora, se ela tem os olhos vermelhos, está é com uma tremenda conjuntivite, coitada. O caso é mais para colírio do que para valsa.

A irreverência, aliás, não conhecia meias medidas no Nice, nem estabelecia discriminações. O tanto que frequentarmos aquele lugar, passarmos ali horas esquecidas sem o mínimo de despesa, gerava intimidade com os garçons, também se achando eles com direito a fazer das suas. Por osmose, afinal, estavam um pouquinho no mundo do samba.

Quando o Frota Aguiar ocupou a Delegacia de Costumes, desencadeou tremenda campanha contra a cafetinagem e foi um deus nos acuda. Como toda campanha policial, era cega e, consequentemente, irracional. Rapaz que estivesse com mulher de dancing era logo chamado para uma conversinha na delegacia, e ali enfrentava verdadeiro interrogatório de Inquisição, obrigado a provar onde trabalhava, qual o ordenado, que tipo de relações mantinha com a mulher... Mesmo eu, contemporâneo do Frota Aguiar na Faculdade de Direito, passei por um vexame desses, forçado a dormir uma noite no xilindró. Quando ele chegou, de manhã, me reconheceu e se desmanchou em mil desculpas, mas explicando ser necessário separar o joio do trigo etc. etc.

E, justamente no auge dessa campanha, o Orestes adoeceu, ficando vários dias sem dar as caras no Nice. Frequência de todas as noites naquelas bandas, seu desaparecimento foi imediatamente anotado. Quando reapareceu, um garçom — gostoso da negra Geralsa, que trabalhava no Dancing Milton, e já tendo passado algumas semanas de molho na carceragem da Relação — se chegou para ele com a maior intimidade, num papo de igual para igual.

— Andaste pirado, velhinho. Qual foi o babado? A mina te entregou, foi? Não repara, não, são umas vagolinas. Dão uma estia pra gente, mas quando a justa imprensa se abrem mais que babaca de velha.

Não estivéssemos por perto, o Orestes teria dado uma cadeirada no garçom, pois morreu de fúria. Mas o Nice era assim mesmo. Ouvi mil dessas ali, onde à noite fazia hora para começar a via-sacra pelos cabarés e *dancings*, sempre acompanhado do Erasmo Silva, antigo parceiro do Wilson Batista na dupla Verde e Amarelo. Caso curioso, o do Erasmo. Baiano nascido de família pobre, teve vida dura, sempre ombro a ombro com ambientes que poderiam ter desviado seus caminhos. Mas resistiu, não se deixando levar pelo parceiro, o Wilson, esse sim, verdadeira alma do cão de mistura com um compositor de gênio. Foi meu grande amigo na frequência do Nice, onde também baixavam as alegres meninas do Dancing Avenida, para uma boquinha antes de enfrentarem o duro batente até duas da madrugada.

Vinha de tudo ali. O pessoal que trabalhava na Rádio Clube, então funcionando no edifício da Sociedade Sul-Rio-Grandense. Polícias especiais chegados ao samba, como o Ernani, que matou o Galvão e depois se suicidou. Músicos à procura de emprego. Jogadores de futebol, principalmente os do São Cristóvão, destacando-se entre eles o Villegas, cracão espanhol fugido de Barcelona para não ser preso pelos carrascos de Franco, e que recitava poemas de Alberti e Machado como se rezasse. Os fanáticos por corridas de cavalos preferiam o Belas Artes, na outra esquina, Avenida com Almirante Barroso, ponto de frequência do Adelino Caçoada, conhecido como rei da cocaína.

Compositores havia, claro, mas não os considerados da linha de frente. Ari Barroso gostava mais do Café Rio Branco, ponto de concentração dos flamenguistas doentes como ele. Uma única vez vi o Noel Rosa parar por ali. E mesmo assim ficou na porta. Tinha vindo à procura de Francisco Alves. Assis Valente não fazia chacrinha naquelas mesas, passando de longe. Lamartine Babo nem passava. João de Barro, do mesmo jeito, deixando que Alberto Ribeiro representasse a parceria. André Filho fazia suas tardes no Bar Nacional, Galeria Cruzeiro. Custódio Mesquita só passou a frequentar o Nice, e isso lá de vez em vez, porque trabalhávamos juntos e éramos obrigados a uma convivência maior. Mas chegava, batia um papo pela rama, e já ia me arrastando para o Suísso, na esquina da Avenida com Assembleia, ponto muito da preferência do Paulo Roberto quando acabava o trabalho na Rádio Cruzeiro, onde se comia a melhor empada da noite carioca. Ou então para o Universo, esquina de Assembleia com Rodrigo Silva, especializada em bifes à milanesa de lascar o cano.

Frequentei o Nice durante mais de três anos. Daquele dia a dia ficou o ombro a ombro de boas amizades, que tempo e parcerias aumentaram. O riso de bons momentos nos convidando a voltar sempre e cada vez mais sempre. Lembranças alegres de tempos em que éramos mais simples, não fazíamos trabalhos sonhando importância; deixávamos saírem sambinhas, alegrias de calçadas no assobio de gente simples. Mas nunca vi nascer um samba nas mesas do Nice.

Casaca zero quilômetro: Vende-se, aluga-se

Santo não sou nem pensando,
santidade é castração.
Se a vida vive se dando
não sou eu que digo não,
mas minha será a opção
quanto ao onde, como e quando.
Penso assim e não assado,
quero assado e não assim,
e o rumo, uma vez traçado,
vai nesse rumo até o fim.

1

Passei pela Escola de Arte Dramática no tempo em que a dirigia Coelho Neto. Não durante os três ou quatro anos do curso, nem sei bem quantos, que ainda era muito criança para isso. Meia hora, talvez nem tanto, durou minha passagem por aquela casa, e o aprendido em seus corredores nada teve a ver com a arte de representar, pois essa cheguei a velho sem saber nem pelo menos compreendendo, mas sim com os segredos de nosso português, casta linguagem. Estive ali fazendo companhia a meu pai, que precisava acertar os horários dos ensaios de uma opereta, parece, a ser apresentada pelos alunos.

Nunca fui menino dos de bom comportamento, pronto a atender quando me diziam "fique quietinho aí", mesmo que a obediência representasse a compensação dos mais gostosos doces e mais lindos presentes, possivelmente por tanto ouvir o doutor Pinto Portela, pediatra vitalício da família, dizer a meus pais que eles deviam até ficar satisfeitos de eu ser tão levado, parecendo ter bicho-carpinteiro: "Menino quieto quase sempre é doente. No mínimo, tem lombriga, que enfraquece". Abandonado na sala de espera, enquanto meu pai ia ao seu assunto, comecei a varar os caminhos ao meu alcance, espiando cantos, descobrindo recantos. De repente, por uma porta entreaberta, me chegou um falatório esquisito:

— Veja se consegue recordar, homem de Deus.

— Confesso que não me ocorre a palavra. Está aqui, na ponta da língua, mas não vai até a memória.

— Pense bem, criatura. Aquelas pedras que vão de uma a outra margem de uma ribeira, de um riacho...

— Sei, claro que sei... Que as pessoas até utilizam para atravessar o vau, como se fosse uma ponte.

— Exato, exato. Mas qual é a palavra, santo Deus?

Não passava ninguém por perto para surpreender-me em flagrante delito de curiosidade e me aventurei a dar uma olhadela para dentro da sala de onde vinham as vozes. Ali estavam duas figuras que eu já conhecia de fotografias publicadas em jornais, porque meu pai era um homem genial, cheio de ingênuas crenças, e me educava na admiração pelas pessoas tidas como importantes pelo consenso geral. Vocação gloriosa para professor de Instrução Moral e Cívica estava naquele gordo pachorrento!

Nunca poderei esquecer que, em consequência desses entusiasmos, por pouco não fui agraciado com uma pneumonia, só para ver a chegada de Rui Barbosa, numa das vezes em que foi representar o Brasil na Europa. O dia era dos de chuviscos sem nenhum descanso, mas no deslumbrado entender paterno o baiano cabeçudo devia ser visto e aplaudido por todos os brasileiros, mesmo chovendo canivete aberto, embora adversário irreconciliável de Pinheiro Machado, tão do reconhecimento terno do velho Lago. Só aquilo de ocupar a tribuna, em Haia, e perguntar em que idioma queriam que ele falasse! O futuro desmistificou a cascata, mas aí já era tarde, havia tempão que eu me recuperara da gripíssima.

O rei Alberto, da Bélgica, possivelmente não terá sabido de minha presença nas homenagens que lhe foram prestadas pelo povo brasileiro, mas eu me encontrava lá, plantado na primeira fila da calçada da Rio Branco, sacudindo um lenço quando ele passou em carro aberto, e dando vivas à Bélgica, coisa muito necessária no entender de meu pai, pois o pequenino país governado por aquele grandalhão vermelhudo tinha resistido com obstinado heroísmo às hordas assassinas dos boches. Levei muito tempo para conhecer o significado de hordas e boches, mas sacudi o lenço com o entusiasmo pedido pelo velho. E não só eu participava dessa alegria. O desfile real foi um deslumbramento para nossa gente, que, no comentário irônico de Antônio Torres, nunca tinha visto um rei. Nossas testas coroadas foram imperadores, seguindo uma sugestão de José Bonifácio, aliás, para se aproveitar a familiaridade do povo com o imperador das Festas do Divino.

Qualquer fotografia de figurão, estampada nos jornais, imediatamente me era mostrada por meu pai, com as devidas explicações sobre quem era e o que tinha feito de importante. Por isso, eu sabia que naquela sala estavam Coelho Neto e Alberto de Oliveira, dois nomes de orgulharem a literatura de qualquer país, meu filho. O ambiente ali dentro, no entanto, era da maior tensão, e o assunto da conversa interessava mais do que ficar a contemplá-los embasbacado.

O príncipe dos poetas estraçalhava entre os dedos a repolhuda bigodeira, como se, por alguns daqueles fios, pudesse ordenhar a palavra desesperadamente procurada. Lenço passado pelo queixo e amarrado no alto do cocuruto — igualzinho que nem eu usava quando tinha dor de dentes —, um dos lados do rosto tão inchado que mais parecia uma melancia, Coelho Neto se agitava pela sala em desassossego, por vezes não contendo um gemido de dor e bronca.

— Aquelas pedras... ai! Merda!

— Lembro até que geralmente são arredondadas, polidas, desgastadas pelas águas e pelo tempo.

— Pois é, Alberto, tudo isso nós sabemos e de tudo isso nos lembramos. Mas como se chamam elas? Isso é que é fundamental, Alberto, o nome dessas malditas pedras.

Depois de palmilhar a sala de parede a parede, vértice a vértice, escarafunchando reentrâncias de chão e teto, que a sem-vergonha da palavra bem poderia andar escondida por ali, Coelho Neto pareceu dar-se por vencido, praguejando que aquela odienta dor de dentes lhe estava pondo o raciocínio em pandarecos. O parceiro, se quisesse, continuasse cavoucando a memória sozinho. E já se dispunha a desabar sobre uma poltrona, Alberto de Oliveira também aproveitando a oportunidade para dar tréguas à bigodeira copada, quando seu semblante se iluminou. As nádegas, precursoras do helicóptero, ficaram sobrevoando pouco acima do assento, até que explodiu o grito de vitória:

— Achei, Alberto! Achei! Alpondras!

Os dois confraternizaram como se houvessem encontrado o tesouro de um Francis Drake qualquer, ou então descoberto o segredo da pedra filosofal, e Coelho Neto, a conselho de seu parceiro na caçada ao léxico, resolveu aplicar um pouquinho de ácido fênico no dente dolorido, com promessas de que, em casa, aplicaria umas papas de linhaça.

Levei muito tempo impressionado com aquela palavra: alpondras. Não poderia contar a história a meu pai, porque iria ouvir um sermão dos diabos sobre o que um menino deve ou não deve fazer para ser bem-educado. Ficar ouvindo conversa dos outros, principalmente dos mais velhos, era das coisas não muito recomendáveis. Mas como me perseguia a maldita palavra. Alpondras!... Sempre que pensava nela me vinha à mente uma senhora muito gorda, daquelas de peitos em permanente sesta sobre a barriga, a barriga reclinada *ad eternum* sobre o meio das coxas, a cabeça repleta de papelotes, um lenço apertando rodelas de batata na testa, nos dias em que a enxaqueca não quer ceder a remédio nenhum.

Acabei esquecendo a palavra, porque a verdade é que nunca mais ouvi ninguém dizê-la, e as mulheres das grandes enxúndias começaram a comer alface para queimar as calorias. Durante as filmagens de *O padre e a moça*, o maravilhoso filme de Joaquim Pedro, rodado num longe de lugar mineiro de nome São Gonçalo do Rio das Pedras, várias vezes precisei atravessar o Jequitinhonha, em trechos repletos daquelas pedras que por pouco não causaram enfarte em Coelho Neto e Alberto de Oliveira: as alpondras! Seria a maior das delícias ouvir um homem do interior dizer a palavra tão buscada e rebuscada. Mas a recomendação dos matutos que nos acompanhavam era bem mais simples:

— Óia, moço, vai se inquilibrando em riba daquelas pedrinha. Deus faz as compricação e ele memo descomprica. Vai por ali, que é mais garantido pra não tomá um tombo nem moiá as carça.

2

Querer ganhar a vida só com direito autoral, lá pelos começos dos anos 1940, era verdadeiro teste de Cooper de masoquismo para psiquiatra nenhum botar defeito. A marcha "Aurora", em 1941, foi um sucesso daqueles de se aguentar desde o período pré-carnavalesco até os quatro dias finais. Não havia biboca onde não a tocassem, cantada por gago e mudo. No entanto, findo o Carnaval, não chegou a render vinte cruzeiros para cada um de nós. Os que ralavam os miolos escrevendo ou fabricando peças de teatro não podiam considerar-se mais felizes do que a turma da música, pois continuavam recebendo a miserinha de dez cadeiras por sessão.

Como uma porção de gente que escrevia ou compunha, o direito autoral apenas me servia de complemento ao salário ganho numa função pública: redator-chefe do Departamento de Estatística do Estado do Rio, tendo chegado à façanha de ser membro do Conselho de Estatísticas Sociais e Culturais do Instituto Brasileiro de Geografia e Estatística (IBGE), talvez como castigo por ter acertado na organização dos questionários para a Estatística Criminal, Policial e Judiciária do Estado, cargo do qual, aliás, nunca me preocupei em tomar posse.

Todas as manhãs lá ia o coitadinho de mim sofrer os 45 minutos da viagem para Niterói, escornado, descansando da farra da véspera numa velha barca da Cantareira, que dormia mais do que eu, a desgraçada de Deus! Mas como me era querida aquela tartaruga miserável nas manhãs em que resolvia emperrar no meio da baía, coisa que tinha o bom senso de resolver sempre, ficando horas a fio em mais volteios sobre si mesma do que porta-bandeira de escola de samba, permitindo-me um sono com direito a ronco e baba. À noite, antes do cabaré e as *taxi-girls*, a obrigatória via-sacra pelos teatros, esquinas e cafés de artistas, o papo, enfim, de meu interesse real.

Em 1942, Joracy Camargo estava preparando a temporada para o Teatro Regina, o Dulcina de nossos dias, de onde seguiria em excursão pelo Sul. Do elenco levado ao Norte, no ano anterior, sobravam apenas, além dele e Aimée, Juracy de Oliveira, Rita Ribeiro e Luís Cataldo. O trabalho tinha que ser a todo vapor, com ensaios puxados varando até alta madrugada. A maioria não conhecia o repertório.

Sempre fui um fascinado pela preparação do espetáculo, a luta passo a passo para ser vencida a insegurança dos primeiros movimentos e encontrada a naturalidade das primeiras réplicas; o repetir até a exaustão, visando ao entrosamento das diversas unidades, dando-lhes dimensão e ritmo, até a conquista do mosaico perfeito, quando tudo lembra um calidoscópio: para qualquer lado que se vire o cilindro, os fragmentos de vidro, como atendendo a um toque mágico, novamente se juntam em outra combinação. Por mim, os espetáculos não estreariam nunca. O fascinante mesmo é prepará-los.

Nessa época, o Regina era meu ponto predileto, mas não apenas porque me empolgasse a mecânica dos ensaios. Existia uma razão bem mais forte para minha presença de todas as noites naquele teatro. Amigo bastante chegado de Joracy, eu tinha sido, juntamente com Rodolfo Mayer e Clementino Dotti, um dos maiores incentivadores para que ele não desistisse da aventura de autor-ator, quase frustrada, inconscientemente, por Procópio Ferreira. É que, dois dias antes de estrear no Teatro Copacabana, Joracy fez questão de realizar um ensaio para o criador da maioria de suas peças. Interessava-lhe conhecer a opinião de seu intérprete preferido, ouvir-lhe os conselhos e sugestões. Rodolfo Mayer tinha dirigido a peça, mas não se melindrou com esse desejo:

— Acho até uma coisa natural. Os dois são amigos há tanto tempo, entendem-se tão bem.

O ensaio foi um fracasso daqueles de deixar os amigos do Joracy acachapados no fundo de todas as poltronas do mundo. A gente nem queria olhar um para o outro. Talvez inibido pela presença de Procópio, o pobre do Jora mal conseguia articular as palavras, era com sacrifício de causar pena que se movia, como se lhe tivessem colocado barras de chumbo nos pés. Procópio, longe de compreender o mal que estava causando com isso, o interrompia a todo instante, subindo ao palco para mostrar a melhor maneira de fazer isso ou aquilo, qual a inflexão mais justa para esta ou aquela frase, a valorização maior ou menor que convinha dar a tal ou qual palavra. E tudo, naturalmente, com o brilho que sempre caracterizou seus desempenhos, indo de uma ponta a outra do palco como se caminhasse centímetros.

Quando o ensaio foi suspenso, que nem chegou a terminar, Joracy somava em seu íntimo a fossa de todas as galáxias, só falando em mandar à merda aquela aventura. No dia seguinte, reuniria o elenco, proporia um acordo e não se tocava mais no assunto: fim de sonho, companhia desfeita. Não estava era disposto, àquela altura da vida, a enfrentar um vexame, tinha brigado muito para conseguir um nome. Eu, Rodolfo Mayer e Clementino Dotti procurávamos levantar-lhe o ânimo, falávamos, argumentávamos, mas, cada vez que ele abria a boca, voltava tudo ao começo. Nunca ia poder representar *O sábio* como o Procópio mostrara que devia ser. "Vocês viram como o personagem fica brilhante, feito por ele? Isso é coisa aprendida em muitos anos de janela, e eu não tenho mais tempo para aprender. A estreia é depois de amanhã." Rodolfo Mayer encontrou nessa humildade o argumento até então nos faltando:

— Pois eu acho que você deve apoiar todo o trabalho justamente nesse ponto: sua canastrice. O personagem do sábio não tem nada de brilhante. Muito ao contrário. É um canastrão na vida, nunca saiu de seu gabinete de estudos, nunca foi homem de rodas. Aquela gente da alta sociedade o assusta e inibe, como o Procópio inibiu e assustou você. Ele não pode ser brilhante, por uma razão muito simples: está num meio inteiramente estranho à sua cultura, seus hábitos. Tem que ficar preso mesmo, sem saber como falar, de que jeito se mover ali dentro. Pense nisso e acredite. Qualquer inibição que você tenha, como ator, até ajuda a dar verdade ao tipo. O canastrão não é você, é o sábio.

Finalmente conseguimos convencer o Joracy a não desmanchar a companhia, e a temporada no Copacabana foi um sucesso; a excursão ao Norte, pelo nome que ele já tinha como autor, se transformou em verdadeiro acontecimento. A estudantada invadia os teatros todas as noites, dando-lhe o público que ele queria.

Isso me dava incrível sensação de responsabilidade por tudo que aquela realização alcançasse. Por esse motivo não saía do Regina, torcedor fanático da segunda temporada. Afinal, eu era meio pai da criança. Mas já dizia minha santa mãe: tanto vai o cântaro à fonte que um dia lá fica. E de fato ficou. Tanto fui lá, tanto me tornei um dos da briga, que certa noite surgiu a pergunta:

— Mário, você gostaria de ser o galã de minha companhia?

Era como se o Joracy tivesse perguntado se eu gostaria que me desabasse em cima um prédio de cinquenta andares. Entrar num palco para representar? Aí estava uma ideia nunca antes passada pela minha cabeça. As vezes que entrara em cena, nos finais das estreias de minhas peças, eram rotina profissionalmente estimulada pelos Baúzas da vida. Os autores são sempre chamados à cena, mesmo quando a peça não agrada sequer a ele mesmo e aos parentes mais próximos. Pisar as tábuas de um palco para falar, no entanto, movimentar-me de um lado para outro, responder ao que me diziam — e responder no tempo certo para o espetáculo não perder o ritmo —, que me valessem Nossa Senhora e similares!, era de pedir que me deixassem o resto da vida pensando a resposta, porque fiava bem mais fino. Mas o Joracy insistia, calculando adivinhar escrúpulos entre os motivos de minha hesitação.

— Por que eu já tinha contratado o Didinho, não é por isso? É muito seu amigo, eu sei. Mas no meu repertório ele não pode fazer todos os galãs.

O forte dele são os tipos rústicos. E não precisa ficar preocupado com esse outro aspecto. Ele vai continuar na companhia. Que é que você resolve?

Que é que você resolve? Eu a dar-lhe, e a besta a fugir. Que poderia eu resolver, pegado assim de supetão? Cara de pau nasci, realmente, com a graça de todos os deuses e orixás. Poderia dizer mesmo, repetindo uma piada de "Sambista da Cinelândia", quando o maestro está catucando a cantora por cima e por baixo, e ela lhe pergunta se já havia levado muita bofetada por causa dessa mania: "Já, minha filha, mas tenho gozado muito". Quando se tratava de arranjar emprego, então, ia pronto para qualquer resposta. Depois que meu pai me tirou do Pedro II, por ter sido reprovado, fui obrigado a procurar trabalho para continuar estudando. Lembrei-me de Álvaro Moreyra, já meu conhecido por ter sido parceiro de meu pai em *Noé e os outros,* então dirigindo a revista *Para Todos.*

— A única vaga que nós temos aqui no *Pimenta de Melo* é de revisor. Você entende do riscado?

— Não tem mistério.

Eu estava mentindo mais do que Tartarin de Tarascon, claro. Não conhecia patavina dos sinais e convenções de revisão. Não fosse a paciência do Gilberto, bom cara que chefiava o serviço, não teria esquentado lugar no emprego. O mesmo se deu quando levei a carta de apresentação ao diretor do Departamento de Estatística do Estado do Rio.

— O senhor entende alguma coisa de estatística?

— Tudo.

Ademar Alegria, chefe da seção onde eu deveria trabalhar, era cabra experimentado e com terrível capacidade de ser gente. Quando ficamos sozinhos, resolveu abrir o jogo:

— Eu acho que o tudo que você disse é nada.

— Preciso trabalhar.

— Então não se discute mais o assunto. E está com sorte, sabe? A vaga existente no momento é de redator. Você vai ter que escrever diariamente um comentário baseado nos dados estatísticos do estado: indústria, comércio, educação...

— Isso é como dizer que não me dá emprego. Estatística pra mim é grego, o senhor já sabe.

— E pode acreditar que, para mim, não fica muito longe do hebraico. Mas isso é o de menos. O principal é saber escrever. Aliás, não é bem saber escrever, é escrever aquilo que interessa aos homens lá de cima. A essência dos comentários é sempre dizendo que o estado está navegando num verdadeiro mar de rosas, tendo o cuidado de minimizar ou eliminar os dados negativos e dar ênfase aos positivos. O povo também não entende de estatística. Há pessoas entendidas, mas não têm elementos para discordar do que se publica, pois não são elas que manuseiam os números. A anedota do mar de rosas acaba pegando.

Mas agora, no Teatro Regina, eu ficava meio pau, meio tijolo, sem encontrar resposta. Não era o caso de fazer sinais à margem de uma prova tipográfica, determinando emendas, separações ou junções de palavras, mudança na ordem das linhas. Nem se tratava, por exemplo, de afirmar que, graças à sábia política do Estado Novo, a energia elétrica em terras fluminenses aumentara tantos por cento em dez anos, omitindo que a população do estado, no mesmo período, crescera o triplo, realidade confidenciada aos amigos, para eles irem passando de boca em boca. O medo da responsabilidade me deixava em fogo, e o pau da cara estava virando cinza. Ramos Júnior, ensaiador da companhia, lembrou que me ouvira ler *Pertinho do céu*, peça dirigida por ele na temporada do Delorges Caminha, garantindo que minha voz era boa, as inflexões soavam naturais.

— Então, Mário? Assim vamos ser dois autores na mesma companhia. Resolve de uma vez.

Não eram mais apenas as vozes de Joracy Camargo e Ramos Júnior insistindo. A elas se juntavam as vozes amigas de Luíza Nazaré, Aimée, Flora May, o próprio Didinho — que iria ficar em situação inferiorizada —, Modesto de Souza e Osvaldo Louzada, esses dois já tendo acompanhado minhas angústias quando estreei como autor, pois trabalhavam no Teatro Recreio em 1933.

Tanto falaram, tanto insistiram, que acabei fascinado pela experiência e não vi motivos para só responder no dia seguinte. Naquela noite mesmo estava eu no palco do Regina lendo minha parte, procurando assimilar os primeiros movimentos indicados pela paciência carinhosa do Ramos Júnior e tomando a resolução que iria modificar os caminhos de minha vida: "Amanhã não dou mais as caras no Departamento. Nem pra pedir demissão".

Essa resolução, aliás, atendia aos conselhos dados todas as madrugadas pelo Roberto Martins, meu parceiro em "Dá-me tuas mãos", quando eu me despedia para dar um pulinho até em casa, tomar um banho e café, pois dali a pouco iria enfrentar a barca das 10h32.

— Larga disso de funcionário público, parceiro. Não dá camisa a ninguém. Olha eu. Mandei a guarda-civil à merda e estou melhor que mosca no mel. O tutu está é na música.

3

Quando entrei em casa com a notícia, na manhã seguinte, o terremoto já tinha causado mais estragos do que os de Pompeia e Herculano. Um repórter presente ao ensaio, torcedor fanático para eu sempre me sair bem, no que acabei de resolver entrar para a companhia do Joracy, foi de um fôlego só até a redação e conseguiu espaço para publicar o furo, até com fotografia em duas colunas. Isso era demasiado para os nervos e projetos de minha mãe.

Desde que o pessoal de casa se resignara a aceitar como definitiva minha resolução de largar os estudos de piano, não adiantando argumentos ou súplicas, ela passou a alimentar a fantasia de me ver seguindo a carreira diplomática, chance ideal para ser vestida a tão sonhada casaca. Canudo de advogado eu já carregava embaixo do braço, e isso representava meio caminho andado. Quando fui preso, em 1932, quis mandar o curso às favas. Beirando a súplica, ela me pediu que não o fizesse. "Amanhã ou depois você pode querer entrar num concurso, meu filho, e sempre é um título, conta ponto". No íntimo, ela alimentava a esperança de que um dia me desse na veneta tentar o Instituto Rio Branco.

Escrever peças não chegava a lhe dar preocupações. Mal ou bem, era atividade de intelectual. Já o negócio de fazer música de vez em quando a deixava de nariz meio torcido. Admiradora incondicional de tudo que eu fizesse estava ali, nisso ninguém lhe levava a palma. Passava o dia inteiro cantando minhas músicas, e bem alto, para a vizinhança aprender. Fazia, pelo telefone, uma caituitagem nunca feita por mim. Mas o que lhe mexia os preconceitos era o tipo de amizades inevitáveis nessa vida. "Gente que vive pelos morros, metida em cachaçadas... Sei lá". Mas, afinal de contas, Roberto Gomes, autor de *Berenice*, tinha sido diplomata de carreira. Mário Penaforte, compositor brasileiro de valsas francesas, viveu grande parte de seu tempo na Europa, servindo em nossos consulados e embaixadas.

E depois — por mais que se lhe mude a pele, lobo não vira cordeiro, e muito menos loba se transforma em ovelha —, se o filho dela fazia isso, é porque não era tão mau assim. Quando conheceu Alberto Ribeiro, esplêndido compositor que exercia a medicina com o nome de Alberto Vinhas, ficou deslumbrada, passando a defender a turma do samba com mais unhas e dentes do que qualquer cabrocha da Mangueira. Mas a minha resolução de ser ator representava o desmoronamento de todos os sonhos. Nunca mais a tão ambicionada casaca, indumentária especialmente imaginada para meu físico de cachorro galgo: fino e comprido.

Foram dias terríveis os que tive de passar por causa disso. Tanto ela quanto meu pai não me dirigiam a palavra além do inevitável de quem mora junto. E — isso talvez o mais doído de tudo — não demonstravam o menor interesse pela promoção que o Joracy tinha mandado fazer de minha estreia em sua companhia, aproveitando o sucesso de "Ai, que saudade da Amélia" no Carnaval daquele ano. Bem que eu tinha o cuidado de levar para casa todos os jornais e revistas onde se publicassem notícias a meu respeito. Bem que os deixava abertos, escancarados sobre a mesa, na esperança de eles se abrandarem diante de tanto incensamento à cria. Mas de nada adiantavam esses recursos. As publicações ficavam intocadas onde eu as deixava, quando não iam forrar o chão da cozinha, ou até mesmo do banheiro, nos dias de lavação geral.

À proporção que ia se aproximando o dia da estreia, esse silêncio à minha volta começava a me levar ao pânico. Sempre tinha contado com o apoio dos meus, fossem quais fossem as circunstâncias. Mesmo em política, terreno em que estávamos tão separados. Eles discordavam inteiramente de minha maneira de pensar e agir. Nada diziam porque em nossa casa sempre foram evitadas discussões capazes de terminarem em doloroso. Mesmo estando em campos opostos, no entanto, sabiam onde eu costumava esconder a papelada a ser destruída caso algum dia me prendessem. Eu mesmo tinha feito as recomendações, que eles guardaram, embora ouvindo em silêncio de reprovação. E no dia 21 de janeiro de 1932, quando me prenderam pela primeira vez, aceitaram correr um risco só compreensível em quem pensa igual.

A batida em nossa casa foi realizada à noite, e não houve parlamentação nem ameaça que convencesse minha mãe a deixar a polícia entrar para uma revista, plantando-se na porta como casamata inexpugnável. Gorki deve tê-la pressentido quando escreveu *A mãe*. Em voz bem alta, para toda a vizinhança tomar conhecimento do que estava acontecendo, invocava e reinvocava a Constituição, que, no artigo tal, parágrafo qual, garantia a inviolabilidade do lar depois das seis horas. Enquanto isso, no fundo do quintal, meu pai reduzia a cinzas os papéis que pudessem comprometer-me.

Por esse motivo, a hostilidade agora encontrada me deixava como se tivesse entrado numa câmara de vácuo. Não havia onde me agarrar, faltava-me a quem confiar meus receios, de quem receber o toque no ombro ou o passar de mão pela cabeça que acalma e faz a gente acreditar que o horizonte não recua quando lhe chegamos perto. Tudo me poderia acontecer, tanto me sentia desamparado. E se, por cúmulo da desgraça, se repetisse a mesma vergonheira daquela festa de encerramento das aulas no Colégio Santo Alberto, já lá se iam 23 anos?

NOS TEMPOS DE GAROTO, eu tinha uma bem-timbrada voz de tenorino. Árias de óperas, conhecia aos montes, e de ponta a ponta, pois vivera parte da infância numa caixa de teatro lírico onde meu pai era segundo maestro, presenteado com bombons para fazer o filho da madame *Butterfly* e da *Norma*. Minha voz se acomodava a qualquer gênero, e os agudos me saíam com facilidade. Deslumbrado, meu avô me chamava de "*piccolo* Caruso". Ia sem esforço do "Recondita armonia", da *Tosca,* ao "Niun me tema", do *Otelo;* do "Questa od quella", do *Rigoletto,* à *Santa Lúcia lontana,* fazendo com isso os encantos das pessoas que nos visitavam. Sabedores dessa precocidade, os padres do colégio me convidaram para cantar alguma coisa na festa de encerramento das aulas.

Cantar alguma coisa!... Mas que é que aquela padralhada estava pensando, ahn? Cantar alguma coisa? Em nossa família, quando estava envolvido alguém do nome e sangue, eram até ofensivas essas limitações de "alguma coisa", como se a mistura Lago-Croccia se contentasse com tais pequenezas. Queriam minha colaboração na festa? Pois ela havia de ser em estilo grandiloquente, uma participação digna de perdurar na memória dos grandes momentos do Colégio, capaz de encher de orgulho as conversas durante as refeições do clã. Fui entregue aos cuidados do melhor professor de canto da época — recordo apenas que se chamava Alessio —, a fim de ser preparado para o brilharete. O professor não fez por menos, tão entusiasmado ficou ao ouvir meus primeiros agudos: escolheu uma ária da *Fédora* e uma canção de Tosti. Ninguém tinha qualquer sombra de dúvida quanto ao sucesso. Eu estava seguríssimo. Nem Caruso, o grande nome da ópera naqueles tempos, cantaria *Fédora* e Tosti melhor do que eu. Pelo menos assim pensavam a família e o professor Alessio.

Mas no momento de enfrentar a plateia, e aos olhos de um estreante o auditório do Santo Alberto parecia ir de horizonte a horizonte, começou a tremedeira. A voz me saía nem eu nem Deus sabíamos direito como e por onde. Apesar de tudo, ia dando para a vergonha não ser total, que em festinha de colégio tudo se aceita. Não há mãe com coragem de fazer pouco dos filhos dos outros, porque dali a pouco será seu rebento a arriscar-se ao vexame, e é sempre conveniente fazer boa média com o que está lá em cima, velando por todos e sempre disposto a castigar quem é incapaz de um pensamento caritativo.

De repente o público começou a rir. A princípio meio frouxamente, por fim às gargalhadas soltas. Por que aquelas gargalhadas? Desafinando eu não estava, disso tinha absoluta certeza. Fora do ritmo muito menos. Até que, passado o primeiro instante de susto, as notas iam encontrando a firmeza necessária, eu mesmo já me sentia mais à vontade e me encorajava a prolongar os agudos. Então de que toda aquela gente estava achando graça? Sentada na primeira fila, minha mãe fazia os mais desesperados gestos, como a querer avisar-me de alguma coisa, e isso só aumentava meu nervosismo, pois não sabia mais se prestava atenção às entradas do pianista ou se decifrava a gesticulação materna. Só quando saí do palco pude verificar até onde chegara o desastre, o motivo de todas as gargalhadas, e aí foi um chorar de vergonha que não havia palavras capazes de acalmar. Eu vestia um marinheiro todo branco, calças compridas. E o público se esbandalhava de rir porque, à medida que as notas saíam por cima, um fio do mais petulante xixi ia escorrendo por baixo, desenhando uma avenida das entrepernas à bainha da calça.

MORRIA DE PÂNICO só em pensar que poderia acontecer-me semelhante vexame na noite da estreia como ator. Não conseguia dormir direito. Nas poucas vezes que pegava no sono me assaltavam pesadelos terríveis, era tomado de angustiantes crises de terror noturno, resistentes a qualquer barbitúrico, mesmo os mais violentos. Nesses sonhos, sempre que o pano de boca subia, o teatro se transformava, por inteiro, no Campo de Marte, ao tempo da Revolução Francesa, a guilhotina descendo implacável sobre meu pescoço de condenado. Quando me via em cena, o que aparecia era um boneco de engonço com a minha cara, abrindo grotescamente a boca em desesperada tentativa de falar, mas sem lhe virem as palavras. E a gargalhada se repetia, como no auditório do Santo Alberto.

A angústia pesava demais para eu suportá-la sozinho. Fosse como fosse, meus pais precisavam saber o que estava acontecendo comigo. Eu era o filho, merda!, talvez se abrandassem e me dessem apoio. Mas, quando lhes falei a esse respeito, a resposta não chegou a ser dita: pingou da ponta do beiço.

— Foi você quem procurou, não foi? O que a cabeça faz, meu filho, o corpo padece.

De importância definitiva em todos esses momentos de abandono e insegurança me foi o encontro com Procópio Ferreira, às vésperas do dia que, na alucinação de meu apavoramento, seria fatal. Todos os amigos diziam "merda pra você", forma tradicional de me desejarem sucesso. Procópio preferiu dar-me um conselho que muitas vezes, depois, repeti a outros estreantes:

— Entrar num palco, meu velho, é como entrar na jaula de um leão, e leão de circo vagabundo, sempre com fome de três dias. Não há nada mais selvagem do que público quando está junto. Adivinha de saída se você está com medo dele e passa logo a sambar nas suas virilhas. Quando pisar em cena, se sentir que o coração está querendo sair pela boca, que as pernas entram em tremedeira e a voz está por um fio — não fique impressionado, o nervosismo faz dessas falsetas até com quem já está calejado no ofício —, fale o mais alto que puder, berre até a rouquidão. Aí o público é que vai ficar com medo de você.

Não cheguei a esse estado de pânico quando entrei no palco do Teatro Regina pela primeira vez, estreando como ator em *O sábio*, de Joracy Camargo. Ao dar os primeiros passos em cena, encontrei o braço amigo de Osvaldo Louzada, sorridente diante de meu espanto por vê-lo junto da porta de entrada. Naquele momento, de acordo com a marcação feita pelo Ramos Júnior, ele deveria estar no outro extremo do palco. Mas o bom amigo resolveu contrariar o esquema do diretor para poder vir até mim, colocar a mão em meu ombro e dizer num sussurro:

— Está tudo bem, velho.

Na fila da frente, enovelando os dedos no tricô da angústia e transformados só em orelhas, para ouvirem como eu diria minha primeira fala, estavam Antônio e Francisca Lago.

No dia seguinte, madrugada ainda não de todo cumprida, os dois despertavam os moradores da Vila Rui Barbosa com uma discussão que só por milagre não chegou às vias de fato, decidindo qual deles seria o primeiro a ler as críticas.

Naquele tempo não era costume se realizar um espetáculo especial para a crítica, como se faz atualmente. Os comentários saíam no dia seguinte ao da estreia, mesmo. Findo o espetáculo, o crítico disparava do teatro para a redação, fazia seu comentário às carreiras, pois havia um espaço reservado para a matéria. Mais tarde alguns se davam ao luxo de uma análise mais detalhada, mas registrar sua opinião no dia seguinte era quase ponto de honra. A crônica de Mário Hora sobre "A grande estreia" mostra bem esse aspecto.

Ao me ver entrar na redação, o secretário grita:
— Não há espaço! A publicidade invadiu tudo!
E é pena. A impressão que eu trouxe do João Caetano, de "A grande estreia"... é ótima.

Não era raro até artistas e autores ficarem zanzando na rua, rondando as bancas, à espera dos primeiros jornais. Fiz muito e vi fazerem muito disso. Só se ia dormir depois de lidos os comentários, esculhambadas as mães dos que atacavam ou promovidos a gênios os que tinham palavras de elogio.

E os velhos se engalfinhavam no "essa leio eu", "eu leio melhor do que você, pode deixar". Tinha sido mandado às favas o rancor provocado pela frustração de um sonho. O fundamental, de agora em diante, era defender o representante do clã contra todos os dragões da inveja e da maldade. Sempre loba, minha mãe chegava ao exagero de dizer que determinado crítico, e o de maior conceito naqueles tempos, era uma refinadíssima besta, não entendia um caracol de teatro, tudo isso porque o pobre coitado, juntamente com palavras de simpatia e estímulo, teve a petulância de me aconselhar a ser mais cuidadoso na maquiagem.

Nadava em estado de graça, a divina da velha, e, de certa forma, se sentia compensada das frustrações que minha resolução havia causado: no 3º ato, eu aparecia envergando uma casaca, e ela não se cansava de repetir que eu estava imponente.

— Parecia até um embaixador.

4

Nossa casa voltou a respirar o clima de melhor dos mundos em que sempre viveu. Agora os velhos constituíam plateia ardorosa e fiel. O que minha mãe andou fazendo nessa época, ou se silencia, envergonhado, ou se conta ao mundo, de joelhos e chorando.

Passava horas esquecidas dependurada ao telefone, recomendando a peça às pessoas amigas, ligando não sei quantas vezes por dia para o teatro, com as mais diversas vozes, querendo saber se eu ia participar do espetáculo da noite, indagando por que meu nome não estava no cartaz da porta com letras do mesmo tamanho das de Joracy e Aimée. Escrevia cartas, mandadas deixar na bilheteria, às vezes até perfumando o papel ou ajuntando umas flores. Enfim, mil e um truques para, na companhia, pensarem que eu era o grande sucesso do momento, e que a revelavam como a mais eficiente relações-públicas que eu poderia desejar.

Mas me ficara atravessado na garganta, bolo não conseguido engolir de jeito nenhum, um resto da mágoa acumulada durante o período em que fora marginalizado, e a oportunidade de deixá-lo transformar-se em bronca apareceu em São Paulo, no Teatro Santana, quatro dias depois de havermos estreado. Invariavelmente, eu saía do teatro antes dos colegas. Mal descia o pano, disparava para o camarim, tirava a maquiagem a duzentos por hora, trocava de roupa num susto e disparava para a porta de entrada, esperançoso de ainda encontrar alguns espectadores que se tivessem atrasado no sair.

Recordando as coisas como se fosse um outro que as vivesse, reconheço nessa maneira de agir o modelo mais pronto e acabado da cretinice. Naquela época mesmo, e não poucas vezes, depois de tanta correria para chegar à porta do Teatro Santana, eu sentia uma tremenda vergonha do que estava fazendo e ia saindo de mansinho antes que alguém do elenco me visse. Mas marinheiro de primeira viagem é incorrigível: pede filé com fritas no melhor restaurante de Paris e acha a Suécia atrasada porque, nos cardápios, não há goiabada com queijo.

Todo esse agir como um menino que ganhou roupa nova era consequência da empolgação dos primeiros tempos, ilusão de que, entre os espectadores retardatários, poderia haver alguma conquista a ser concretizada. Afinal de contas, bolas!, a função primeira do galã é balançar a estrutura emocional da plateia feminina, e não por acaso o Joracy me azucrinava a paciência querendo saber se eu recebia muitos bilhetinhos, muitos telefonemas. Vaidade, natural num estreante, de algum assistente vir felicitar-me por meu desempenho, acrescentando, como é de bom hábito em tais oportunidades, que eu era dos melhores da companhia. Em última análise, alegria de "vender retrato", gíria teatral da época, que não sei se ainda continua em circulação. Quando o artista ficava na porta do teatro, exibindo-se aos olhos do público, dizia-se que estava vendendo retrato. Muitos empresários até proibiam isso, defendendo o princípio de que o artista deve manter-se em permanente segredo para o espectador, só revelado em cena.

Mas naquela noite existia um motivo verdadeiramente especial para eu estar com mais pressa do que nas outras. No intervalo do primeiro para o segundo ato, o zelador tinha trazido um bilhete de uma espectadora, dizendo-se impressionada por mim... além de muitas outras amabilidades que uma narrativa na primeira pessoa me impede de repetir sem arranhar um mínimo de obrigatória modéstia... e, por isso, depois do espetáculo me esperaria numa esquina próxima. Passaríamos algumas horas juntos e assim nos conheceríamos melhor. Seu carro era um Chevrolet verde, não havia possibilidade de erro.

Estávamos no quarto dia da temporada, puxa vida!, e isso representava uma vitória para minha condição de galã. No dia seguinte poderia dizer ao Joracy que a eficiência do físico tinha abalado a estrutura emocional de uma espectadora, proporcionando-me bem mais do que um simples telefonema. Já saí do palco com meia roupa despida, provocando a irreverência sempre pronta do Modesto de Souza:

— Não vá com tanta sede ao pote, rapaz. Criei calo no rabo vendo esse tipo de coisa. É capaz de ser uma daquelas velhas pelancudas que só tem o dente da azeitona.

— Vira a boca pra lá, cabra da peste. Mas não tem problema. Se for isso mesmo, pode ficar sossegado. Eu trago o caroço da azeitona de lembrança pra você.

— Não fique preocupado com o que o Modesto está dizendo — intrometeu-se na conversa o Ramos Júnior, meu companheiro de camarim e permanente torcedor para que tudo me saísse o melhor possível. — Isso é inveja e da boa, porque pra ele nem velhota pelancuda sobra mais. Quando quer botar a escrita em dia tem que fazer michê na rua Aurora. E já houve noites que nem com dinheiro arranjou mulher pra querer.

Parêntesis de ternura

Figura de se guardar com cuidados especiais no melhor recanto da memória, o Ramos Júnior. Foi meu guia de cego nas primeiras engatinhadas que dei no palco. Só faltava carregar-me ao colo quando me percebia em dificuldade para executar algum movimento. Que estoque infindável de paciência para repetir uma inflexão cem vezes, se achasse necessário, até eu assimilá-la: "Não repita como eu disse, você não é papagaio. Compreenda o que eu quero e dê jeito seu à minha intenção".

Não chegou a construir um nome como ator nem diretor. Talento espontâneo se desenvolvendo por conta própria, somente com base no que ia vendo, não conhecia a arte de representar em suas minúcias e profundezas, preferindo trabalhar se valendo de truques e maneirismos. O mais importante para um galã, não se cansava de repetir, era o sorriso. "Isso sempre agrada às mulheres e, se a gente reparar bem, são elas que carregam os maridos para o teatro. Se elas ficam interessadas pelo espetáculo — e elas se interessam pelo espetáculo na medida em que o sorriso do mocinho provoca cócegas na periquita —, a temporada está feita, o rico dinheirinho da quinzena sai sem preocupações."

Levava às últimas consequências a defesa desse ponto de vista, mesmo sacrificando a verdade inicial do autor. Quase todas as peças do Joracy tinham sido escritas para o Procópio Ferreira, ele devia ser o dono da enchente, o que brilhava e reduzia o resto do elenco a nada ou pouco mais do que isso. Afinal, era o dono da companhia, o grande nome carregador de público. A maioria dos galãs do repertório do Jora tem mais de cínicos e fina flor da calhordagem do que de românticos, capazes de fazerem sonhar as meninas fantasistas e doentes de flores-brancas. Não são positivamente galãs para provocar cócegas em nenhuma periquita.

Pois mesmo nessas cenas que poderiam causar repulsa na plateia, Ramos Júnior tinha a habilidade de transformar a velhacaria em inconsequência, o cinismo em leviandade, quase humorismo. O fundamental, para a ternura que sentia por mim como se eu lhe fosse filho, era eu não me tornar antipático ao público feminino. "Sorria, meu filho, sorria sempre. O mulherio não se prende muito aos homens carrancudos." Obrigava-me a exercitar mil e uma formas de sorrisos, repetindo a cada instante que essa tinha sido a mais forte arma para o sucesso do Leopoldo Fróes.

A última vez que o vi foi numa cidadezinha do interior fluminense. O cinema anunciava um ato variado com o incomparável ilusionista indiano Roinuj Somar. Nada tendo para fazer, à noite, fui matar o tempo no cineminha. Para um profissional da insônia, como sempre fui, são de um valor imenso essas duas horas a mais dentro da pasmaceira das pequenas cidades. Terminada a sessão, tudo caminha para o imenso bocejo. Uma ou outra luz, resistindo em algumas casas. Vagos cafés de portas entreabertas, fingindo vida noturna por aquelas bandas.

Além dessa precária terapêutica para minha incorrigível vagotonia, sempre me atraíram os números de prestidigitação e ilusionismo, talvez por não ser dotado de mãos suficientemente hábeis. Nunca fui capaz de enfiar uma linha numa agulha sequer, sem cinco ou seis tentativas, pelo menos. E qual não foi minha surpresa ao reconhecer, por debaixo daquele turbante de seda e atrás da barba pontiaguda, lembrando um deus assírio em alto-relevo, meu querido Ramos Júnior. Varamos o resto da noite em altas bebericagens, revivendo as peripécias de nossa excursão. Como a bananosa em que nos vimos quando o Joracy teve a primeira crise de *angina pectoris*, durante a viagem que os três fazíamos, voltando para o Rio. A situação estava preta, no trem não havia nenhum médico, e eu e o Ramos nos perguntávamos como iríamos dar a notícia à viúva, pois não acreditávamos que o Joracy resistisse com vida até o fim da viagem.

Nunca pude esquecer seu cinismo melancólico ao explicar aquela atividade de mágico, esforçando-se por manter os dentes expostos de orelha a orelha, que assim é do agrado das mulheres, mesmo no fim-do-mundo-do-tribobó-de-mais-pra-lá:

— Quando a coisa fica muito apertada lá pelo Rio, ninguém querendo saber da gente pra um contrato, e depois de uma certa idade, isso vai virando rotina, o jeito é botar o nome ao contrário e sair tapeando a caipirada aqui no interior. Conheço alguns truques de cartas e lenços, que dão para o gasto. Roinuj Somar é Ramos Júnior às avessas, e com sabor bastante indiano, é ou não é? Chato esse negócio de a gente ser obrigado a comer todos os dias, não é mesmo? Nunca fazemos o que gostaríamos de fazer.

Animado pelo aparte do Ramos Júnior, que não ficasse me preocupando com as irreverências do Modesto, parti como um foguete para o camarim. À sua porta me esperava um velhote magro e comprido, fisionomia que era como se eu me olhasse ao espelho.

— Boa-noite.

— Boa-noite.

— Eu sou Emílio do Lago, primo distante de seu pai. Você nunca se importou muito com a família, mas talvez saiba que existiu um outro Emílio do Lago, também compositor. Foi para a irmã dele até que Carlos Gomes escreveu uma modinha...

— Sei, sei... Tão longe, de mim distante...

— Está aí, seria capaz de jurar que você ignorava isso. É mais ligado ao samba... Pois é.

Era o cúmulo da falta de sorte, despencar-me em cima um aparentado lá das profundas do sangue, justamente numa situação daquelas, quando os minutos, e até mesmo segundos, valiam ouro para mim. Com muita razão dizia o Sérgio Porto que a mulher, num dia decidida às maiores maluquices, no dia seguinte pode passar pela gente de cara virada, como nem se lembrando da disposição da véspera. Eu não tinha tempo a perder e não era justo alguém, lá do cafundó da genealogia, estar me atravancando o caminho. No entanto, mais do que parente, se tratava de um homem já idoso, tendo vindo à caixa cumprimentar-me, que diabo!, delicadeza à qual eu não podia responder com delicadeza menor. Se a mulher estava de fato interessada, como dizia no bilhete, não seria um atraso de alguns minutos que iria adiar a festa. Afinal de contas, interesse é interesse.

— Vamos entrando...

Fiquei um instante indeciso, sem atinar com o tratamento mais conveniente para a situação. "Senhor Emílio"? Isso me parecia um tanto ou quanto formal entre pessoas do mesmo sangue. "Seu Emílio" não me soava bem, dava a impressão de estar falando com o seu Manuel da venda. "Emílio" talvez facilitasse as coisas, mas entre nós não havia intimidade para tanto, e ele já era um homem de cabelos brancos. "Parente"... Além do perigo de perder uma possível noite gratificante, o inesperado consanguíneo me colocava em terrível camisa de onze varas. Ele mesmo acabou resolvendo a dificuldade.

— Não precisa preocupar-se comigo, eu fico aqui na porta, obrigado. Mesmo porque minha demora vai ser pequena. Confesso, este ambiente não é muito do meu agrado.

Havia uma mulher me esperando em esquina próxima, e essa era minha grande oportunidade de provar que o galã tinha irresistível apelo sexual, talvez até fazendo jus a um aumentozinho de salário. Mas parei de lavar o rosto. Aquelas palavras não me caíam bem nos ouvidos. Sempre amei, e demais da conta, tudo que me dispus a fazer. Bem ou mal, certo ou errado, minhas opções sempre foram assumidas a qualquer risco. A primeira vontade foi pedir licença ao primo e fechar a porta do camarim, dando visita e assunto por encerrados. Mas os parentes, diabo!, viviam se queixando que eu era como uma ovelha desgarrada: tantas vezes ia a São Paulo, sem nunca procurar ninguém, parecendo até envergonhado da família. Não custava fazer das tripas coração e fingir que não tinha sentido a alfinetada.

— Desculpe não recebê-lo com mais calma, mas é que há uma pessoa me esperando lá fora...

O primo em enésimo grau, ou sei lá que diabo de consanguinidade, não pareceu ficar um nada preocupado com esse detalhe. Encostado à porta do camarim estava, encostado à porta do camarim continuou, jeca-tatu lobatiano pacholentamente assuntando num balcão de tendinha à beira da estrada. Chegava a dar impressão de estar acocorado, apoiando-se sobre o dedão do pé. Devagarinho na fala, sotaque ligeiramente acaipirado, foi despejando sua lenga-lenga, com a agravante de falar não esperando pelas respostas, como temeroso de que qualquer interferência lhe atrapalhasse a ordem das ideias de um discurso trazido de cor.

— Já pensou no desgosto que está dando a seu pai? Vocês, os filhos, nunca se preocupam com essas coisas. Porque eu não acredito que o Jovitinha tenha ficado satisfeito com essa profissão escolhida por você. Ou então já não conheço o primo. Aliás, para dizer a verdade, nem estou muito convencido de que isso seja mesmo profissão. Não leve a mal minhas palavras, mas eu sou dos da educação antiga, digo as coisas pão, pão, queijo, queijo, e não está me interessando nem um pouco se as pessoas gostam ou deixam de gostar. Honestamente, no meu entender isso não é profissão. Gente que vive trocando a noite pelo dia, não leva nada a sério, só em esbórnias, orgias. Garanto que você conhece todos os cabarés de São Paulo, mas ainda não foi visitar o Museu do Ipiranga. Pois devia ir. Há lá umas roupas, uma cadeirinha daquela... aquela, não sei se me entende, que dizem ser nossa antepassada. Tinha até um gênio meio de artista, a danadinha. Seu pai fez tanto sacrifício para lhe dar um diploma de bacharel em Direito, e você... Qual! Quem havia de dizer, hein? O filho do Jovitinha no palco, borlantim. Pois é.

Eu já tinha acabado de me vestir e me perfumado da cabeça aos pés, que nessas emergências todos os cuidados são poucos, e um agrado depende, às vezes, de pequenos detalhes, um nonada, como dizia aquele tio mais velho fascinado pelas belas palavras. Nunca cheguei à paciência chinesa de Medeiros de Albuquerque, por exemplo, que se dava ao trabalho de anotar numa ficha a roupa, o perfume e as tolices ditas ou gemidos ousados no primeiro encontro com uma mulher, para galanteá-la com essas referências quando se apresentasse a oportunidade para um segundo encontro. Mas sempre tive medo de cair na esparrela daquele personagem de um conto de Henrique Pongetti, que levou uns bons pares de meses cantando uma mulher, mas, no dia em que ela disse "é hoje, agora", foi obrigado a recuar porque estava com a cueca rasgada.

A paciência começava a transbordar pelo ladrão, e tudo me fazia acreditar que o parente pretendia prosseguir aquela lenga-lenga até as quinhentas. Vasculhei o fundo da memória para traduzir o "borlantim" que me cheirava a ofensa, e lá o encontrei como sinônimo pejorativo de artista de feira, palhaço. Não tive dúvidas. Sem sequer pedir licença, deixei-o plantado à porta do camarim, escandalizando-o com um sonoro "ora, vá pra merda, seu!"

5

Não poucas vezes, nos começos da carreira, recordei com tremenda saudade as travessias Rio-Niterói, comportado funcionário público que ia terminar nas barcaças da Cantareira o sono do boêmio sempre amante de viver entre artistas, e que acabara sendo um deles. Porque o trabalho na nova atividade não fazia graça pra ninguém.

Naqueles tempos, o teatro era bem menos promovido do que nos dias de hoje. Não tenho lembrança de se realizarem tantos simpósios, foros de debate, encontros, congressos, festivais e outras iniciativas que, quando outro resultado não trouxessem são fartamente divulgados, mobilizam gente e opiniões, levantam problemas, tornam-se notícia em televisões, rádios e jornais. Concorrem, enfim, para que as pessoas se habituem a ouvir a palavra teatro, a saber que existe uma coisa chamada espetáculo. Os próprios jornais não dedicavam às atividades do teatro o espaço dedicado atualmente, com reportagens de páginas inteiras, às vezes até mesmo com registro em colunas sociais.

A publicidade dos espetáculos ficava por conta do feijão com arroz do anunciozinho pago e, dependendo dos centímetros que a companhia gastava com essa publicidade, a lambujem de algumas notas homeopáticas na seção especializada.

Levado por Zolachio Diniz, durante certo período de minha vida andei experimentando de foca no vespertino *A Rua*, dirigido por Cadaval. Para ir desemburrando, como diziam, fiquei encostado na redação, fazendo notícias policiais. Mas entrei pelo mais glorioso dos canos no dia em que houve um grande incêndio, com mortos, feridos, desabamento: um verdadeiro festival de horrores. O repórter só chegou com os dados às dez e meia. A edição fechava às onze, e nessas coisas o secretário do jornal, o célebre Vagalume, era de um rigor incrível. Orientou-me no sentido de fazer uma nota resumida do fato, pois não havia tempo para registrar detalhes.

Era a primeira matéria de responsabilidade caída em minhas mãos, e comecei no capricho, esquecendo-me do tempo. Precisava mostrar que isso de escrever era comigo, podiam deixar, e tome de encher laudas. Lá pelas tantas, o Vagalume me bateu no ombro, com um jeitão de ironia pomposa, que ninguém tinha tão terrível quanto ele: "Veja se contém um pouco a violência dessas chamas, precisamos fechar a edição". Eu ainda estava no meio do trabalho, com embalo para escrever o dobro das laudas já escritas. Ele percebeu essa intenção e arrancou os papéis de minha mesa, gritando para um colega: "Fulano, acaba esta matéria antes que o Lago pense que é Nero e taque fogo na cidade toda".

Fui afastado daquela função por incompetente, e, não sabendo em que me aproveitar, o Cadaval me encarregou da seção de teatro, coisa mais do meu conhecimento. Eu era vizinho do Marques Porto, um dos maiores nomes da história do nosso teatro de revista. Preparei uma reportagem sobre a companhia que ele estava dirigindo no Teatro Recreio. Quando a apresentei ao Cadaval, a resposta foi taxativa:

— Está muito boa, mas acontece que o Marques Porto não anuncia aqui no jornal, não vai sair.

Havia exceções, evidentemente, quando o estouro de bilheteria era daqueles impossíveis de se deixar em branca nuvem, ou quando a temporada levava a assinatura de um Procópio Ferreira, de uma Dulcina de Morais, nomes que extrapolavam do acontecimento teatral. Foi, inclusive, o caso do Joracy, quando resolveu tornar-se ator. Trazia um lastro como autor preferido do Procópio — e havia quem não conhecesse *Deus lhe pague, Maria Cachucha?* —, tinha bom ambiente no mundo jornalístico e em outros mundos. Mas a regra geral era a do minguado, do pouco mais que silêncio. A não ser um programa de Olavo de Barros, mantido durante muitos anos na Rádio Tupi, analisando e aconselhando espetáculos com a paixão de um homem que dedicou toda sua vida à cena. E a teimosia do Aerton Perlingeiro, que nunca militou no teatro, mas, desde os tempos da velha Rádio Transmissora, não relaxa no seu amor às coisas do palco, seja qual for o microfone à sua disposição. Divulga espetáculos, leva artistas ao seu programa, compra entradas para sortear no auditório, fazendo questão de nunca pedir carona.

O primeiro espetáculo de uma temporada, tratando-se do cartão de visita, era sempre mais cuidado na preparação, levando às vezes até um mês de ensaios. Mas, a partir daí, vamos no carreirão, minha gente, que a onça está fungando nos calcanhares. As estreias geralmente se davam na sexta-feira, pois assim se aproveitavam as casas quase sempre cheias do sábado e domingo. E, a menos que o agrado fosse fora do comum, na segunda-feira, terça no máximo, já começavam os ensaios da peça a ser estreada na sexta daquela mesma semana, ou, quando muito, na sexta da semana seguinte. Era uma bela estiva sofrida de segunda a segunda, com duas sessões por noite, não sendo de esquecer as matinês aos sábados, domingos e quintas, essas criadas pelo Manuel Pinto.

Ah, o suplício das matinês de domingo, normalmente às três da tarde, impedindo o relaxamento de um almoço com a família, que perde inteiramente o sabor se não for completado com uma boa soneca à sombra e à fresca. Isso me deixava inteiramente frustrado, porque nosso almoço domingueiro mais parecia um ato litúrgico, de tão imutável e imutado. Os pratos eram sempre os mesmos, como preces vindas através dos séculos, e por isso sem qualquer alteração capaz de ferir a crença.

Macarronada suculenta — massa feita pela própria Chica, sem economia de ovos —, que mandava perfume a todos os recantos da vila; bracholas consumidoras de um carretel de linha cada uma, só assim podendo ser imprensado tudo que estava ali dentro; a galinha assada, dona de bracinhos chamando o mundo para o assalto selvagem. Banana com queijo era a sobremesa inevitável, encerrando a missa. Meu pai chegou a fazer duas quadrinhas ironizando a constância do cardápio:

> Nosso almoço dos domingos
> é fácil de adivinhar:
> macarronada, brachola
> e galinha pra arrematar.

> Pode ao sol faltar a luz
> e ao homem a forma humana,
> mas na casa de seu Lago
> não faltam queijo e banana.

Mas enchíamos o bandulho de lamber os beiços, nesses domingos, e a adaptação aos novos hábitos era um parto doloroso. Dezessete sessões por semana, das oito à meia-noite! Sem contar os ensaios, geralmente indo de uma às seis da tarde. A eterna conspirata contra uma digestão tranquila, pois às sete horas devíamos estar no teatro, que naquele tempo era seguido à risca o regulamento: o artista deve estar no teatro uma hora antes do início do espetáculo. Das duas uma: ou se engolia o jantar às carreiras ou então se ficava mesmo no sanduíche, para não encher o estômago. O normal — e talvez esse detalhe fizesse o papanata do consanguíneo distante nos considerar gente que não leva a vida a sério — era a ceia depois das duas sessões. Mas isso quando não emendávamos o espetáculo com ensaio, coisa não muito rara às vésperas de uma estreia.

O tempo deixado para se estudar um papel — e não somente decorá-lo —, dominar a linguagem do autor até que parecesse coisa própria, dar aos movimentos o acômodo de um terno velho e já viciado no corpo, era praticamente nenhum. No geral das vezes, tudo precisava ser resolvido num máximo de duas semanas. Leitura de mesa, quando a linguagem do texto e os relacionamentos dos personagens vão sendo assimilados aos poucos, só vim a fazer bem, anos depois, no tempo em que voltei às tábuas para uma temporada com o Teatro dos Sete. Os artistas não recebiam sequer uma peça completa, para terem uma noção mais ampla do que era pretendido. Nada disso. No primeiro dia de ensaio, cada ator recebia sua parte, com as últimas palavras das falas dos outros, suas *deixas* para falar. E o ensaio já se fazia no palco, lendo-se o papel, só Deus sabe como!, ao mesmo tempo que se aprendiam os movimentos. Tudo a toque de caixa, com data de estreia já marcada.

Os diretores naquele tempo tinham a modesta denominação de ensaiadores, embora, ao contrário do que uns afirmam e outros pensam, fizessem praticamente o mesmo de seus colegas de hoje. Ainda estava distante, entre nós, a fase dos espetáculos de diretores, em que tudo se submete à sua concepção: do texto (e favas para o autor!) aos atores, bonecos para obedecer, segundo conceituação de um dos nossos diretores mais festejados atualmente. Com relação aos autores, eles eram mais humildes, embora não com todos. Durante os ensaios de *Juriti*, o empresário Manuel Pinto, repetindo Pascoal Segreto na primeira versão, pediu a Eduardo Vieira que fizesse algumas aparas na peça, do contrário não poderia levá-la em duas sessões. O velho Vieira era um dos ensaiadores mais respeitados da época, mas respondeu na hora:

— O senhor me desculpe, mas não corto uma só palavra do texto sem autorização do doutor Viriato.

Com os artistas, no entanto, tinham algo de ditadores, coisa que sempre me irritou um pouco e de vez em quando me levava a discutir. Mas, a bem da verdade se diga, não podia ser mesmo de outro jeito. Eles também estavam na briga contra a folhinha e o relógio. O empresário tinha lá seus interesses, queria o espetáculo pronto para o dia tal ou qual, e não vamos discutir o assunto, que estamos perdendo tempo. O ator precisava acreditar em seu ponto de vista, entregar-se de olhos fechados às suas indicações, e o resto fosse o que Deus e um Cristiano de Souza ou Eduardo Vieira ou Olavo de Barros ou Otávio Rangel quisessem. Pouco sobrava de horas para um debate, uma troca de ideias mais aprofundada. Que desastre, em termos de tempo, se o ensaiador começasse a dar ouvidos a todas as contribuições do elenco. Lá se ia para o vinagre toda sua concepção inicial do espetáculo, desmantelando um trabalho também realizado no sufoco.

Aquele mesmismo de estrear uma peça hoje, dali a quatro ou cinco dias começar os ensaios de uma outra, que estava com data de estreia marcada para cinco dias depois, e já emendar para outra e mais outra e outra mais, e assim até o infinito, representava um autêntico vestibular para neurose. Mas não sem carradas de razões a caipirada de São Gonçalo dos Rios das Pedras costumava dizer que "Deus cria as compricação e ele memo descomprica". Havia dois fatores importantes concorrendo para essa forma de trabalho não acabar se transformando em loucura total: a organização das companhias e o ponto.

HOJE EM DIA NÃO existem mais as companhias de teatro enquanto estabilidade e constância. Os elencos são organizados somente para uma determinada produção. Acabada a carreira da peça, "até outra oportunidade, queridos, foi tudo muito lindo enquanto durou, mas agora é procurar outro caminho, porque nós vamos sair pra outra". Muitas vezes, nenhum dos atores da primeira produção está na segunda. Antigamente as companhias tinham um caráter mais ou menos permanente. Um elenco ou grande parte dele, o chamado arcabouço, entrava e saía ano trabalhando junto. Muitos acharão que é exagero de nostalgia, mas era comum os espectadores perguntarem, quando isso acontecia, por que Fulano, já na companhia há tanto tempo, não estava naquela temporada.

Houve casos extraordinários de permanência. Aristóteles Pena, de quem Álvaro Moreyra dizia ter uma voz que parecia estar sempre dizendo "entre, está mesmo saindo um cafezinho fresco", virou móveis e utensílios da companhia de Jaime Costa, assim como Lygia Sarmento e Cora Costa. Elza Gomes, Manuel Pêra e Darcy Cazarré devem ter completado tempo para estabilidade no elenco de Procópio Ferreira. Essa estabilidade, a Cutruca — que assim o carinho dos colegas chama a Elza — talvez tenha repetido com Luís Iglésias, que teve outros atores de permanência crônica, como André Villon e Afonso Stuart.

Nem sempre os intérpretes de uma peça, lógico, seriam os tipos à feição para a peça seguinte. Mas havia um espírito de equipe fortalecido pelos muitos anos trabalhando ombro a ombro. O pessoal já se entendia de olho pra olho, cada um conhecia os vícios do outro, até o tempo individual de representação, e isso era um elemento definitivo para a afinação de um espetáculo, mesmo quando tudo se fazia no galope. Principalmente, talvez, até nessas circunstâncias.

O ponto era outro elemento de total importância nos momentos em que uma peça precisava ser posta em cena como num passe de mágica. No teatro dos dias de hoje, esses profissionais acabaram perdendo sua razão de ser. Os espetáculos são montados com dois, três e até mais meses de ensaios. Chega-se ao dia da estreia sem qualquer vacilação ou dúvidas, tanto se repetiu e se tornou a repetir. Mas a importância que eles tiveram, no tempo das cavalarias rusticanas, para um espetáculo muitas vezes ter chegado até o final e acabarem todos juntos como os casais felizes! Daquela caixa que ficava no centro da frente do palco, que grandes Toscaninis foram o Alberico, o Mário Ulles, o gordo Câmara e tantos outros. Depois de levantado o pano, a marcha do espetáculo estava em suas mãos. Recordavam aos atores o que deviam falar, os movimentos a serem executados, e tudo isso num sussurro, para não serem ouvidos pelo público, pois esse era o grande mérito de ponto. Caco que o ator enxertasse no texto, e arrancasse gargalhadas, era anotado no próprio fogo do espetáculo. No dia seguinte, podia ficar tranquilo o caqueador, o efeito cômico seria repetido.

Havia atores que não conseguiam sequer mexer-se em cena se não vissem o ponto na sua guarita, como sentinela alerta. Puro problema de condicionamento. Podiam estar com o papel inteiramente dominado, da primeira à última letra, mas aquela presença lhes era alívio e segurança. Qualquer contratempo de última hora, uma pane de memória acontecível aos maiores cartazes, ali estava o homenzinho milagroso para encontrar a melhor solução.

Tanto se acreditava no ponto, naquele tempo, que o Ramos Júnior não se cansava de me recomendar: "Mesmo estando com o papel na ponta da língua, capaz até de dizê-lo da frente pra trás, não tenha pressa, espere o ponto atacar sua fala. Não queira ser melhor do que os outros". Talvez nunca ninguém tenha feito essa recomendação ao Delfim, e por isso ele se embaralhou tanto numa apresentação de *O mártir do Calvário*, no Teatro Recreio. A cena de ressurreição do Nazareno começa com um diálogo entre os soldados de sentinela à sepultura sagrada, e um deles comenta:

> O que eu acho é que é loucura
> porem três dias neste horto
> soldados de guarda a um morto
> guardado na sepultura.

O Delfim, antigo *boy* de revista, começava a desempenhar pequenos papéis, e lhe coube fazer esse soldado. Tinha as falas na ponta da língua, mesmo porque o personagem não é nenhum campeão de oratória, limita-se a umas poucas intervenções. Mas, como todo principiante que se preza, era furioso, estava doido para se ver livre daqueles versos, que representavam para ele um bife (na gíria teatral, fala grande). E quando lhe deram a deixa, não esperou o ponto. Mandou o recado:

O que eu acho é que é besteira...

Deu uma freada violenta, imediatamente se dando conta de que besteira era o que ele acabava de dizer. Procurou a ajuda do Floriano Faissal, o ponto da companhia. Dali não podia esperar nenhum socorro, pois o Floriano estava às gargalhadas, e ainda lhe soprava: "Agora sai dessa". Os colegas em volta se urinavam de tanto rir. Virou-se para as coxias. Inútil. O próprio Eduardo Vieira, sempre tão austero, balançava os ombros, contagiado pelo clima de risadas gerais. Bem, já que começara a descer a ladeira do absurdo, o melhor era continuar nesse caminho até o fim:

>botarem três dias... neste poço...
>defuntos de guarda a um morto...
>guardado debaixo d'água.

Procópio sempre foi considerado uma fera para ouvir o ponto, não necessitando ficar naquela de papagaio quando presta atenção ao que lhe estão ensinando, meio inclinado a boreste e cabeça descambada para o lado, postura característica de ator pescando o ponto. Era-lhe bastante conhecer o espírito da peça, a essência de um diálogo, e o resto viria daquela caixinha mágica, ouvida por ele com a dignidade de um lorde. No fim do espetáculo, e quantas vezes isso aconteceu, o público saía comentando que ele era o único a saber o papel, ponto de vista geralmente endossado pela competência da crítica, no dia seguinte.

Mas... na vida de todos nós há sempre um *mas* atrapalhando as coisas. Modesto de Souza costumava lembrar que nunca sentiu tanto medo como na estreia de *As mulheres não querem alma*, de Paulo Gonçalves, peça toda versificada e ultralírica, portanto inteiramente fora do temperamento de Procópio. Ele relutara em apresentá-la. Mas sua montagem significava polpuda subvenção do governo de São Paulo, e, sendo assim, valia o sacrifício. Seus nervos estavam para explodir. Ao entrar em cena, não respondeu à deixa, ficando aquele tremendo carroção, que na gíria teatral é o silêncio provocado pelo esquecimento de uma fala. O ponto partiu em seu socorro. Uma, duas vezes. Procópio foi para a frente do palco, na esperança de ouvir melhor. Nem assim. O ponto insistiu e tornou a insistir. O silêncio continuava, ninguém sabendo como resolver a situação, pois se tratava de uma peça em versos. Por fim, ele sussurrou ao ouvido do Modesto, dando a entender que o nervosismo tinha atravessado a barreira do som e nada mais podia ser salvo:

— Não estou escutando o ponto.

OUTRO QUE TAMBÉM confiava inteiramente no ouvido privilegiado e no sopro do homem da caixinha mágica era Leopoldo Fróes. Por isso, muito raramente aparecia nos ensaios, e, quando o fazia, era de passagem, mais para tomar contato com a peça e ver se seus atores sabiam os papéis, pois, no seu dizer, o ponto recebia para ficar à disposição dele; aos artistas, ele pagava para estudarem sua parte. Quando meu pai foi maestro da companhia de operetas Fróes-Almeida Cruz-Adriana Noronha, que pela primeira vez apresentou *A casa das três meninas,* no Brasil, raro era o dia em que não chegava em casa comentando os estrilos do Almeida Cruz porque o sócio não aparecia para ensaiar. O diabo é que se defendia como um leão, contando, além do ouvido privilegiado que tinha, com uma capacidade de improvisar como poucos.

No antigo Teatro Fênix, assisti a uma de suas grandes malandragens para pescar o ponto. Ele fazia o papel de Pilatos em *O mártir do calvário,* um drama sacro que representava dinheiro em caixa sem susto, e por isso todas as companhias o encenavam quando chegava a Semana Santa.

Poucas peças terão enriquecido tanto o anedotário teatral como essa. Nunca era ensaiada convenientemente. Reuniam-se elencos às pressas, contando com a noção que quase toda a classe tinha de seu texto. Fróes, evidentemente, não estudou o papel. Por que havia de estar perdendo tempo com uma peça que só iria estrear em dois dias? O ponto estava ali mesmo, e recebia para ficar à sua disposição.

No diálogo com Anás e Caifás — quando o procurador da Judeia tenta suavizar as acusações dos dois contra o Nazareno, até que acaba lavando as mãos, e o avião que se fornique, porque ele não é o piloto —, Fróes ainda tinha como se defender para ouvir o ponto. Pilatos passa quase todo o tempo sentado em sua cadeira, e a cadeira é sempre colocada no primeiro plano, dimensionando sua autoridade. Mesmo alguma movimentação do personagem é feita naquela faixa do palco, e jamais ocorreu a qualquer ensaiador modificar um espetáculo vindo desde o tempo do Dias Braga, para uma apresentação de apenas dois dias. Dava perfeitamente para ele acompanhar o ponto. Mas depois que os rabinos se retiram, e Jesus é levado para o Calvário, Pilatos vai até o balcão, no fundo do palco, e dali começa o monólogo arrasando os instigadores da condenação.

Leopoldo Fróes seguiu à risca a marcação que vinha do tempo do Dias Braga. Foi para o fundo do palco, detendo-se em contemplar a cidade pintada no telão. O ponto atirou os primeiros versos. E aí é que a porca começava a entortar o rabo. O palco do Fênix era imenso. Ali já tinham montado até uma *Aída* com cavalos em cena e tudo. Ouvir a voz do ponto lá do fundo do palco, só com megafone. Mas não seria tão pequeno detalhe que perturbaria o sangue-frio do Fróes. A montanha não vinha a Moisés? Moisés ia à montanha, pois o importante era chegar-lhe ao topo, despejar a lenga-lenga de ponta a ponta.

Depois de contemplar a cidade, caminhou para a frente do palco, explorando em todas as minúcias a expressão de arrasamento total.

Parou. Suspirou. Contorceu-se. Voltou ao balcão e retomou a caminhada para a frente do palco. Quando chegou junto à caixa do ponto, ajoelhou-se como em penitência. Tendo o sussurro salvador bem ao alcance das orelhas, começou num tom que arrancava lágrimas da plateia à última fila das galerias, passando pelas frisas, duas filas de camarotes e três de balcões, pois o Fênix engolia gente que não era vida:

> Rabinos, fariseus, sábios doutores,
> o vosso ignóbil fim ei-lo alcançado.
> Só quis de feras abrandar furores.
> À força condenei, não sou culpado.

6

Não sei se, entre os que concorreram para a formação do clã, terá havido algum marinheiro. A tia velha e antiga nunca fez qualquer referência a esse respeito. Mas possivelmente existiu, porque a perspectiva de uma viagem sempre me deixou, e continua deixando, em tremendo estado de excitação. Pouco me importa se terei de sofrê-la numa bitola estreita ou numa estrada de barro, nem se me espera um daqueles hoteizinhos de interior, onde, lembrando uma anedota ouvida nos meus tempos de garoto, os percevejos ficam escondidos nas dobras do livro de registro, para ver e avisar aos outros o número do quarto que deram ao novo hóspede. Seja a viagem para Moscou ou São Gonçalo do Rio das Pedras, a ansiedade é sempre a mesma.

Cada cidade é um cheiro diferente, uma fisionomia que não se vai encontrar nunca mais, exclusiva como uma impressão digital. Pelotas tresanda charque, e as moscas parecem azuis como grande parte das casas, assim pintadas para assustá-las. Moscou lembra sempre peixe, mesmo quando estamos saboreando uma divina solianca. No interior de Pernambuco se transpira cachaça ao som de pífaros. As vielas que cercam o largo onde está a igreja de São Francisco, no Salvador — e os amigos baianos quase me comeram vivo quando fiz essa irreverência —, têm águas que devem estar ali desde que Tomé de Souza fundou a cidade. Certas ruelas de Viçosa das Alagoas fazem pensar imediatamente em churrasco de bode, mesmo que não exista chiqueiro por perto. O cinza das paredes de Ouro Preto pintou o ar e as pessoas. Praga tem luz e cor de sol, mesmo que seja inverno.

Talvez tenha sido essa perspectiva de andar de Herodes para Pilatos, mala permanentemente às costas, que me fez aguentar um ritmo de trabalho tão distante dos meus hábitos e para o qual não fui nascido, prova isso minha acomodação no útero materno o mais de tempo que me foi possível. Mas a compensação vinha depois de, já montado todo o repertório, a tabela de serviço anunciar que a companhia embarcava dia tal, a tantas horas, para o lugar x ou y.

Adeus, neurotizante obrigação de estudar papéis no vai ou racha. Até a próxima temporada, ensaios de uma às seis da tarde. Às favas, sanduíche engolido às carreiras. Agora ia haver tempo para o jantarzinho tranquilo que prepara as boas digestões, pois não há duas sessões quando se excursiona. Era chegar à nova terra, jogar as malas no hotel, dar uma passada pelo teatro para arrumar o camarim, ver o palco, estudar as mudanças a serem feitas nas marcações, pois cada palco é um tamanho, e, depois, manhãs e tardes livres para o conhecimento de outras caras ou gozo completo do de papo pro ar.

Nem sempre as condições de acomodação, para quem viajava como artista, eram das que merecessem levantar-se as mãos ao céu. Hoje em dia, quando as companhias excursionam, e talvez por isso excursionam cada vez menos, o ator é hospedado por conta da empresa, além do aumento de salário. Naqueles tempos não era assim. O empresário dava um aumento de 25%, e cada um cuidasse de si, que às vezes até acontece Deus cuidar de todos. O jeito, então, era o hotelzinho de segunda classe, dois e três no mesmo quarto, para a despesa ser menor, ou, em algumas cidades, uma pensãozinha familiar, com comidinha caseira, e não raro a gorjeta de umas liberalidades com a filha do dono ou mesmo artes mais amplas com sua esposa, que gente de teatro tinha direito a certas regalias. Havia também o recurso de arranjar uma mulher no bordel da cidade e se instalar ali com armas e bagagens. Tratamento de primeira, com chocolate na cama, comida especial, pois aquela presença valorizava a casa.

O privilégio dos melhores hotéis ficava para os empresários ou as primeiras figuras, que essas tinham salário mais alto, podiam permitir-se alguns luxos, certa pompa às vezes até necessária, como elemento credenciador junto à imprensa, ao público, às autoridades das quais dependiam inúmeros favores. Quem vai pedir empréstimo em manga de camisa nem é recebido pelo gerente do banco. Nem todos os donos de companhias, é bem verdade, tinham o charme de ostentação mantido por Renato Viana durante toda a sua vida de ator-empresário. Poucos, desfrutando dessa condição, terão sabido valorizá-la tanto quanto ele. Não pelo fato de obrigar os contratados a chamá-lo de doutor, que isso Leopoldo Fróes já fazia antes dele. Nem pela auréola de torre de marfim que se emprestava, proibindo que alguém o importunasse quando se fechava no camarim para meditar, deixando o elenco à espera durante horas e horas, para prosseguir o ensaio.

Mas chegar de automóvel ao teatro era uma constante de seus hábitos, fosse a temporada aos tropeços ou corresse às mil maravilhas. Essa defesa de *status* muitas vezes criava situações pitorescas, como em Pelotas, por exemplo, segundo me contou um motorista daquela cidade. O teatro fica num dos lados da praça. Do outro lado, cara a cara com o teatro, está, ou estava, o melhor hotel, por isso mesmo preferido pelos empresários e primeiras figuras. Pois na hora do espetáculo ou dos ensaios, Renato Viana tomava o automóvel na porta do hotel e dava a volta na praça — volta que, na verdade, se resumia a meia-volta —, pois não ficaria bem o povo da cidade vê-lo atravessando a pé aqueles poucos mais de vinte metros.

ATÉ HOJE, QUANDO recordo os tempos em que andei fazendo teatro com mais frequência, sinto uma tremenda frustração por não ter mambembado. Sempre trabalhei em companhias bem-estruturadas, por isso mesmo não se aventurando por lugarejos, e com que inveja ouvia o Nino Nello e o João Rios contarem as peripécias de suas caminhadas pelo interior paulista. Joracy Camargo só dava espetáculos em cidades maiores, onde o prestígio de seu nome, que não era pequeno, lhe assegurava boa cobertura. Através dele fiquei conhecendo Érico Verissimo, Pedro Wayne, autor de *Xarqueada,* e Mário Quintana.

Erico Veríssimo, aliás, me foi uma tremenda decepção naquele primeiro encontro. O mundo estava em guerra contra o nazismo, eu gostaria de ouvir a opinião de um dos autores de minha preferência. E ele repetia, como se não quisesse comprometer-se, que era apenas um contador de histórias. Encontrei-o depois nos livros e atitudes finais. Como se tornou maravilhoso! Mário Quintana talvez nem recorde quando fomos apresentados. Foi numa fase em que andava se encharcando de álcool no Guiloso e nos piores bares de Porto Alegre. Mas já havia escrito "da vez primeira que me assassinaram/perdi um jeito de sorrir que eu tinha"... Lástima o fígado de Pedro Wayne não ter resistido muito tempo, para ele escrever um outro *Xarqueada. Almas penadas* foi mais cirrose do que romance.

Das idas e vindas com a companhia de Joracy, só ficou, como lembrança excitante, o quase bafafá na cidade do Rio Grande, onde funcionava o Cabaré da Mangacha, tão conhecido dos artistas do Brasil quanto uma micheteira da rua Amador Bueno, em São Paulo, que ganhava dinheirões quando ali chegava uma companhia, pois era a Olga Navarro outra vez, e quem não queria ter a ilusão de estar fazendo amor com uma das grandes damas do teatro daqueles tempos?

A cidade do Rio Grande tem um núcleo operário fortíssimo e um vento que, às vezes, parece disposto a carregar a gente para as profundas do inferno ou o fim do espaço. Um dos espetáculos foi em homenagem aos sindicatos locais. Estávamos em plena ditadura estado-novista, ainda não definido claramente de que lado iríamos lutar na guerra. O prestígio de Joracy refreou a polícia em seu desejo inicial de proibir a homenagem já anunciada. Mas lhe foi imposta uma condição: não poderia falar, como costumava fazer no início ou no fim de seus espetáculos.

Esse bate-papo do Joracy, aliás, era uma quase exigência dos empresários, pois representava um chamariz para o público, que, influência como o Jora para convencer alguém a gostar de alguma coisa, ainda estou pra ver. E quem o ouvia saía gostando de teatro. Papo bom, aquele, correndo entre sorrisos e gargalhadas. Um dos tiros certos era quando ele falava da frustração de certos autores ao descobrirem alguém da plateia aos roncos. "Eu dou minha palavra que não. Se algum dos senhores tiver vontade de dormir, não faça cerimônia. Eu até gosto. Talvez o espectador sofra de insônia e encontrou na minha peça um remédio para seu mal crônico. O sono é dos senhores. Se o tom da representação estiver atrapalhando, é só avisar. Podemos falar mais baixo."

Foi uma casa superlotada de trabalhadores. E de elementos da polícia também, é mais do que lógico. Afinal, já dizia Faraday, eletricidade de nomes contrários se atraem. O primeiro enguiço, quase determinante da suspensão do espetáculo, foi com a fiscalização. Venderam-se mais entradas do que o limite da lotação, e a empresa, fato inédito na cidade!, se viu obrigada a encher a plateia de cadeiras extras. Mas uma baba de quiabo pra cá, uma molhadinha de mão pra lá, e o fiscal acabou virando os olhos para o outro lado, como se nada visse, pedindo apenas... dois lugares, para ele e a esposa.

Que espetáculo, o daquela noite. Nunca o *Sindicato dos mendigos*, que eu me lembre, foi tão aplaudido. Era o Joracy falar, e o teatro vinha abaixo. Quando o pano se fechou, então, é de deixar a lembrança sem palavras. Isso o foi predispondo a uma atitude mais consequente. As palmas, no final, pareciam não querer acabar mais. O pano se fechou seis vezes, e o público continuava de pé, mãos insaciáveis, os "bravos!" se sucedendo, como nos espetáculos líricos. Aí o Joracy não conseguiu controlar-se. Sem dizer nada a ninguém, foi ao proscênio e começou a falar sobre a importância daquela noite para ele e toda sua companhia. Havíamos representado de fato para o povo etc. etc.

A policialada foi logo tomando posições, pois as palmas já não interrompiam somente períodos, cortavam até palavras, bastava ser adivinhado seu final. Foi quando o Modesto de Souza, numa atitude muito sua, se virou para nós, que continuávamos no palco, ouvindo o Joracy falando do outro lado do pano:

— Como é, pessoal? Vamos deixar o homem lá fora sozinho? Ele está entregue às feras.

Não foi necessária qualquer combinação. Só nos demos conta do que tínhamos resolvido quando nos vimos todos no palco, rodeando o Joracy como segurança ou mão no ombro. Ah, o sorriso com que ele nos olhou a todos! Se não termina logo o discurso, não sei se estaria aqui para contar a história, porque, de um certo momento em diante, era tanto cacete que nem sabíamos de onde ele vinha.

A EXCURSÃO COM A companhia Modesto-Cazarré teve muita coisa de mambembada, e por isso me pareceu mais fascinante. Não existia em torno de nós o permanente círculo de intelectuais e jornalistas, pois viajávamos por pequenas cidades do interior mineiro, e não éramos nomes capazes de assanhar as pessoas de alto saber que lá viviam. De mim ainda se podia dizer que andava no assobio de todos os que gostam de samba, mas nem todos participam desse gosto.

Isso, no entanto, me satisfazia o desejo curioso de ver e ouvir. Não conheço sensação que se compare à de entrar num boteco de cidadezinha onde ninguém nos conhece e ficar anotando o jeito de falar a que não se está habituado, conhecendo problemas que os livros nunca informam como manda a verdade, aprendendo maneiras de pensar que o asfalto impede.

Muito do ouvido e observado nessas caminhadas vim a aproveitar tempos depois. Na primeira novela escrita para a Rádio Mayrink Veiga, coloquei uma cena que provocou as maiores gargalhadas durante o ensaio. Todos os colegas me consideraram um grande piadista, pois a resposta de um marginal, para explicar seu crime, era digna de encerrar um quadro humorístico.

— Você reconhece que matou aquele homem?

— Não senhor. Foi suicídio.
— Como suicídio, se você atirou nele?
— Não senhor. Eu atirei.
— Pois então?
— Mas não nele. Ele é que escolheu passar na frente da bala quando o tiro saiu. Suicídio.

Por mais que eu argumentasse, os colegas insistiam em dizer que eu devia escrever programas cômicos, que aquilo era uma obra-prima de bolação. Mas não havia bolação nenhuma nesse diálogo. Eu apenas me limitei a reproduzir uma conversa num boteco de São João de Nepomuceno, quando ali estive com a companhia Modesto-Cazarré. Também nesse boteco anotei um diálogo ainda por aproveitar em peça. Um nordestino explicava à mineirada que fome, na terra dele, é coisa de apanhar com a mão.

— Até mandacaru eu já comi.
— E isso se come, companheiro?
— Ome, rapaz, quando a seca vem daquelas braba, mesmo, qual é o jeito? Morrer é que não faz graça, porque tem sempre a esperança de uma chuvinha, não é?
— E como é que faz?
— A gente abre, bota pra torrar...
— E é bom?
— Bicho vomita quando come.
— Que gosto tem?
— De fome mesmo.

Eta lugarzinho ziquizira, esse tal de São João de Nepomuceno! O teatro não tinha sequer camarins, pois normalmente funcionava como cinema. De raro em raro é que alguns desvairados se aventuravam a fazer uma temporada teatral por ali. Como não havia camarins, éramos obrigados a nos preparar no hotel mesmo, e desfilávamos pela cidade, com as roupas e tipos de cena, a garotada nos acompanhando na maior farra do mundo. Modesto e Cazarré, sempre se babando por uma brincadeira, aproveitavam a situação e iam se esgoelando pelo caminho, que não era pequeno: o hotel e o cinema ficavam em pontos opostos da cidade:

— Não falte ao espetáculo desta noite, público heroico da invicta São João de Nepomuceno! A companhia tem os melhores palhaços do mundo! Não faltem!

Que divertimento para todos nós quando o dono do cinema começava a soltar foguetes, anunciando estar na hora de começar a função. Mas o diabo era o chamado palco. Entre uma tábua e outra havia uma separação de pelo menos dois dedos, permitindo-nos ver a paisagem do porão, com sua infinidade de ratos correndo de um lado para outro. De vez em quando, um deles, mais afoito, resolvia entrar em cena e era uma disparada dos seiscentos diabos, entre gargalhadas da plateia. Naquele palco, quase botei a perder todo o brilharete conseguido na cena principal de *O maluco número quatro*.

Quando dei meu tombo apoteótico, recebido entre "Aí, batuta"! e aplausos mil, fiquei com o rosto bem numa das tais separações. Confesso que, passada a natural alegria pela salva de palmas, senti medo. Seria muito azar se um murídeo inimigo de teatro resolvesse dar o ar de sua graça justamente naquele momento, tendo-me à sua disposição durante cinco minutos, que tanto durava a cena muda de Modesto e Cazarré.

Não se percebia nenhum rato, realmente, mas numa fração de segundo meu susto se transformou em pavor. Alguma coisa, ali no porão, se mexia e se encompridava: nada mais, nada menos que uma cobra se desenroscando. A bem da verdade, não chegava a ser uma cobra. Cobrinha, não mais do que isso. Mas, aos olhos do meu apavoramento, ali estava era uma perigosíssima *naja tripudiam,* vinda especialmente das florestas africanas para iniciar a eliminação dos Lago. E me pegava indefeso, a miserável, impossibilitado de qualquer movimento, porque, para todos os efeitos, meu personagem estava morto, todo o impacto da cena era porque os outros, Modesto e Cazarré, me acreditavam morto.

Nós, artistas, temos um pouco daquele almirante holandês que, antes do naufrágio de seu barco, se enrolou na bandeira pátria e comunicou ao mundo que nada mais glorioso, para um batavo, do que ter o mar a lhe servir de sepultura. Vivemos todos, consciente ou inconscientemente, chorando por uma oportunidade de morrer no palco. Ou nas tábuas, como diziam os velhos atores.

Nunca a mímica do Modesto e Cazarré rendera tanto como naquela noite. O público gargalhava às mijadas. Eu grunhia, cuidado de que a plateia não me ouvisse, mas com a alma em pandarecos: "Acabem logo com essa merda!" E os dois perguntavam, espantados, se eu havia enlouquecido. Como terminar uma cena que estava rendendo tanto? Só resolveram dar por terminada a coisa quando eu confessei aliviado que não era mais preciso, a cobra já tinha ido embora. Os dois disseram um "cobra?!!!", véspera de diarreia, e se mandaram para a coxia, ficando dali a espiar o palco, como se pela separação das tábuas fosse sair o próprio Instituto Butantã.

A TEMPORADA EM São João del-Rei, seguindo a rotina que vinha marcando a iniciativa do Modesto e do Cazarré desde a estreia no Teatro Regina, ia de mal a pior. Consolavam-nos, na terra do Otto Lara Resende, a contemplação do que ainda restava do melhor colonial português, os frades de pedra, os nichos nas paredes das ruas, os exemplares de *L'ami du peuple,* o explosivo jornal de Marat, existentes na Biblioteca Municipal. Mas à noite, quando o pano se abria, era aquela desolação, e a onça estava ficando cada vez mais difícil de ser safada. Só havia uma saída: espetáculo em homenagem ao prefeito, expediente sempre capaz de dar bons resultados. Incumbiram-me de saudar o ilustre, com a recomendação de que tudo ia depender de minha discurseira.

O principal, nessas emergências, é saber por onde pegar a fera, conhecer sua principal fraqueza. Em conversa com a gente da terra, foi fácil descobrir o ponto de apoio que serviria para Arquimedes firmar sua alavanca e levantar o mundo. O maior orgulho do prefeito a ser fisgado era um Jesus Cristinho, como diria o Vinicius de Morais, que ele mandara colocar no alto de um morrinho, desejoso de imitar o existente aqui pelas bandas do Rio. Isso me inspirou uma discurseira de balançar qualquer coração. O Cristo do Corcovado virou anão de jardim, comparado à imagem que o comandante dos destinos de tão maravilhosa gente fizera fincar no alto daquele Himalaia.

Da coxia, Modesto e Cazarré gritavam, animados, que eu fosse falando mais coisas, mais coisas. Era preciso rechear bem o peru. Falei dos frades de pedra, dos exemplares de *L'ami du peuple*, dos nichos, como se tudo isso fosse obra do incomparável administrador que estava no camarote. "Vai falando, velho, abana bem o balão." Não encontrando mais expressões capazes de deixar a vítima no ponto ideal para ser trinchada, convidei o público a seguir-me numa salva de palmas àquele... era preciso algo bem forte para liquidar todas as dúvidas, um título diante do qual tudo ficasse sem importância... e lhe pespeguei a tabuleta de Tomé de Souza.

O teatro veio abaixo, pois o homem era muito querido na cidade, e o Jesus Cristinho, de fato, enchia de orgulho a todos. Não contente de ir à caixa cumprimentar os artistas, convidou-nos a todos para uma ceia em sua casa. Mais discurso, desta vez feito por ele, confessando-se no auge da emoção com tão linda homenagem. Era a deixa que esperávamos para o cerco terrível. Vínhamos enfrentando sérias dificuldades, porque a percentagem cobrada pelo teatro era muito alta e não tínhamos condições para pagar... estávamos com data marcada para estrear em Divinópolis, mas o saldo da temporada não dava para as passagens...

— É... eu estive sabendo que os senhores não foram felizes aqui na terra... mas vamos dar um jeito nisso. A Prefeitura se responsabiliza pelo aluguel do teatro.

— Sabíamos que o senhor nos ajudaria, doutor. Infelizmente, as dificuldades não são só essas.

— Os senhores talvez não acreditem, mas eu ainda encontro horas vagas para me dedicar às minhas invenções.

Nós nos entreolhamos na maior das desconfianças. Teria dado a louca no homenzinho? A propósito de quê aquela história de invenções no meio da conversa?

— Ah, meu marido é muito habilidoso, só os senhores vendo.

— Papai, mostra pra eles aquele tinteiro. Devia ser adotado em todas as escolas do Brasil.

E vários pares de braços nos carregaram para o gabinete de trabalho do chefe do executivo são-joanense, buzinando-nos aos ouvidos mil referências a tudo que ele já inventara e ainda por inventar, como se nos acompanhasse todo um departamento de relações públicas do novo Edison. Não era só o tinteiro, maravilha das maravilhas, como nós íamos ver. Havia também uma bica que, torcida numa determinada direção, esguichava água pelos lados. Podia não ter utilidade nenhuma, pois toda utilidade de uma bica está precisamente debaixo dela e não dos lados, mas tinha sido concebida pelo homem de quem dependíamos, e nada nos custava achar a invenção genial.

Por diversas vezes tentamos voltar ao assunto que nos angustiava. As diárias dos hotéis também estavam atrasadas. Sabia como era, não é mesmo? A temporada sendo fraca, os salários dos atores... Pois é. "Ah, amanhã, podem apanhar na Prefeitura as ordens das passagens..." Muitas despesas tinham sido feitas na cidade com objetos necessários à montagem dos espetáculos... "A vantagem desse tinteiro, reparem só, é que pode rolar pelo chão e não quebra nem deixa sair uma gota de tinta que seja. Eu inventei isso por causa de meus netos, garotos muito arteiros"...

Levamos essa conversa de vem-tu-pra-cá-que-eu-vou-pra-lá até uma e pouco da manhã, nós querendo falar de outras dívidas a serem pagas, e ele a mostrar a importância da bica que esguichava pelos lados, as excelências do tinteiro. Fomos levados até a porta por toda a família, quase em charola, e ali ele confirmou que a Prefeitura se responsabilizava pela dívida com o teatro, dava passagens e transporte de cenários para Divinópolis. Mas, doutor... "E aqui está meia dúzia de tinteiros para cada um dos senhores. Talvez tenham filhos, e eles vão gostar, garanto."

Chegados à rua, Cazarré, no auge do desânimo, perguntou que iríamos fazer com aquela bosta. Sugeri atirarmos o *recuerdo* no riozinho que passa pela cidade. Talvez envenenássemos a população e seria a glória. Modesto não se controlou mais e deu um ataque histérico.

— Nem genocidas nós podemos ser. O miserável fez um tinteiro à prova de tombo, não deixa sair tinta de jeito nenhum. Querem ver só?

E, para provar a genialidade do Edison são-joanense, foi chutando um dos tinteiros até a porta do hotel, não se vendo sequer respingo de tinta na calçada. Não recordo que compromissos foram assumidos para termos nossas malas livres e podermos deixar o hotel no dia seguinte. Sei apenas que, pelo sim, pelo não, nunca mais quis passar nem por perto de São João del-Rei.

Em Barbacena também não fomos muito lá pra que se diga. Safar a onça como, se o prefeito nem estava na cidade? Mas nessas emergências a Pepa Ruiz era maravilhosa. Havia uma guarnição em Barbacena, bastante numerosa, se não me engano. E ela resolveu dar sua festa artística em homenagem à tropa ali sediada. Um terço do apurado ficaria para ela, dois terços seriam para a companhia. Transformou-se em mil, a Pepa, vendendo entradas de casa em casa, providenciando cartazes e faixas, arranjando patrocínio do comércio para o programa, o diabo. Nem tudo está perdido nesse mundinho de Cristo e Ogum.

Novamente fui o encarregado de saudar os homenageados. Nessa época já estávamos em guerra contra o Eixo, e aproveitei a oportunidade o melhor possível. Quando me dei conta, estava chamando os soldados patrícios de irmãos dos heroicos soldados soviéticos, que vinham esmagando a *Wermacht,* em Stalingrado. Fui o dono da enchente com esse discurso. Como o preço da entrada tinha sido majorado, pois estávamos jogando tudo na renda dessa noite, improvisou-se um ato variado, e o Modesto, dado o sucesso de meu discurso, achou que eu devia fechar o espetáculo.

— Você está com o público na mão, Mário, recita *O dono da bola*.

Esse monólogo, aliás, anos mais tarde foi lido em sala de aula por um professor da então Guanabara, ou passado como dever de casa, o que lhe valeu ser demitido pelo então governador, com quem tive escrúpulos de comentar o caso quando estivemos presos, juntos, no Caetano Faria, em 1968. Conta a história de um garoto, Juca, que, por ser o único a possuir uma bola, no bairro, acha que na pelada da rua tudo deve correr de acordo com seus caprichos e vontades. Escolhe primeiro os integrantes de seu time, ninguém pode fazer gol a não ser ele, e nunca pode ser advertido pelo juiz. Diante de qualquer reclamação, guarda a bola, e era uma vez o jogo. Um belo dia, o Alfredinho resolve acabar com tanto mandonismo e faz o gol ambicionado pelo dono da bola. Na briga, o Alfredinho leva vantagem, e a meninada se encoraja a dar uma tremenda surra no Juca.

Até essa parte, o monólogo correu que foi uma beleza, o público às gargalhadas, pois há um bordão de efeito cômico infalível: "Ninguém brigava com o Juca./Juca era o dono da bola". A surra no mandachuva também provoca risos, pois corresponde ao desejo de forra existente em todos nós. E veio a última parte. De volta para casa, Alfredinho ouve as queixas do pai. Não ganha o suficiente para alugar outra casa onde alojar os nove filhos, para dar mais comida aos nove filhos, para dar uma educação decente aos nove filhos, para pagar o pneumotórax pra mãe de seus nove filhos...

— Papai, por que que o dinheiro
que você ganha não chega?
— É pouco.
— Por que que é pouco?
— Porque o patrão paga pouco.
— Então por que que vocês
não pedem mais ao patrão?

— O patrão despede a gente
e a gente fica sem pão.
— Por que que o patrão despede?
— Porque ele é o dono das fábricas,
porque ele é o dono das máquinas.

— Papai, por que que vocês
não fazem também com ele
o mesmo que nós fizemos
com o Juca.
— Quem é o Juca?
— Juca era o dono da bola.
— Que foi que vocês fizeram?
— Tomamos a bola dele.

Minutos antes, aquela plateia aplaudira aos berros minha saudação à tropa. Agora permanecia no mais frio silêncio. Depois de uma pausa demorada como um século, do fundo do teatro vieram umas palmas isoladas e anêmicas, que não encontraram acompanhante. Ainda bem. Uma pessoa, pelo menos, tinha concordado com as palavras do monólogo, estava ganha a noite! Mas a alegria durou pouco. Quando o secretário entrou na caixa, eu lhe perguntei se tinha visto o heroico aplaudidor:
— Claro que vi. Fui eu.

MAS AS EXCURSÕES NÃO deixam apenas lembranças de episódios divertidos. Raro é o ator que não tem, para contar, um fato semelhante ao acontecido comigo em Divinópolis. O fascínio pelos grandes centros, principalmente o Rio, é uma ideia fixa de um número sem conta de habitantes do interior. Para chegar até aqui aquela gente é capaz de qualquer coisa. E se deu que certa tarde, quando eu estava parado na porta do hotel, aquela menina se aproximou. Treze anos no máximo.

— O senhor é artista da companhia, não é?
— Sou.
— Do Rio, é?
— Sim.
— Tenho vontade de conhecer lá. Diz que é bonito. Isto aqui não vale nada. Quando é que o senhor vai embora?
— Depois de amanhã.
— Me leva junto?
— Como é que eu vou levar você? Seus pais...
— Não vão se dar conta. São doze lá em casa. E se notarem, não vão se incomodar. Uma boca de menos.
— Não está maluca, não, menina?
— Não exijo nada. Paga só minha passagem. O que quiser, durante a viagem, eu faço. O senhor tem mulher?
— Aqui não, mas no Rio...
— Pois então?
— Você é uma menina.
— Já fiquei mulher. Desde o mês passado. Faço o que for de seu agrado. Quero é ir pro Rio. Lá o senhor me deixa.
— E eu sou doido de me meter nessa encrenca?
— Não dá encrenca, não.
— Você é moça?
— Sou.
— E como é que não dá encrenca?
— Se o senhor me levar pro Rio, posso deixar de ser.

7

O regime de trabalho de segunda a segunda não me foi sacrifício para muito tempo. Pouco depois de iniciarmos a temporada no Regina, o Sindicato dos Atores conseguiu vencer a briga pela obrigatoriedade da folga semanal, briga das não muito fáceis, e que teve a conduzi-la geniais teimosos, como Eugênia Álvaro Moreyra, Ferreira Maia e tantos outros nomes que os colegas de hoje tão injustamente andam esquecendo, entre eles o Modesto de Souza. Dois desses birrentos foram muito de minha amizade e ternura.

Ferreira Maia (como o velhinho ficava irritado quando alguém o chamava de "paraguaio" ou "meu caro" — é a mãe!) nunca foi de dar o braço a torcer. Ficou célebre no anedotário do teatro o que aconteceu com ele na companhia de Oduvaldo Vianna, quando, certa noite, entrou em cena não muito seguro nos passos. Como era dado a pegar seus porres de vez em sempre, no dia seguinte o Oduvaldo fez uma tabela em que o reduzia a subnitrato de pó de bosta, chamando-o de mau profissional que não tivera vergonha de representar em lamentável estado de embriaguez, desrespeitando colegas e público.

O "paraguaio" não era homem de engolir uma coisa dessas sem mais nem menos. Afinal de contas, bolas!, era gaúcho. Mandou-se à cata do Oduvaldo, exigindo retratação da tabela. Se entrou em cena mancando não foi porque estivesse bêbado, e sim porque o maldito de um calo inflamado não o deixava pisar direito. "Desculpa esfarrapada", contra-atacou o Oduvaldo, que o conhecia como a palma da mão. "Foi porre mesmo, e eu não modifico a tabela." Aquilo era demasiado para os brios do Ferreira Maia. Correu ao hotel, passou a navalha no dedo, quase o decepando, e apareceu no teatro com o testemunho sanguinolento de sua verdade dentro de um vidro, indo de camarim em camarim para provar aos colegas que não havia mentido. Foi um deus nos acuda com chiliques e tudo, mas o Oduvaldo preferiu recuar e retirar a tabela.

O Mosquito Elétrico — assim, às vezes, chamávamos o Modesto de Souza, tal a constante agitação em que vivia — era das criaturas mais difíceis de se deixar convencer já encontradas em dias de minha vida. Nem o chefe do trem Penedo-Maceió conseguiu essa façanha, embora a contundência dos argumentos empregados. Não encontrando na cidadezinha natal oportunidades maiores de desenvolver a vocação para o teatro, Modesto resolveu tentar a vida artística na capital de Alagoas. Mas aí é que estava um bucho danado. Nem o da viagem ele tinha no bolso. E isso lá era dificuldade para um quebro-mas-não-vergo? Meteu-se no trem assim mesmo, e vamos ver no que param as modas. Lá pelas tantas, passou o chefe e pediu o bilhete.

— Não tenho, não.

— Então tem que pagar agora.

— Dinheiro também não tenho.

Foi posto para fora do vagão a pescoções e trompaços, intimado a descer na primeira estação, se não quisesse arrepender-se. E ficou o jovem Modesto de Souza na escada do bitolinha estreita, disposto a obedecer às ordens do chefe. Mas quando o trem parou, o raciocínio foi mais forte do que as dores, ainda quentes, no pescoço e lombo. Aquilo não era nem estação, quanto mais cidade. Se saltasse ali, ia ter que ficar três dias esperando outro trem. E comer onde? Onde dormir?

Seguiu viagem encolhidinho na escada para ser o menos visto possível. Mas o chefe do trem tinha olhos de lince e o pilhou em flagrante. Estrilo homérico porque suas ordens não tinham sido cumpridas, novos pescoções e novo *ultimatum:* "Desce na primeira estação e não quero conversa!" Mas passou uma estação, passaram duas e três, e quem disse que o Modesto descia? Levava os pescoções, mudava de vagão, tornava a levar os trompaços, tornava a trocar de vagão, mas sempre firme, resistindo à ordem de saltar. Aquilo já estava ficando cansativo, o chefe do trem começava a perder o fôlego de tanto bater, e resolveu perguntar:

— Mas, afinal, mocinho, pronde é que você vai?

— Se o pescoço aguentar, vou até Maceió.

Era assim o Modesto, alagoano birrento e caninana como nenhum outro, mas de uma inteireza que chegava a ser comovente quando defendia um ponto de vista, inteireza que conheci melhor — mesmo pensando já conhecê-lo de cor e salteado, pois era meu companheiro de noitadas da Lapa, testemunhara minhas angústias de autor e ator estreantes — nos primeiros tempos da aplicação da folga semanal, quando algumas empresas ainda tentavam mutretas para escamotear a lei.

Mania de grandeza tinha estreado com um dos tais sucessos acima de qualquer dúvida ou suspeita. As previsões dos entendidos eram para uma carreira de três meses, pelo menos, o que deixaria tempo calmo para se preparar *Deus lhe pague,* a galinha dos ovos de ouro do repertório de Joracy. Do elenco, quem mais estava animado com a perspectiva dessa longa carreira era eu, pois me deixava um pouco apavorado ter de enfrentar um Péricles logo em minha terceira apresentação. Dezenas de colegas já haviam feito o papel, o público teatreiro conhecia a peça em todas as suas minúcias.

Mas em teatro acontecem coisas que ninguém consegue explicar, o tal *imponderável* muito referido por Louis Jouvet em suas considerações sobre os segredos do palco. O imponderável que parece sair segredando de casa em casa, aos ouvidos de toda uma população, para não assistir a tal ou qual espetáculo, que é um fracasso de bilheteria desde a estreia, embora às vezes sua qualidade seja das melhores. O mesmo imponderável capaz de transformar o gargalheiro de um dia ou de uma primeira sessão no velório da sessão seguinte ou do dia imediato.

O que aconteceu com *Mania de grandeza* foi de deixar todo mundo de orelha grande. Da enchente de uma sexta-feira, na segunda semana da peça, passamos para um sábado de meia casa a duras penas, acabando num domingo inteiramente às moscas, quase sendo suspensas as duas sessões da noite. Haveria, acaso, algum vazamento no astral por onde o público tivesse desaparecido? Mas em teatro não há tempo para chorar pitangas, é um permanente "vamos em frente, que essa não valeu". O jeito era começar os ensaios de *Deus lhe pague* sem perda de tempo, para estrear no fim da semana. Ainda procurei tirar o corpo fora, alegando que aquilo era caldo grosso demais para eu pegar com tão pouco tempo de ensaios. Depois, explicava ao Ramos Júnior, não havia necessidade de me atirarem às feras logo no início da carreira. O Didinho estava na companhia, já tinha feito o Péricles.

Não houve argumento capaz de demover o amigo. O papel era meu porque tinha que ser e estamos conversados. "Soldado se forma é no fogo, meu filho, deixa a cagacite pra outra vez." No dia seguinte começariam os ensaios, e na sexta-feira estaria tudo na ponta dos cascos. Bela perspectiva me era colocada diante dos olhos. Ia ser um espetáculo na base do coice. Mas quem sai à chuva é para se molhar. Que me afogasse logo de uma vez, pois a história não fala dos covardes.

Na segunda-feira, às duas horas da tarde, Aimée e eu estávamos no teatro à disposição do Ramos Júnior, assimilando os primeiros movimentos, estudando as inflexões melhores, buscas essas mais válidas para mim do que para a Aimée, já cansada de fazer a peça durante a excursão do Joracy ao Norte, no ano anterior. Mas a colega concordou em me ajudar. Foi quando chegou a fiscalização do Ministério do Trabalho, acompanhada do representante do Sindicato: ensaio proibido, ou, se insistíssemos, a empresa pagava multa.

Eu achava a reivindicação da folga semanal mais do que justa, pois éramos a única categoria profissional a não gozar desse benefício da lei, mas gelei dos pés à cabeça, ao ouvir a intimação. Menos um dia de ensaio! Fiquei de lado ouvindo a parlamentação entre o Ramos Júnior e o representante do Sindicato, torcendo para que a lábia do defensor do sorriso eterno funcionasse. Mas quem disse?

— Ninguém está proibindo vocês de ensaiarem. Mas a empresa não se livra da multa, quanto a isso não há discussão nem vem cá meu bem.

— Espera aí, você sabe tão bem quanto nós que estamos numa situação de emergência, com a corda no pescoço. *Deus lhe pague* tem que ser montada em cima da perna porque *Mania de grandeza* acabou sendo um porão desgraçado, você é testemunha.

— Sei tudo que você vai falar, mas a folga semanal deve ser respeitada, doa a quem doer. Brigou-se muito para conseguir isso.

Evidente que o representante do Sindicato, tão maravilhoso no seu sistematismo e intransigência, conhecia como ninguém as dificuldades que a companhia estava enfrentando, a necessidade de substituir *Mania de grandeza* no pé-na-tábua-e-fé-em-Deus, pois era um de seus contratados, responsável pelos primeiros papéis cômicos: o birrento e caninana Modesto de Souza.

Por causa dessa caninanice endocrinológica, aliás, arranquei minha primeira salva de palmas como ator. Foi na companhia que ele organizou com Darcy Cazarré, esplêndida figura humana, e talvez nosso melhor segundo ato, sem nunca ter alcançado fôlego para o estrelato.

Estávamos fazendo temporada no Carlos Gomes, vindo de fracasso em fracasso desde a estreia no Regina. "O que me consola em tudo isso é a regularidade que estamos mantendo: não acertamos uma, que os pariu", costumava dizer o Cazuza no fim de cada estreia. Para ver se conseguíamos respirar um pouquinho, foi resolvida a montagem de *O maluco número quatro*, comédia de Armando Gonzaga, um gargalheiro da primeira à última cena, e por isso mesmo sucesso sempre garantido. Era só anunciar, e o público vinha às levas.

No terceiro ato, o galã, amador de teatro, resolve fingir que enlouqueceu, aumentando o rebu já em crescendo desde o levantar do pano. Em sua maluquice, recita trechos de tragédia grega e *Romeu e Julieta*, sob as vistas espantadas de dois personagens, interpretados por Modesto e Cazarré. Para dar mais autenticidade à farsa da loucura, o galã acaba tirando um vidro do bolso, que os outros dois acreditam tratar-se de um vidro contendo veneno, e o toma de uma só golfada, esborrachando-se no chão, hirto e silencioso como a lágrima do Guerra Junqueiro.

Era uma comédia ligeira, como todas do repertório de Armando Gonzaga, sem outra finalidade senão a de fazer o público esfrangalhar-se de tanto rir. A cena da loucura mesmo se destinava somente a alcançar um efeito cômico. Os recitativos do galã não tinham a menor importância. Válida, para o público, era a mímica de espanto e medo dos outros dois personagens que o ouviam, pois nisso estava a razão das gargalhadas as bandeiras despregadas.

Mas eu achei que, ao lado desse aspecto, podia ser feito um trabalho cuidadoso, capaz de informar alguma coisa mais a quem se interessava por teatro. Enfurnei-me na biblioteca, atolei-me entre livros indicados pelo Bandeira Duarte, consultei pessoas merecedoras de minha confiança, procurando elementos que me configurassem a diferença fundamental entre a tragédia grega e a shakespeariana, a impostação que deveria ser dada a cada uma delas. Esse vira-que-te-vira páginas acabou me ensinando que os coleguinhas gregos usavam sapatos altíssimos, andavam lentamente e como em ondas. As máscaras, dificultando a emissão da voz, obrigavam a um falar pausado e mais cantado, com exagerada silabação. Os gestos eram largos, sempre bem acima da cabeça. Porque o espetáculo se realizava ao ar livre, para ser visto e ouvido em anfiteatros capazes de comportar milhares de espectadores.

Cazarré estava no conhecimento dessas minhas indagações e concordava inteiramente, animando-me. "Isso, Mário, procura fazer um trabalho teu, mesmo que não dê certo." Mas, na hora do ensaio geral, o Modesto, que não tinha assistido aos outros, fincou o pé e engrossou. Bobagem aquilo tudo. Já tinha representado a peça com o Rodolfo Mayer e André Villon. Todos dois arrancavam salvas de palmas quando o personagem desabava como morto. Em sua opinião, eu devia imitar a interpretação já testada pelos outros, mesmo porque havia uma série de *gags* encaixadas por ele durante os recitativos do galã, aproveitando sua movimentação e seus gestos. Eu defendia meu direito de tentar um novo caminho para a cena.

— Pra que você há de estar inventando, rapaz, se já há um trabalho feito, com resultado conhecido?

— E por causa disso não se pode tentar outro jeito?

— Não estou querendo dizer que uma outra interpretação deixe de agradar. Mas não vejo necessidade de jogar no escuro. Conhece o caso do Niegus, de *A viúva alegre*?

— Não, não sou desse tempo.

— Chegou aonde eu queria. O original não diz se o personagem é capenga ou não. Mas, no dia da estreia, o ator encarregado do papel do Niegus estava com um calo inflamado e entrou em cena manquitolando. O agrado foi em cheio, e nos outros dias ele não se arriscou a mudar a composição do tipo. O detalhe da manquitolação ficou até hoje. Quem não fizer o Niegus capenga não agrada.

Perdemos horas e horas nessa discussão, cada um de nós se revelando mais caninana do que o outro na defesa de seu ponto de vista. A conselho do Cazarré, talvez não tendo chegado ao estrelato também pelo seu permanente eu-não-digo-nem-que-sim-nem-que-não-muito-antes-pelo-contrário, decorei todas as *gags* encaixadas pelo Modesto durante minha cena, pois o que mais o preocupava, no fundo, era não perder as gargalhadas já tidas como certas. Ah, como é terrivelmente egoísta o brilho espocando nos olhos dos atores habitualmente cômicos, quando sentem que podem sacudir o teatro com suas piadas.

Fui fazendo a cena como havia estudado, cuidadoso de não atrapalhar as *gags* do Mosquito Elétrico, e o resultado estava sendo em cheio. A todo instante Cazarré me piscava o olho em sinal de aprovação. Até ali vinha dando tudo certo. E chegou a hora do envenenamento. Se falhasse no desfecho da cena, eu tinha consciência disso, iria aturar as gozações do Modesto pelo menos durante uma semana. "Eu não disse? Você quis inventar." De nada adiantariam as gargalhadas que ele estava arrancando.

Respirei fundo, entreguei a alma ao Criador e me atirei ao chão para o que desse e viesse, confiando na eficiência da graça divina e do pronto-socorro, não muito distante do Carlos Gomes, por sorte minha. Foi uma salva de palmas daquelas pra nunca mais esquecer. Depois do tombo, seguia-se uma cena muda entre Cazarré e Modesto, os dois com medo de chegarem perto do galã para saberem se ele estava realmente morto, correndo de um lado para outro, indecisos se deviam ou não chamar o pessoal da casa. Enfim, uma mímica que mantinha o público às gargalhadas, e durante a qual os dois comentavam:

— Viu só, Modesto? O sucesso desta cena não está nos recitativos, está é no tombo. Se o artista cair do jeito que o Mário caiu, arriscando-se a arrebentar os cornos, a salva de palmas não falha. Aqueles sacanas lá de baixo querem é ver o circo pegar fogo com o palhaço dentro.

— Está certo, mas, por via das dúvidas, se amanhã me chamarem pra fazer o Niegus, eu entro em cena capengando.

8

O problema é biológico, de glândulas internas, para o qual não apareceu ainda nenhum doutor que dê jeito. Quem já está arredondando as nádegas na arquibancada é sempre tentado a achar que bom, realmente bom, era como as partidas se disputavam no seu tempo. Bom e certo, não aceitando nada capaz de modificar o como-foi. Os que estão em campo jogando acham — é anormal se achassem o contrário, pois estão suando a camisa e arriscando as canelas — que certo e bom é como eles jogam e que tudo começou depois de o time deles entrar em campo, não devendo, por isso, sobrar pedra sobre pedra do realizado antes de eles chegarem.

Nunca me candidatei a nenhum cargo eletivo, razão por que não são de meu feitio as maneirações de político à cata de votos, mas verdade se diga: não sendo o melhor, o teatro onde fiz minha formação também não chegava a ser o pior. Tudo é processo de parto. Desde o espermatozoide trem parador, desenvolvendo-se nas estações intermediárias, até as contrações uterinas e a saída. Geração realmente espontânea, com o produto entregue a domicílio já pronto e acabado, só a de Maria. E sem reprise, pelo menos até onde contam os livros e eternizam as crendices, tanto que ganhou a catalogação de milagre. Muito caminho foi procurado e andado, mesmo antes do ontem, havendo naquele tempo quem achasse que eram coisas para amanhã. Hoje os passos dados e as buscas tentadas são para os caminhos de depois de amanhã. E assim vai ser até o infinito.

Atualmente, por exemplo, é feita intensa e muito justa propaganda do *Drama da Paixão*, encenado em Fazenda Nova, interior de Pernambuco, que aproveita, em última análise, a experiência de utilização dos velhos castelos nas modernas montagens de Shakespeare, com deslocamentos dos espectadores pelos diversos cômodos, salões e pátios. Mas em 1905 o Teatro da Natureza, seguindo a herança dos gregos e romanos, encenava peças ao ar livre no Campo de Santana, reunindo os maiores cartazes da época, entre eles o de Itália Fausta.

Figura maravilhosa, a de Itália Fausta, que ainda não achou quem a biografasse com paixão, pois uma vida como aquela só pode ser escrita partindo de alma e testículos. Vinha de uma formação antiga, presa a um estilo de interpretação em que a ênfase era obrigatória até para um simples e inconsequente "bom-dia". Seu cavalo de batalha, por exemplo, sempre superlotando lotações e lotações de qualquer teatro, era a *Ré misteriosa*, o dramalhão dos dramalhões. Molhei muitas cuecas assistindo a esse espetáculo, um dos preferidos de minha mãe, alma permanentemente disposta a cascateares de lágrimas.

Mas com que emoção muitas vezes a vi subindo as escadas da Casa do Estudante, então funcionando num sobrado do Largo da Carioca, arrastando uma perna, só Deus sabe com que sacrifício, para ensaiar com um grupo de jovens atores o sucesso que iria ser *A estrada do tabaco*, uma guinada de 180 graus em toda a sua formação artística. Comia tinta de cenário e respirava poeira de camarim, aquela criatura. E que Vitória de Samotrácia recordava no palco do Teatro Fênix — sentada no chão ou deitada sobre trapos — quando a estupidez dos poderes públicos quis retirá-la de lá, e ela resolveu resistir, numa vigília teimosa, decidida a só sair do teatro arrastada ou morta. Se o abandonasse, um minuto que fosse, seria despejada.

JÁ NO TEMPO DE meus inícios em teatro começavam a surgir as vozes contra o gênero chamado pejorativamente de digestivo. Renato Viana, sempre que preparava as temporadas de seu teatro com pretensões a danunzziano, deitava falação e sabença menosprezando as pecinhas apresentadas apenas com a finalidade de arrancarem o riso fácil da plateia. As vozes acabaram se fazendo movimentos como Os Comediantes, Teatro Brasileiro de Comédia (São Paulo), Teatro de Estudantes, entre outros. Foram importados famosos diretores europeus, ou como tal apresentados, causa de constante desespero de Jaime Costa. Com esses diretores veio o grande repertório estrangeiro, até então praticamente ignorado de nosso público. E fomos adquirindo o conhecimento de novas técnicas de representar, de outra dinâmica de espetáculo.

Só que a pólvora não tinha sido descoberta por essa gente. Na década de 1920, a turma do Teatro de Brinquedo, criação de Álvaro Moreyra, trouxera ao Brasil o maior diretor de iluminação da época, o italiano Antonio Giuglio Bragaglia. Com a leva dos diretores do pós-guerra, começou-se a falar muito em Stanislavsky (já então muito questionado na Europa), Brecht, e, mais perto de nós, Grotovsky, Garcia. Já tínhamos ficado de queixo caído com O'Neill, e continuamos embasbacados com Sartre, Arrabal e Ionesco. Mas, em tudo isso, que teria sobrado do homem brasileiro como centro de criação?

Eram profissionais de fato talentosos e de lastro, os que vinham trabalhar conosco, colaborar com seus conhecimentos e experiência para chegarmos a um teatro adulto. Lá isso eram e ninguém discute. Mas traziam um enfoque de cultura e realidade social inteiramente diverso do nosso. O próprio idioma não lhes era de fácil domínio, desconheciam a música que caracteriza o jeito — os diversos jeitos, seria mais justo — de nos expressarmos, pois cada povo tem sua música própria, e, como consequência, uma determinada escala de inflexões. Nesse período, tivemos grandes talentos cênicos que, influenciados por esses diretores, chegavam a articular as palavras como se fossem italianos ou poloneses.

Quando o Teatro dos Sete estava ensaiando *O beijo que era meu*, de Nelson Rodrigues, uma apreciação de Fernando Torres, diretor do espetáculo, me levou a compreender o que até então me parecia confuso. "Estamos nos preocupando muito com os *ovsky* e *ivsky*. Queremos falar como os personagens de Brecht, esquecendo que os do Nelson moram no Méier, não possuem os dentes da frente, consequência do subdesenvolvimento, e estão distribuindo gonorreia para quem quiser, porque não ganham salário pra um michê mais limpo."

Essa mesma angústia ouvi de Antunes Filho, certa noite, no Restaurante Gigetto, em São Paulo, quando o felicitavam pela direção de *Vereda da salvação*, de Jorge de Andrade: "Nós montamos espetáculos, taco a taco, com qualquer espetáculo estrangeiro, nossos atores têm capacidade para representar em qualquer lugar do mundo. Mas será que o que estamos colocando em cena é mesmo o homem brasileiro? Acho que essa deve ser a nossa maior preocupação, como diretores."

O homem brasileiro, em grande parte, não teria ficado perdido no tão espinafrado teatro digestivo? Sim, porque afinal de contas, que vinha a ser esse gênero de espetáculo senão um estudo dos costumes do mundo ligado ao nosso feijão com arroz e carne-seca quando possível. Seus personagens eram pessoas que o espectador estava habituado a encontrar na rua, quem morava nas vizinhanças. Se não havia mais profundidade, entre uma série de outros motivos, era também porque os grandes problemas e conflitos de nossa realidade apenas começavam a despertar no fundo de um caldeirão ainda não fervendo. O Lima Duarte, ator e amigo, usa uma frase que me parece uma touca, tão bem se ajusta à realidade vivida naquela época: "Era um tempo gentil".

Um tempo gentil... Essa expressão soa com gosto de Mariola embrulhada em casca de bananeira. Um tempo gentil... Namorado se chamava coió, e ficava horas esquecidas passeando debaixo da janela da mocinha, Julieta de sacada, e a conversa furtiva dos dois — ele cá de baixo, ela lá de cima — tinha o pitoresco nome de gargarejo. Ainda se perguntava às senhorinhas se podíamos acompanhá-las. Que um rapaz se arriscasse a chamar a moça para dançar, do meio do salão! Tinha de ir lá perto, perguntar se ela lhe dava o prazer daquela contradança. Chapelaria não ia à falência. No dia da entrada da primavera, as senhoritas de nossa melhor sociedade saíam pelas ruas vendendo margaridas em benefício da Pró-Matre, sem que ninguém as assaltasse na primeira esquina. É. Tempo gentil.

Muita coisa terá mudado no processo de trabalho, na filosofia do espetáculo, mas continua de pé e intocado o delírio do mito, do monstro sagrado. Ele existe onde quer que esteja o homem, permanentemente necessitado de fabricá-lo, ou mesmo como imposição da máquina mantenedora do interesse das plateias. Nesse ou naquele país, nada tendo a ver com isso o regime alimentar de seus habitantes... Em todos os climas, não importando o tipo físico do alfaiate encarregado de vestir as pessoas condenadas a suportar seus rigores. Em qualquer sociedade, independente de sua organização política.

Em 1957, quando de minha passagem por Roma, o grande comentário nos meios artísticos era o incêndio que destruíra o teatro onde trabalhava Vanda Osiris, veterana estrela de revista, não lhe deixando sequer roupas e cenário para montar um simples esquete. Todos os cartazes de teatro, rádio, televisão e cinema que se encontravam na capital italiana, no momento, se juntaram num espetáculo destinado a cobrir os prejuízos da colega. Ainda somos capazes de gestos que comovem.

Foi um show muito parecido com nossos programas de auditório. Os animadores, todos eles de rádio e televisão, se esgoelavam ao máximo, dando a impressão de que, a qualquer momento, iriam atirar uma macarronada sobre o público, já que se tratava de um espetáculo italiano, e a macarronada seria mais condizente do que o bacalhau, ou anunciariam *la mia, la vostra, la nostra* Emilinha Borba, Marlene, Wanderleia etc. etc.

De repente, o apresentador modificou por completo o estardalhaço em que vinha, anunciando com o máximo de sobriedade:

— *Ed adesso...* Vittorio Gassman.

Que rebu, ai Deus, que caos! Dois mil italianos, de pé, deliraram durante mais de um minuto, aplaudindo seu monstro sagrado em êxtase de ejaculação. Depois, com que silêncio de se perceber mosca em voo o ouviram dizer um trecho de *Orestes*.

Menos de um mês passado, em Moscou, anunciaram que Galina Ulanova dançaria *Dom Quixote* pela última vez. Que glória me estava reservada: poder contar, quando voltasse ao Brasil, que tinha visto a grande bailarina se despedindo desse balé. Voei para o Igor, meu cicerone, pedindo que me reservasse entrada para aquele espetáculo, fosse lá como fosse, mesmo se precisasse ficar dependurado no teto do Bolshoi. Ele respondeu com um sorriso meio encabulado:

— Não precisa ficar tão agitado, eu vou providenciar a entrada para você. Afinal de contas, seu país não é tão perto assim, não se pode estar indo e vindo sempre do Brasil à União Soviética como quem vai fazer compras na esquina. Mas se voltasse aqui no ano que vem, garanto que ia ouvir a mesma notícia e presenciar a mesma choradeira de hoje à noite. É a terceira ou quarta temporada em que Galina Ulanova anuncia sua despedida do *Dom Quixote*.

O mito existe e não há o que fazer, nem chega a ser um mal. O diabo, pelo menos em teatro, é quando o mito passa a acreditar nessa condição como coisa suficiente, infalível e intocável. "O público lota o teatro é para me ver, não interessando um caracol quem está trabalhando comigo." Nesse particular não houve grandes mudanças. Ainda há poucos dias, e estamos realmente vivendo tempos em que se dá ênfase à equipe e não apenas à estrela, abrindo um jornal, vi assim anunciado um espetáculo que mobilizava mais de vinte atores: "Peça tal, com Fulano e grande elenco". Não acredito que algum dia chegue a se modificar essa mentalidade tão maravilhosamente espelhada na resposta que o Aprígio Pau Preto costumava dar quando lhe perguntavam que elenco o acompanharia nas habituais andanças por terras ainda desconhecidas de Deus.

Aprígio foi um incorrigível mambembeiro, desses elementos artisticamente marginalizados, mas com alguma coisa de heroicos, que levam país adentro o gosto pelo teatro. Os espetáculos sofrem as mais criminosas deformações, a arte de representar nada tem a ver com o que eles fazem. Mas em lombo de burro, carro de boi, estrada de ferro de bitola estreita ou larga, jardineira, seja lá como diabo for!, lá vão eles à procura do público de pequenos ajuntamentos, público que, muitas das vezes, nunca pensou existir essa coisa chamada teatro.

Nem todos com a arrogância do Vasconcelos, dono de um circo sediado em Niterói. Nesse circo, muitas vezes, nas fases em que o desemprego batia mais forte e duro, o então iniciante Paulo Gracindo ia defender seus cachês. O Vasconcelos, espigado feixe de ossos e nervos, se considerava um Ermeto Zaconi, e, se por acaso a esposa discordava de suas indicações, exclamava do alto de suas tamancas: "Dona Alzira, eu sou um ator, e a senhora não chega a ser uma atriz". Caminhou estrada que não foi vida, o bom do Vasconcelos, e o mambembe lhe permitiu diplomar dois filhos.

Acho que nenhum outro com a esperteza do Alfredo Viviani ao instruir o secretário que ia fazer a praça, isto é, preparar a cidade para a chegada da companhia, mobilizar os meios possíveis de promoção, abrir assinaturas para os espetáculos, conseguir alguma ajuda dos cofres municipais, enfim, tomar todas as providências para que a temporada corresse o mínimo de riscos. Pois quando o secretário ia fazer a praça, o Viviani lhe recomendava muito especialmente um levantamento dos randevus existentes na cidade. Se o movimento do mulherio era fraco, imediatamente desistia da temporada. "Cidade sem puta, pode contar que é cidade sem dinheiro."

Mas todos eles procurando prestar o mesmo serviço. O que o João Rios e o Nino Nelo andaram fuçando pelo interior paulista e adjacências não está no mapa. Volantes e bandos de cangaceiros, juntando os tempos de Jesuíno Brilhante a Lampião, não bateram estrada nem a milésima parte do que o Barreto Júnior pelas terras do Nordeste. Aprígio Pau Preto foi um desses romeiros permanentes. E quando lhe perguntavam quem iria com ele na próxima maratona, sua resposta era sempre a mesma, colocando-se na condição de mito:

— Eu, a Cremirda e uns vagabundos aí.

9

— Ah, meu filho, meu filho, quando é que você vai largar de ser maria vai com as outras?

Essas palavras da velha Chica, não sei quantas vezes repetidas, nem de longe pretendiam machucar-me, que essa seria a última intenção a passar pela cabeça de minha loba divina. Era antes uma forma disfarçada de manifestar seu fanatismo de Rhéa, permanente e santa proteção de campânula. Com esse argumento, pretendia afastar da cria a responsabilidade primeira por qualquer ato mal pensado ou tolice feita. O anjinho ser capaz daquilo? Nunca. Mas nunca, mesmo. Teria sido conselho de alguém disposto a perturbar-me as ideias.

Pensando bem, no entanto, talvez ela não estivesse muito distante da verdade, quando fazia essas queixas. As perguntas sempre exerceram uma influência muito grande, posso mesmo dizer que definitiva, nas mudanças de caminhos em que andei me enredando pelas quebradas desse mundaréu afora.

Ainda não terminado o curso de direito, exercitava-me no escritório do doutor Olímpio Mateus, já me aventurando até em petições iniciais de menor responsabilidade e sendo visto, pelo chefe, como um futuro auxiliar de muita eficiência. E eis que uma pergunta de café me desviou os passos da advocacia para os cartazes de teatro, como autor. A bem da verdade, não perdi muito com a troca. No escritório me esfalfava das dez da manhã às cinco da tarde, ainda precisando aparar os galhos amorosos em que sempre andava metido o chefe, e tudo a troco de banana. Outra pergunta aniquilou uma possível autoridade no complicado mundo das estatísticas, levando-me às incertezas de intérprete. E ainda uma terceira pergunta me arrancaria da cena para me colocar frente a frente com um microfone.

Aconteceu durante uma temporada de Delorges Caminha no Teatro Rival, estando em cena *Dessa noite minha mulher não escapa*, escrita por mim e José Wanderley. O destino de maria vai com as outras me fez estar ali substituindo o Custódio Mesquita, já às voltas com a doença que depois não teria mais jeito. Estrela do elenco era Aurora Aboim, a criatura mais distraída do mundo ou mesmo do sistema planetário. História muito contada a respeito de seu desligamento, e nunca desmentida, é que certa vez foi ao cinema com o filho. Acabada a sessão, saiu tranquilamente, esquecendo o coitadinho lá dentro. Só deu pela sua falta quando entrou em casa. Mas a maior dificuldade para encontrar a criança, e já aí acredito entrar em cena a colaboração da maledicência, é que também não recordava a que cinema tinha ido.

No intervalo da primeira para a segunda sessão, invadiram meu camarim o Oduvaldo Vianna e a piteira sempre grudada a ele mais do que amante andaluza, dando a impressão de poder saltar-lhe aos lábios a um simples castanholar de dedos, já com cigarro aceso e tudo.

ERA-ME FIGURA CONHECIDA e inesquecível desde meus tempos de garoto, na rua do Senado. Morávamos nessa época no térreo do 101, e ele dava escândalos no segundo andar, em lutas corporais quase diárias com a amante, uma espanhola ou argentina lindíssima. Devia ser ciumenta da própria sombra, a lindíssima, pois a conversa que precedia as batalhas parecia gravada, tão a mesma era sempre, e já se iniciava três tons acima do falar normal, talvez para toda a vizinhança ficar sabendo que bom *sinverguenza* se escondia naquele bonitão alto e corpulento, muito chegado a um chapéu de abas largas e meio caído para o lado, distribuidor de cumprimentos com o melhor sorriso.

— *Hoy no te dejo salir ni se me juras que vás a buscar mi mamita en el otro mundo.*

— Eu preciso trabalhar, pombas.

— *Y para trabajar te pones asi tan elegante, como si fueras a una fiesta? Quien es la vagabunda?*

— Não há vagabunda nenhuma, eu preciso sair pra trabalhar.

— *Quien es ella, que la hago y me la como en pedacitos.*

Não se passava muito tempo desse prólogo e começava um infindável cruzar de "*tu madre es eso* — a tua é que é aquilo". A vizinhança vinha toda para as janelas, saboreando o espetáculo até o final, embora achassem alguns que já era tempo de chamar a polícia, pois ali moravam famílias, e aquele palavreado era um mau exemplo para as crianças. Ainda recordo as broncas de minha avó por causa dessas brigas. O Oduvaldo, quisesse ou não quisesse a Otelina, acabava saindo, todo desfeito em cumprimentos para a vizinhança, como se nada tivesse acontecido. E pouco depois a fera cantava na maior das felicidades, em seu portunhol arrevesado, o refrão de uma cantiga, recente sucesso de uma revista portuguesa:

> A nossa vida é um gozo,
> ai o meu cangote cheiroso.

A velha lucana se controlava o mais que podia, mas a certa altura, tanto a espanhola ou argentina proclamava ao mundo sua felicidade de equimoses, não havia santo capaz de impedir-lhe os berros que iam de fora a fora da rua, quanto mais ao segundo andar:

— Cangote cheiroso *una* merda! Cangote *senza* vergonha é o que é, que apanha e ainda tem coragem de cantar.

Na década de 1920, por motivos bem menos belicosos, ele foi assunto durante todo um almoço em nossa casa. Na véspera, minha mãe tinha ido assistir à opereta *Amor de bandido* e voltou chocadíssima. Numa passagem da peça, aproveitando sua tarimba de repórter, Oduvaldo coloca em cena um batedor de carteiras, que dá explicações sobre a melhor técnica para se fazer a punga, utilizando toda a gíria de malandragem da época e da atividade profissional do descuidista.

Uma de suas maiores preocupações, aliás, foi sempre levar para o palco o jeito de sermos e de nos expressarmos. Quando montou a companhia de comédias com Viriato Corrêa, fazia questão de anunciar nos jornais que naquele teatro, o Trianon, se falava com prosódia brasileira. Para se ter uma ideia do quanto isso representava, como audácia, basta lembrar que a formação de nossos artistas era inteiramente portuguesa, portugueses quase todos os nossos ensaiadores. Dizia-se *deiscer, creiscer, difrente*, como se estivéssemos em pleno coração da Lisboa, e não num palco brasileiro. Essa prosódia caracterizou nossos artistas durante muito tempo, e alguns nunca puderam libertar-se de sua influência. Amélia de Oliveira foi uma delas. Ainda na década de 1950, quando trabalhamos juntos na Rádio Nacional — ela fazendo minha filha, justamente ela, que me havia carregado ao colo quando eu garoto —, continuava fiel à antiga maneira de falar, não gostando de nenhuma crítica quanto a isso. "Falo assim desde que me entendo, e, se puseram um esse, não deve ter sido apenas para enfeitar a palavra."

ODUVALDO VIANNA E PITEIRA entraram em meu camarim, no Rival, tendo um assunto muito sério a conversar comigo, e certos de que eu aceitaria a proposta. Tratava-se do seguinte: aproveitando a experiência adquirida na Argentina, quando responsável por um programa radiofônico transmitido em português, e o prestígio alcançado como diretor de rádioteatro da Rádio São Paulo, Oduvaldo ia inaugurar uma estação de sua propriedade, a Panamericana. Eu estava entre os cogitados para o elenco.

Era a segunda vez que me convidavam para trabalhar em rádio. A primeira tinha sido durante a temporada do Joracy em São Paulo. Otávio Gabus Mendes fizera tudo para eu ficar na Record. Mas microfone me assustava um pouco. Em 1936, numa daquelas fases em que a gente procura um gancho qualquer — até bilheteiro da companhia Elza Gomes-Palmeirim Silva-Eurico Silva eu fui! — para a dor do soco do sereno não doer além da pele, fora reprovado num teste para locutor. Isso me deixava meio hesitante quanto à resposta. Delorges Caminha acabou com minha hesitação, fazendo-me ver que aquilo era proposta pra se aceitar de olhos fechados, principalmente partindo de quem partia, do mestre Oduvaldo, um faro doido pra essas coisas. Se ele estava me convidando, é porque achava que ia dar certo.

— Teatro é muito bom, mas não mexe, meu velho, como dizia uma amante dos meus tempos de boêmio. Tope meu conselho, que tenho mais de vinte anos de janela nesse bordel. Faço até uma coisa: se o Oduvaldo quiser que você embarque logo, arranjo substituto pro teu papel. Mas pega logo o que te vem na mão de bandeja.

As palavras do Delorges talvez não fossem o suficiente como argumento contra meu medo. Mas refletiam tal frustração quanto à briga por uma situação em teatro, que uma semana depois eu embarcava para São Paulo, contratado pela Rádio Panamericana. Quem ia comigo era tudo gente de fé, como o Osvaldo Louzada, companheiro desde minha estreia como autor, como ator, e nas andanças pelas madrugadas de Lapa. Ia também Luíza Nazaré, grande atriz central, uma das mais interessadas para eu aceitar o convite do Joracy. E ia Dias Gomes, da roda da Cinelândia, autor novo que estreara em grande estilo com a comédia *Pé de cabra*, encenada por Procópio Ferreira.

Meu contrato com a Panamericana era de um ano. Só me dei conta do que isso representava depois de posto o jamegão na papelada. E aí foi o gelo na espinha e a mão da angústia apertando a garganta. A vida da gente se compõe de pequenas coisas e poucos lugares. O encontro com os amigos, que compensa mesmo quando se levam horas e horas sem dizer palavra. A mesa de sempre no café de todos os dias, o garçom já puxando a cadeira mal adivinha nossa chegada, e trazendo o de que gostamos sem esperar pela pedida. O barbeiro que conhece nosso corte preferido, e o homem da charutaria, sempre tendo em estoque o cigarro de nossa predileção. Tudo isso é moldura e traz calma de vida. Um elemento que falte e é o desequilíbrio, a busca de novo barbeiro etc. etc. De tudo que já constituía cacoete, eu ia ficar distante durante um ano.

Um ano sem a roda do Café Nice, distração de todas as tardes e noites, como se um livro de ponto desse conta da falta. Sem o papo com Alberto Ribeiro, Antônio Almeida, João de Barro, Roberto Martins, Almirante, Roberto Roberti, tudo gente do samba que se juntava para o almoço no Restaurante Palace, esquina de Ouvidor com Gonçalves Dias, hoje desaparecido. Lugar gostoso porque, entre os frequentadores, havia o sorriso das empregadas das lojas daquelas ruas, e sempre sobrava a esperança de uma aventura para depois que o comércio fechasse. E cômodo, pois ficava perto da editora do Mangione. Qualquer dificuldade, era só dar um pulo de menos de dez metros para apanhar um vale.

Um ano sem a Cinelândia e a nossa pequena população. Turma boa e lugar sempre fervendo. Quatro teatros funcionavam naquelas paragens, mantendo permanentemente cheios os cafés e as esquinas onde a gente fazia roda e papeava e se distraía: o Glória, o Regina, o Rival e o Serrador. A Cinelândia que se espalhava pelo Amarelinho, Douradinho, Spaguetilandia, Café Angrense, A Brasileira, Livraria Vítor, em cujas vitrines o Pandiá Pires sonhava ver um dia expostas as cabeças de muitos figurões que andavam empulhando a opinião pública.

Cinelândia mistura de artistas ou gente pensando que era, *putanas*, os primeiros veadinhos tímidos procurando ar e espaço. Da Márion, o nome mais bonito da *vida arada*, como ela mesma dizia. Do Aerton Perlingeiro e o pessoal da Rádio Transmissora, na Álvaro Alvim, em cima do Amarelinho. O dono da estação era Olavo Dantas, que se tornou famoso por ter criado um cargo inédito no mundo radiofônico. Do Catete lhe mandaram um cidadão para ser empregado ali. Nunca tinha visto rádio em sua vida, talvez nem o tivesse sobre a mesinha de cabeceira. Mas trazia uma carta de Lourival Fontes, a concessão dada às estações de rádio é a título precário, e não atender aos homens lá de cima seria perigoso.

— O senhor está atendido. Vai ser diretor de microfone.

— E... quais são as minhas funções?

— Apareça de vez em quando por aqui, veja se os microfones estão no mesmo lugar em que estavam quando de sua última visita, e no fim do mês venha receber. Aliás, se não puder vir, não tem importância, pode mandar alguém, que é a mesma coisa.

— Alguém para receber?

— E também para fiscalizar os microfones.

E a nossa turma, o mais das vezes em frente ao beco que hoje tem o nome de Jaime Costa. Modesto de Souza em permanentes comícios pela unidade dos atores, pois, no dia em que nos dispuséssemos a mostrar nossa força, poderíamos vir para a rua e até tomar o poder. Jaime Costa, Lutero redivivo, diariamente reunindo o pessoal para ler os telegramas com que bombardeava o governo. Telegrafava para Getúlio Vargas a propósito de tudo, o seu bronquinha: contra a incompetência do Serviço Nacional de Teatro, contra a invasão dos diretores estrangeiros. Contra. Os motivos eram o de menos.

Desses cacoetes eu ficaria separado um ano.

Requiescat...

À s vésperas de embarcar para São Paulo, encontrei o Policena no Café Ópera, ponto de artistas na rua Pedro II, perto da praça Tiradentes. Em tremenda fossa estava ele. Fora chamado para apresentar um show que estreava no dia seguinte e não tinha a casaca exigida pelo diretor. Naquele tempo, as empresas ainda não forneciam roupas de cena, e o ator era obrigado a ter, inclusive, a encadernação de luxo. Ele havia empenhado sua casaca já nem lhe restava lembrança de quando, e o dinheiro nunca havia chegado para tirá-la do prego.

— Acho que a minha te serve.
— E você?
— Vou fazer rádio, não preciso mais dela.
— Mas...
— Quando tiver pra pagar, paga.

Minha mãe não disse palavra quando entrei em casa com o Policena, avisando o que havia resolvido. Depois de ajudá-lo a experimentar a casaca de tantos sonhos, marcando até os pontos onde deveriam ser feitos uns pequenos retoques, embrulhou-a como quem enfaixa uma criança, tudo isso sem trair qualquer emoção. Só na hora de entregá-la ao novo dono lhe foi impossível evitar que a voz quebrasse um pouco. "Estimo que faça tanto sucesso com ela quanto fez meu filho." Mas bastou o Policena desaparecer na esquina, e ei-la transformada em sorrisos de mãe coruja:

— Vestiu bem nele. Mas sem a imponência que tinha em você. Vai parecer cônsul, nunca embaixador.

... e houve o tempo do rádio. Panamericana, Nacional, Mayrink Veiga, Bandeirante, Nacional. Até 1964. Depois veio o tempo da televisão. Tempos bons, tempos bons. Com muita alegria de lembrança. Com alguma nojeira no final.

Que a borra fique bem assentada no fundo do barril, para não prejudicar o prazer do vinho que amanhã, daqui a pouco, será degustado gota a gota.

Este livro foi impresso nas oficinas da
Distribuidora Record de Serviços de Imprensa S.A.
Rua Argentina, 171 – Rio de Janeiro, RJ
para a
Editora José Olympio Ltda.
em novembro de 2011

*

79º aniversário desta Casa de livros, fundada em 29.11.1931